Ungelöste Rätsel der Tierwelt

MICHELL ■ RICKARD

Ungelöste Rätsel der Tierwelt

Das rechnende Pferd von Elberfeld und andere Kuriositäten

PRAESENT VERLAG

Titel der englischen Originalausgabe: LIVING WONDERS
Original-Verlag: Thames and Hudson Ltd. London
Übersetzt von Wulf Bergner
Copyright © by Thames and Hudson

Genehmigte Lizenzausgabe für Praesent Verlag im
Weltbild Verlag GmbH, Augsburg 1993
© der deutschen Ausgabe by
Econ Verlag GmbH, Düsseldorf und Wien
Umschlaggestaltung: Peter Engel, München
Gesamtherstellung: Ebner Ulm
Printed in Germany
ISBN 3-89350-378-1

Inhalt

I. Kryptozoologie

Kleine Geschichte der Kryptobiologie

Die Naturgeschichte ist die offenste aller Wissenschaften, denn sie verdankt viele ihrer Informationen Laien oder zufälligen Beobachtern. Charles Fort, dessen Name und Ideen uns in diesem Buch noch häufig begegnen werden, hat einmal gesagt, er ziehe Naturforscher Astronomen vor, weil er kein Buch eines Astronomen »über nicht durch das Dogma seines Kults sanktionierte Tatsachen« kenne – während die Kuriositäten und Anomalien der Naturgeschichte seit langem von Gelehrten eifrig gesammelt worden sind.

Zu den frühesten schriftlichen Aufzeichnungen gehören Berichte an die Zentralregierungen des alten Babylon und China über Mißgeburten und natürliche Phänomene. Solche Dinge wurden genau registriert und galten als Vorzeichen für gesellschaftliche Veränderungen oder Konflikte – ein Glaube, der sich bis in unsere Zeit hinein erhalten hat. Ab dem 15. Jahrhundert hatten die schwedischen und finnischen Geistlichen Anweisung, ihren Bischöfen alles zu melden, was in ihren Pfarrbezirken Seltsames oder Naturwidriges passierte, und ihre Berichte sind in einer obskuren lateinischen Sammlung mit dem Titel *Relationes curiosae* erhalten geblieben. Damit haben die alten skandinavischen Bischöfe eine der besten Quellen früher Berichte über Seeschlangen, Tierregen und andere Wunderdinge hinterlassen. Solche Erscheinungen galten allgemein als Unglückszeichen. Beispielsweise hatte sich die Zerstörung der Stadt Cork im Jahre 1622 nach Darstellung eines zeitgenössischen Pamphletisten (auf Seite 286 zitiert) durch eine dort im Vorjahr beobachtete offene Schlacht zwischen Starenheeren angekündigt. Und als 1881 der Bambus in Thailand ungewöhnlich stark wucherte, schlossen die Einheimischen auf eine bevorstehende Choleraepidemie, die dann prompt kam. Kommentar der *North China Daily News* (28. Juli 1881): »Im Gegensatz zu den meisten modernen Vorhersagen ist diese allerdings eingetroffen.« In neuerer Zeit haben amerikanische Wissenschaftler nach chinesischem Vorbild begonnen, Naturphänomene und auffälliges Verhalten einheimischer Tiere als Anzeichen für bevorstehende Erdbeben festzuhalten. Aber auch als Selbstzweck ohne praktische Anwendung fasziniert das Studium der Geheimnisse der Natur ständig, wie die umfangreiche, in jeder Generation durch die Arbeiten einiger der hellsten Köpfe ergänzte Literatur über dieses Thema beweist.

An Stelle der Zeichen, Wunder, übernatürlichen Ungeheuer und Götterspäße der Alten ist heutzutage eine Wissenschaft getreten: die Kryptobiologie – eine Ableitung aus dem Wort Kryptozoologie, die Dr. Bernard Heuvelmans, der die-

*Dr. Bernard Heuvelmans,
der Pionier der Kryptozoologie,
(Dr. B. Heuvelmans, 1961).*

sen Begriff geprägt hat, als »die Wissenschaft von den verborgenen Tieren« definiert. In den Bereich der Kryptobiologie fallen nicht nur die verborgenen oder unentdeckten Tiere, sondern alle rätselhaften, anomalen Aspekte der Naturgeschichte – ihre verborgene Seite. Im letzten Abschnitt dieses Buches befassen wir uns mit einigen der klassischen Kontroversen über die Tierwelt, über die seit dem Altertum debattiert wird: Verschleppen Adler Kinder? Kann ein Mensch wie Jona im Bauch eines Wals überleben? Halten manche Schwalben einen Winterschlaf, anstatt nach Süden zu fliegen? Berichtet wird zudem über eigentümliches Verhalten von Haustieren und anderen Lebewesen, das den anerkannten Theorien über Wesensart und Fähigkeiten von Tieren widerspricht: wie z. B. sprechende Hunde und Katzen, rechnende Pferde sowie Haustiere, die aus Tausenden von Kilometern Entfernung heimkehren. Auch mysteriöse und eigentümliche Tiererscheinungen fehlen nicht: Insekten, Fische, Reptile und noch größere Tiere, die vom Himmel herabregnen oder aus heiterem Himmel in rätselhaften Schwärmen auftreten. Diese Erscheinungen untersuchen wir im Lichte von Charles Forts Auffassung von Teleportation – jener im Universum spontan wirksamen hypothetischen Kraft, die Gegenstände und Lebewesen an Orte bringt, wo sie vielleicht benötigt werden. Ausführlich berichten wir über die Hauptthemen der Kryptozoologie: die Möglichkeit, daß in abgelegenen Gebieten große unbekannte Tiere überlebt haben, und das Wiederauftreten vermeintlich längst ausgestorbener prähistorischer Tierarten.

Um unsere Erforschung der Naturrätsel in einen Zusammenhang zu stellen und die auf diesen Seiten häufig genannten Kryptobiologen und ihre führenden Kritiker vorzustellen, führen wir in die Kryptobiologie ein, die sich als Zweig der Lehre von der belebten Natur entwickelt hat.

Der als Linnäus bekannte schwedische Botaniker Carl von Linné, Vater der modernen Naturgeschichte, schuf die Grundlagen für die wissenschaftliche Erforschung der Natur, indem er in seinem Werk *Systema naturae* (1758) alle

*Linnäus (1707–1778), der
Begründer der wissenschaftlichen
Naturgeschichte, in Lappentracht
(nach einem Gemälde von
Hoffman; Linnean Society).*

bekannten Pflanzen und Tiere katalogisierte und ihnen vom
Lateinischen oder Griechischen abgeleitete Namen gab.
Anstoß erregte, daß Linnäus sich dafür entschied, die Pflanzen nach ihren Geschlechtsorganen zu klassifizieren, während die Bibelgläubigen ihm übelnahmen, daß er es wagte,
den Menschen *(Homo sapiens)* in eine Gattung mit dem
Orang-Utan *(Homo troglodytes)* zu stellen. Dort ordnete er
auch den Wilden Mann *(Homo ferus)* ein, der heutige
Kryptozoologen sehr interessiert.

Linnäus glaubte, die von ihm katalogisierten Lebensformen seien unverändert geblieben, seitdem Gott sie erschaffen

10

habe, und würden es auch in Zukunft bleiben. Erst Baron Georges Cuvier, Begründer der Paläontologie, äußerte Zweifel an dieser Auffassung des großen Systematikers. In *Le règne animal* (1819) wies Cuvier aufgrund von Fossilienfunden einwandfrei nach, daß im Laufe der Erdzeitalter viele Tierarten ausgestorben und andererseits zahlreiche neue Arten entstanden waren. Seiner Überzeugung nach war die Aufeinanderfolge geologischer Zeitalter auf eine Serie von auf den Schöpfer zurückgehenden Kataklysmen zurückzuführen, die auf dem zoologischen Sektor periodisch reinen Tisch machten, um eine neue Schöpfung vorzubereiten. Daraus folgte, daß kein Lebewesen mehr als einem geologischen Zeitalter angehören konnte: Der Mensch lebte in der Neuzeit, deshalb war nach Cuviers Auffassung der Gedanke an einen fossilen Menschen Unsinn. Da das von Bibelforschern errechnete Erdalter (etwa 6000 Jahre) nicht für seine Kataklysmen ausreichte, nahm er lieber die 40 000 Jahre, die sein Landsmann Graf George de Buffon schätzte, dessen 44bändige *Histoire naturelle, générale et particulière* (1749–1804) das zoologische Standardwerk war. Cuvier hatte weitreichenden Einfluß. Er zweifelte die Theorien seines Zeitgenossen Jean Baptiste de Lamarck an, der eine geistreiche Evolutionstheorie auf der Grundlage der Vererbung erlernter Eigenschaften entwickelt hatte. Cuviers Schüler Louis Agassiz und Richard Owen wurden erbitterte Gegner Darwins; auf einem kryptozoologischen Gebiet widersprachen sie einander: Agassiz wurde zu einem Anhänger der Seeschlange, während Owen sich zu ihrem Erzfeind entwickelte.

Cuviers Katastrophismus wurde seinerseits mit dem Erscheinen von Sir Charles Lyells Werk *The Principles of Geology* (1830) widerlegt, das der junge Darwin auf seine Entdeckungsreise an Bord der *Beagle* (1831–1836) mitnahm. Lyell behauptete, die Erdzeitalter gingen ineinander über, anstatt durch regelmäßige Kataklysmen unterbrochen zu werden. Wie Cuvier brauchte er mehr Zeit, damit seine Naturkräfte Veränderungen bewirken konnten, und setzte das Erdalter mit einer Million Jahre an. Darwin zitierte Lyell

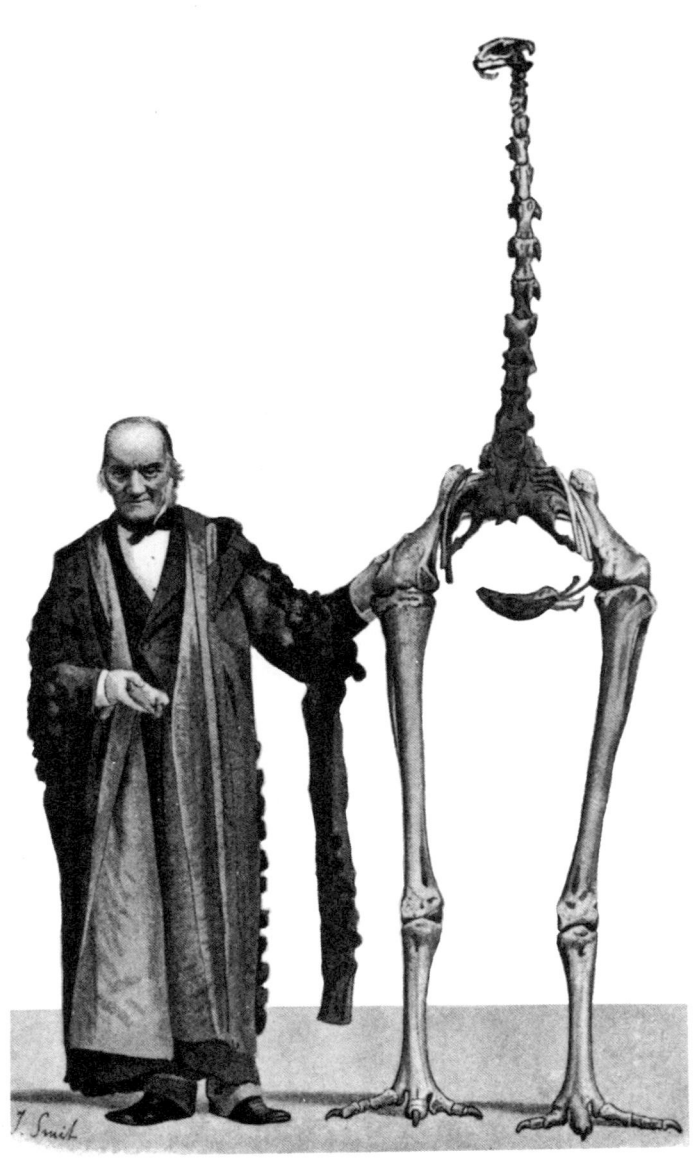

Professor Richard Owen (1804–1892) mit dem Skelett eines Riesenmoas (H. N. Hutchinson: Extinct Monsters and Creatures of Other Days, *London 1892).*

häufig wegen der von ihm geäußerten Zweifel an der vermeintlichen Unveränderlichkeit von Tierarten.

Aufgrund der wissenschaftlichen Fortschritte des 19. Jahrhunderts vergrößerte sich die zwischen den beiden Klassen von Naturforschern – Fachleute auf der einen, Laien auf der anderen Seite – entstandene Lücke immer mehr. Die Fachbiologen, denen in ihren Museen riesige Sammlungen tierischer Relikte und ausgestopfter oder sonstwie präparierter Tiere zur Verfügung standen, befaßten sich mit der Klassifizierung und arbeiteten großartige Theorien aus, während die Laien sie mit zoologischem und geologischem Anschauungsmaterial und Forschungsberichten belieferten. Die Museumsleute neigten dazu, diese Berichte zu akzeptieren oder abzulehnen, je nachdem, wie gut sie zu ihren eigenen Theorien paßten, aber die Laien ließen sich nicht zensieren und äußerten ihre Auffassungen in Büchern, Zeitschriften und Fachzeitschriften über Naturgeschichte, die etwa ab 1830 eine immer größere Leserschaft fanden. Eine Zeitlang hatten die Fachleute Mühe, sich gegen die Laien und Naturbegeisterten zu behaupten. Die schreibgewandten Außenseiter waren nicht mehr aufzuhalten: Ihre Berichte über in Felsen sitzende Kröten, Tierbegräbnisse, Fischregen, Seeschlangen und weitere scheinbar irrationale Erscheinungen tauchten selbst in den Spalten der Fachzeitschrift *Zoologist* auf. Obwohl ihr Herausgeber Edward Newman mit einem Teil des Materials, das er auf Drängen wichtiger Abonnenten bringen mußte, nicht einverstanden war, hatte er offenbar eine Schwäche für die Seeschlange und brachte viele Berichte und Diskussionen über sie. Tatsächlich wurden die unbekannten Meeresriesen zu einer Art fixer Idee; sie waren die ersten Studienobjekte der Kryptozoologen, und die Literatur über sie ist äußerst umfangreich.

Das Kräftegleichgewicht in der Naturgeschichte wurde wieder zugunsten der Fachleute beeinflußt, als 1859 Charles Darwins Buch *Die Entstehung der Arten* erschien. Die Darwinsche Vorstellung, der Mensch – vor allem der zivilisierte europäische Kulturmensch – stehe auf der Spitze einer Pyramide niederer Formen, seiner Vorfahren, entsprach so sehr den damals verbreiteten Vorurteilen, daß seine Theorie rasch akzeptiert und dogmatisiert wurde. Der Hauptlehrsatz des Darwinismus besagte, alle Lebensformen seien miteinander verwandt und durch hypothetische »Zwischenspielarten« verbunden, deren Existenznachweis eines Tages durch fossile Funde gelingen werde. Das legte den Schluß nahe, alle Klassifizierungsversuche seien Zeitvergeudung, weil in der Natur alles »in Fluß« sei, wie man jetzt glaubte. Die Fachbiologen interessierten sich weniger für die von Laien eingesandten Berichte und Tierpräparate, sondern konzentrierten sich auf die Entwicklung von Mythen und Theorien über Abstammungsreihen und auf die Suche nach Beweisen für die Richtigkeit der Evolutionslehre. Die Debatte über das Evolutionspotential körperlicher und verhaltensmäßiger Eigenschaften wurde so wissenschaftlich geführt, daß die Laien ihr nicht mehr folgen konnten. Die Naturgeschichte war endlich eine ernsthafte Wissenschaft geworden.

Diesen Eindruck erweckte sie jedenfalls – aber es gab stets wißbegierige Naturforscher, die eigene Beobachtungen Theorien vorzogen, selbst wenn sich dadurch Zweifel an der herrschenden Lehrmeinung ergaben. Ein Jahr nach dem Erscheinen von Darwins wichtigem Buch veröffentlichte Frank Buckland, der originellste und abenteuerlustigste aller Naturforscher, den zweiten seiner vier Bände über *Curiosities of Natural History*. In diesen und anderen Büchern und Artikeln ignorierte er die neue Theorie zugunsten von Anekdoten über Riesen, Zwerge, Meerjungfrauen, »lebende Skelette«, sprechende Fische, Flohzirkusse und weitere Jahrmarktssensationen, ohne natürlich die unvermeidliche Seeschlange zu vergessen. Dadurch wurde Buckland so populär, daß die Leute ihm Kuriositäten wie Kröten in Felsbrocken und sechsbeinige Katzen schickten, von denen die wissenschaftlichen Museen allmählich nichts mehr hören wollten – und Buckland nahm sie mit Vergnügen entgegen. Daß er die gesamte Tierwelt »zum Fressen gern hatte«, bewies er, indem er seinen Gästen beispielsweise Elefantenrüsselsuppe und

Der Naturforscher
Frank Buckland
(1826–1880)
mit Teilen seiner
Kuriositätensamm-
lung (F. T. Buckland:
Notes and Jottings
from Animal Life,
London 1882).

Philip Henry Gosse
(1810–1888)
machte in der vikto-
rianischen Zeit die
Naturgeschichte
populär
(E. W. Gosse:
The Life of
Ph. H. Gosse,
London 1890).

15

Känguruhstew vorsetzte. Mit dieser Kampagne wollte er den englischen Speisezettel bereichern, d. h. die Grundbesitzer dazu überreden in ihren Parks Känguruhs, exotische Antilopen und weitere eßbare Tiere aus allen Teilen des britischen Weltreichs zu züchten.

Ebenfalls ein Bestseller wurde das im gleichen Jahr wie Bucklands *Curiosities* erschienene Werk *The Romance of Natural History* von Philip Henry Gosse. Außer einem langen Kapitel über die Seeschlange enthielt Gosses Buch kluge Essays über Streitfragen wie den Vogelzug, die mögliche Existenz des Einhorns in Afrika, Beobachtungen von Meerjungfrauen und Berichte über einen angeblich in Südamerika beobachteten »großen anthropoiden Affen«. Der Triumph des von ihm heftig bekämpften Darwinismus ließ sein Werk veraltet erscheinen, und Gosse zog sich vom wissenschaftlichen Schlachtfeld zurück, um seinen Lebensabend beim

Charles Hoy Fort (1874–1932) um 1930 mit einer seiner Freizeitbeschäftigungen (Aaron Sussman, Fortean Picture Library).

16

Bibelstudium zu verbringen. Heutige Kryptozoologen schätzen ihn als bedeutenden Pionier.

Zur gleichen Kategorie wie Gosse als Wissenschaftler, die populäre Bücher über Naturgeschichte schrieben und gesunden Respekt vor ihren Mysterien und Anomalien bewiesen, zählen Richard Proctor, Edward Tylor und die Franzosen Louis Figuier und Camille Flammarion. Professioneller wirkte Waldo L. McAtee (1883–1962), ein Beamter der American Biological Survey, der zur anerkannten Autorität auf vielen in diesem Buch angeschnittenen Themen wurde. Zu seinen Beiträgen in Fachzeitschriften in den ersten Jahrzehnten unseres Jahrhunderts gehörten ausführlich belegte Artikel über Schwalben im Winterschlaf, auf dem Rücken anderer Vögel reisende Zugvögel und Fälle, in denen es lebende Tiere und Gemüse vom Himmel geregnet hatte.

Am wirkungsvollsten verwendet wurde das von diesen Autoren zusammengetragene Material von Charles Hoy Fort, dem großen Kämpfer gegen alle populären, wissenschaftlichen oder religiösen Theorien und Orthodoxien. In seinen vier Büchern – *The Book of the Damned* (1919), *New Lands* (1923), *Lo!* (1931) und *Wild Talents* (1932) – breitete Fort die Ergebnisse 25jähriger Studien in der New York Public Library und dem British Museum Reading Room aus. Seine unglaubliche Ernte bestand aus Zehntausenden von Notizen und Zeitungsausschnitten über rätselhafte Ereignisse, die allen Erklärungsversuchen trotzten. Seinen außergewöhnlichen Kenntnissen und Sammelmethoden entsprach auch sein schriftstellerischer Stil. Im Gegensatz zu den meisten weniger genialen Autoren, die ihr Material nach Kategorien zu ordnen und dann abzuhandeln versuchten, verstreute Fort seine Informationen scheinbar willkürlich, verknüpfte Themen durch scharfsinnige, humorvolle Beobachtungen und provozierte bei seinen Lesern Verblüffung und Ausgelassenheit zugleich. Als Übungen in zusammenhängender intellektueller Anarchie sind Forts Bücher unübertroffen. Für jedes wissenschaftliche Dogma und jede Glaubensform lieferte er ein Korrektiv in Form einwandfreien Beweismaterials, das diese

17

Überzeugungen widerlegte. Gleichzeitig erfand er – zu seinem eigenen Vergnügen, wie er behauptete – alternative Theorien, die den bekannten Tatsachen ebensogut entsprachen wie die eindrucksvoll klingenden Erklärungen von Wissenschaftlern und Geistlichen. Ein Beispiel dafür ist Forts Auffassung vom Wesen der Teleportation (siehe Kap. 2). Fort sagte, er sei »weniger an Dingen als an ihren Beziehungen zueinander« interessiert. Das Universum mit allen seinen Lebewesen sah er stets als einen großen selbstgesteuerten Organismus. Da jeder Teil eines lebenden Körpers alle übrigen Teile beeinflußt, gibt es folglich im Universum nichts, was sich nicht auf alles andere auswirkt. Deshalb ist es unmöglich, brauchbare Ereigniskategorien aufzustellen, und ihr Studium lohnt nur, wenn man sich mit den Wechselwirkungen zwischen ihnen befaßt. Nachdem Fort sich auf diese Weise von herkömmlichen Denkschemata emanzipiert hatte, ging er daran, neue Zusammenhänge aufzuspüren. Bisher unbeachtet gebliebene Verbindungen unerklärlicher Ereignisse erregten seine Aufmerksamkeit: seltsame Lichter am Himmel, die Erdbeben vorausgingen; Berichte über aus Wolken regnende Fische sowie über Teiche, in denen es plötzlich von Fischen wimmelte; religiöse Erweckungsbewegungen, die mit anderswo beobachteten unbekannten Tieren und rätselhaften Viehverstümmelungen zusammenfielen. Er forschte nach weiteren Querverbindungen, nach Berichten über plötzlich verschwundene Menschen oder Gegenstände, die den Ausgleich für Himmelserscheinungen und vom Himmel fallende Dinge bilden sollten. Zuletzt wuchs in ihm der Verdacht, die Hexen und Schamanen zugeschriebenen Zauberkräfte wie Levitation, Beschwörung von Feuer oder Regen und Auslösung von Poltergeisteffekten existierten vielleicht tatsächlich, denn nach seinen Unterlagen konnten solche Ereignisse in der Gegenwart unwillkürlich ausgelöst werden, so daß es denkbar war, daß der Mensch sie einst hatte kontrollieren können. Verstand und Wille des Menschen sind integrale Bestandteile des Universums und besitzen deshalb nach Forts Auffassung universalen Einfluß.

Forts Ideen waren zu seiner Zeit so unerwartet neuartig und wurden so indirekt und idiosynkratisch vorgetragen, daß es viele Jahre dauerte, bis sein Werk mehr als nur eine Handvoll Anhänger fand. Seit etwa zwei Jahrzehnten werden seine Bücher jedoch von Menschen mit Unterscheidungsvermögen immer mehr geschätzt. Die Geschichte der Kryptobiologie – vor allem die neueren Entwicklungen auf diesem Gebiet – wäre sicher unvollständig ohne eine wohlverdiente Würdigung Charles Forts, der als erster neuzeitlicher Schriftsteller viele der rätselhaften Aspekte der Naturgeschichte aufgezeichnet und Verbindungen zwischen ihnen hergestellt hat. Die Aufgabe, die von Fort und seinen Nachfolgern erschlossenen neuen Gebiete systematisch zu erforschen, ist eben erst in Angriff genommen worden. Dabei sind vor allem die beiden amerikanischen Bibliographen William Corliss und George Eberhart zu beachten: Corliss, weil er wissenschaftliche und »forteanische« Informationen aus obskuren Quellen gesammelt und in Handbüchern veröffentlicht hat; Eberhart, weil er sich an die schwierige Aufgabe gemacht hat, eine ausführliche Bibliographie zu sämtlichen Aspekten der Kryptobiologie zusammenzustellen.

Der erste stark von Fort beeinflußte schreibende Zoologe war der beliebte Autor Ivan T. Sanderson. Er wuchs zwischen schottischen Hochlandseen auf und war deshalb mit den Sagen vertraut, die von geheimen Seebewohnern wissen wollen. Ab 1928 studierte er an der Cambridge University und übernahm die Beschaffung von präparierten Tieren für das South Kensington Museum of Natural History und weitere Einrichtungen. Daraus wurde bald seine Hauptbeschäftigung, die ihn in alle Gebiete führte, in denen »verborgene« Tierarten vermutet wurden, und ihm beneidenswerte und einzigartige Einblicke in die Rätsel der Natur verschaffte. Sein erstes Buch, *Animal Treasure* (1937), wurde sofort ein Bestseller, und als Sanderson 1973 starb, hatte er mindestens zwanzig Bücher und zahllose Artikel geschrieben und sich in Amerika als Rundfunk- und Fernsehkommentator mit forteanischen Themen einen Namen gemacht. Im Jahre 1966

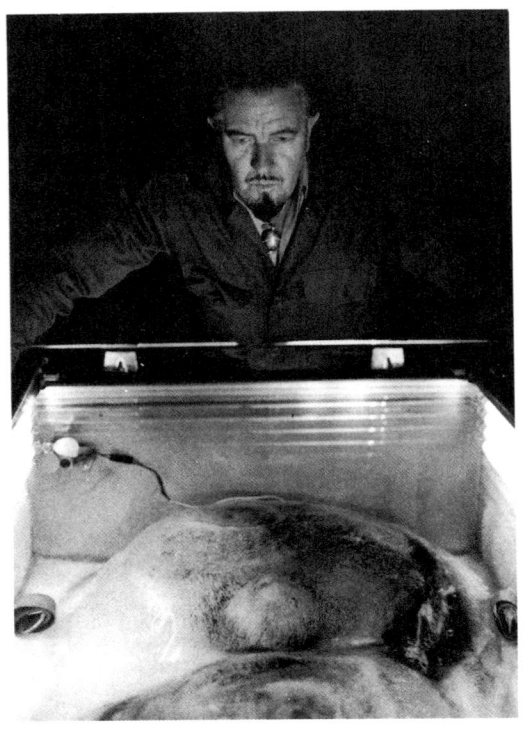

Der Naturforscher
Ivan T. Sanderson
(1911–1973)
blickt in den
Tiefkühlsarg des
Eismenschen von
Minnesota
(Dr. B. Heuvelmans).

gründete er in New Jersey die Society for the Investigation of the Unexplained (SITU) zum Studium forteanischer Fragen. Im gleichen Jahr wurde in Washington, D.C., die International Fortean Organization (INFO) von den Brüdern Ronald und Paul Willis ins Leben gerufen.

Bei aller Vielseitigkeit interessierte sich Sanderson hauptsächlich für Kryptozoologie. Seitdem Colonel Howard Burys Everestexpedition im Jahre 1921 riesige Fußstapfen entdeckt und in der Ferne unbekannte Lebewesen beobachtet hatte, denen die tibetanischen Träger einen Namen gaben, der mit »Scheußlicher Schneemensch« übersetzt wurde, interessierten Fachleute wie Laien sich zunehmend für die Möglichkeit, in den Wildnissen der Erde könnte es noch große unentdeckte Tierarten geben. Conan Doyles Roman *The Lost*

20

*Colonel Percy Fawcett (1867–?),
der 1925 auf der Suche nach einer
legendären verschollenen Goldstadt im
Amazonasdschungel verschwand
(Fortean Picture Library).*

World (1912), in dem eine Expedition auf einer Hochebene in Südamerika lebende Flugsaurier, gigantische Reptilien und »Affenmenschen« entdeckt, gab den Anstoß zu vielen echten Expeditionen, die den tibetanischen »Yeti«, das Ungeheuer von Loch Ness und weitere vermutete Überlebende aufspüren sollten. Doyle hatte sich von dem weitblickenden Forscher Colonel Percy Fawcett inspirieren lassen, der über versunkene Städte, unbekannte Stämme und riesige Schlangen im südamerikanischen Urwald geschrieben hatte, bevor er 1925 dort verschollen war. Sanderson war ein Individualist, ein Pionier und ein Forschungsreisender in der Tradition Fawcetts, der ebenfalls seine unheimlichen Erlebnisse und Begegnungen mit rätselhaften Tieren hatte. Sie sind zum Teil in seinen Büchern geschildert, zu denen *Things* (1967), *More Things* (1969) und *Investigating the Unexplained* (1972) gehören, in denen es um Riesenaale, Seeschlangen, menschenähnliche Ungeheuer, UFOs, klingende Felsen, Feuerräder, Poltergeister, spontane menschliche Verbrennungen, Regen von Lebewesen und Gegenständen, Rätsel präkolumbischer Artefakte und Beweise für eine Technologie in grauer Vorzeit geht. In seinen beiden UFO-Büchern – *Uninvited Visitors* (1967) und *Invisible Residents* (1970) – gehörte Sanderson zu den ersten, die in manchen rätselhaften fliegenden Objekten Formen lebender Energie vermuteten und darauf hinwiesen, daß einige von ihnen aus den Tiefen der Meere eingesetzt werden könnten.

1948 las Dr. Bernard Heuvelmans, ein 32jähriger belgischer Zoologe, mit großem Interesse einige von Sandersons Artikeln. Nachdem er mit Sanderson korrespondiert und sich mehr über möglicherweise unbekannte Tiere informiert hatte, beschloß er, »hauptberuflicher Kryptozoologe« zu werden und sich in die wachsende Zahl von über Naturgeschichte Schreibenden einzureihen, die sich vor allem für die Rätsel und Eigentümlichkeiten ihres Themas interessieren. Zu diesen Kollegen gehörten Frank W. Lane, der bekannte Autor von *Nature Parade* (1939), *Animal Wonderland* (1948) und *Kingdom of the Octopus* (1957), Dr. Ingo Krumbiegel, ein angesehener Zoologe, dessen Buch *Von neuen und unentdeckten Tierarten* dieses Thema erstmals wissenschaftlich behandelte, und sein deutscher Landsmann Willy Ley. Ley war ein Raketenfachmann, der nach Amerika gegangen war, als die Nationalsozialisten die deutsche Raketenentwicklung unter ihre Kontrolle gebracht hatten. Kryptozoologie interessierte ihn, seit er als Zehnjähriger Jules Vernes Schilderung des Kampfes zwischen Kapitän Nemos Mannschaft und dem Riesenkraken in *20 000 Meilen unter dem Meeresspiegel* gelesen hatte. Sein Lehrer ging nicht auf seine Fragen ein, sondern bemerkte nur, solche Tiere gebe es nicht, er sei noch zu jung für solche Bücher und es schicke sich nicht, von Franzosen geschriebene Bücher zu lesen. In der New York Public Library entdeckte Ley später ein Wunderland seltener und merkwürdiger Bücher und beschäftigte sich daraufhin intensiv mit Einhörnern, Meeresungeheuern, menschenfressenden Bäumen, Zwergen, lebenden Fossilien, gerüchteweise existierenden Tieren und weiteren exotischen Lebewesen. Sein erfolgreiches Buch, *Exotic Zoology* (1959), basierte auf vielen Artikeln, die er seit 1941 über Aspekte der Kryptozoologie geschrieben hatte. Außerdem verfaßte Ley eine regelmäßig in dem Science-fiction-Magazin *Galaxy* erscheinende Kolumne über alle möglichen forteanischen Themen. Daraus ergab sich sein zweites Buch, *On Earth and the Sky* (1967).

Viele der hier besprochenen Themen haben zwei weitere Autoren fachmännisch abgehandelt: Dr. E. W. Gudger (1866–1956), Verfasser wissenschaftlicher Untersuchungen über Kuriositäten wie Fischregen und Affenketten, und der Zoologe Dr. Maurice Burton, dessen Publikationen viele klassische Rätsel und Kontroversen der Naturgeschichte behandeln.

Der erste Band in Heuvelmans' großartiger Reihe kryptozoologischer Bücher war *Sur la piste des bêtes ignorées* (1955), das drei Jahre später unter dem englischen Titel *On the Track of Unknown Animals* erschien – ein eindrucksvolles wissenschaftliches Werk mit sensationellem Inhalt. Heuvelmans faßte die Beobachtungen, Schilderungen und übrigen Hinweise zusammen, die seiner Auffassung nach den Schluß zuließen, es müsse noch mindestens dreißig unbekannte oder als längst ausgestorben geltende Tierarten zu entdecken geben.

Heuvelmans' Buch, aus dem die Begeisterung und Autorität des Verfassers sprach, wurde mehrfach übersetzt und gehörte bald zu den Standardwerken in der Bibliothek jedes Kryptozoologen. Durch diesen Erfolg und die aus allen Erdteilen eingehenden Hinweise auf unbekannte Tiere ermutigt, machte Heuvelmans sich ernstlich an die Arbeit. Seine beiden nächsten Bücher, eins über den legendären Kraken und eins über die Seeschlange, wurden vereinigt und erschienen übersetzt als wahrhaft monströses Kompendium unter dem Titel *In the Wake of the Sea-serpent* (1968). Diese Neuerscheinung bestätigte einem französischen Naturforscher zufolge Heuvelmans' Ruf als »Meister der Kryptozoologie«. Durch gründliche Forschungsarbeit, pedantische Genauigkeit und Strenge gegenüber zweifelhaften und möglicherweise schwindelhaften Angaben stellte er hohe Normen für die junge Wissenschaft auf – zu hohe für manche Leser, denen seine Zerstörung vertrauter Mythen gegen den Strich ging. »Wo die geringste Möglichkeit eines Irrtums besteht, muß der Bericht unberücksichtigt bleiben«, schrieb er und sicherte sich dadurch die Sympathie vieler Wissenschaftler. Der Gedanke, in Wildnissen und Meerestiefen könnten noch große unbekannte Tiere leben, war nicht von der Hand zu weisen. Schließlich werden jedes Jahr – allerdings kleinere – Tiere entdeckt, und die Liste bekannter Arten, die zu Linnés Zeit 4162 Eintragungen enthielt, zählt jetzt weit über eine Million, ohne vollständig zu sein. In der Zeitschrift *Biologist* wurde die Zahl der existierenden Tier- und Pflanzenarten 1979 auf »vermutlich drei bis vier Millionen« geschätzt, »von denen bisher etwa zwei Millionen beschrieben worden sind«. Und trotz der von Kartographen erhobenen Ansprüche sind große Teile der Welt noch immer verhältnismäßig unerforscht und für die Wissenschaft praktisch Neuland. Heuvelmans' Ideen fanden auch deshalb so viele Befürworter, gab er den Evolutionisten doch Hoffnung auf Erfolg bei der Jagd nach dem von ihnen so heiß ersehnten Wild: überlebende prähumane Affenmenschen.

Die mögliche Existenz primitiver Frühmenschen in Wildnissen der Erde behandelte Heuvelmans' nächstes Buch *L'homme de Neanderthal est toujours vivant* (1974), dem das Werk *Les bêtes humaines d'Afrique* (1980) folgte. Dazwischen veröffentlichte er einen weiteren Großband – *Les derniers dragons d'Afrique* (1978) – über Beweise für das Überleben von Dinosauriern und Riesenreptilien im schwarzen Erdteil. Dieser Band war der erste Titel einer auf fünfzehn bis zwanzig Bände angelegten Reihe über »Unbekannte Tiere der Welt«, die dann eine nach geographischen Gebieten und Tierarten gegliederte monumentale »Enzyklopädie der Kryptozoologie« ergeben sollte. Die Unterlagen für dieses Monumentalwerk werden im Centre de Cryptozoologie in Verlhiac in der Dordogne aufbewahrt.

Während Heuvelmans und seine Anhänger bei ihrer Suche nach unbekannten Tierarten davon ausgingen, bestimmte Arten müßten aus grauer Vorzeit erhalten geblieben sein, entwickelte sich bei einer anderen Gruppe von Autoren eine eher mystische Einstellung zur Kryptozoologie. Die von Heuvelmans benützten Auswertungsmethoden verfolgten ausdrücklich den Zweck, alle Fälle mit übernatürlichen Aspekten auszuschließen, d. h. sämtliche, in denen es um mythische Wesen oder Phantomgestalten statt um Wesen aus Fleisch und Blut ging. Aber gerade diese zweifelhaften Fälle waren das Hauptbetätigungsgebiet der neuen Kryptozoologen, die alle sehr gut mit Charles Forts Werken vertraut waren und seine Zweifel an der Undurchlässigkeit der Grenze zwischen Phantasie und Realität teilten.

Zu den ersten Autoren, die auf das unreale Wesen vieler Kreaturen, die von Kryptozoologen in die Kategorie »unbekannte Tierarten« eingeordnet werden, aufmerksam machte, gehörte John Keel. In seinem Buch *Strange Creatures from Time and Space* (1970) akzeptierte Keel die Annahme, in abgelegenen Gebieten und den Tiefen von Seen und Meeren könne es vielleicht noch mehrere Arten von behaarten Affenmenschen und verschiedene See- und Meeresungeheuer geben. Andererseits seien die Indizienbeweise für die Existenz dieser möglichen Unbekannten nicht stichhaltiger als die Beweise für die Existenz wahrhaft unglaublicher Lebewesen. Zu den »Unglaubwürdigen« zählte Keel die manchmal mit fliegenden Menschen verglichenen riesigen geflügelten Wesen, die in verschiedenen Gebieten beobachtet worden sein sollen – vor allem 1966 in West Virginia, wo sich über hundert zuverlässige Augenzeugen fanden, die sie unabhängig voneinander gesehen haben wollten. Einige dieser Wesen sollen glühende Augen gehabt haben – übrigens auch eine häufige Eigenschaft der Volkskundlern vertrauten geheimnisvollen Pumas oder großer schwarzer Hunde, die vor allem an traditionsbehafteten Stätten auftreten, wo gar keine [echten] Tiere existieren könnten.

Das nächste Problem stellten die »großen behaarten Ungeheuer« dar. Solange der Schneemensch in unzugänglichen Gebirgen Asiens vermutet wurde, konnte er stets als unbekannte, noch auf ihre Klassifizierung wartende Tierart ausgegeben werden; selbst als in den fünfziger und sechziger Jahren gemeldet wurde, in den Waldgebirgen Nordamerikas sei »Bigfoot« oder »Sasquatch« gesichtet worden, und als ähnliche Meldungen aus dem Osten der Sowjetunion kamen, war diese »Fleisch-und-Blut«-Theorie noch haltbar. Aber die Ungeheuer blieben nicht in Regionen, die nach Auffassung von Zoologen für sie artgerechte Lebensräume hätten sein müssen. Wie Keel unterstrichen hat, kommen die Meldungen ebenso aus Florida, New York und Michigan wie aus den Wildnissen des amerikanischen Westens. Keel, ein ebenso guter Ermittler wie Autor, hat zahlreiche Augenzeugen befragt, die diese und andere Unglaubwürdige gesehen haben wollen, und ist davon überzeugt, daß ihre Berichte im allgemeinen wahr sind und auf tatsächlichen Erlebnissen beruhen. Manchmal werden sie sogar durch physische Beweise untermauert – riesige Fußabdrücke, Fährten oder sogar Haarbüschel –, die sich nicht immer als schwindelhaft entlarven lassen. Andererseits ist jedoch klar, daß die flachen Kornfelder amerikanischer Staaten wie Iowa kein geeignetes Versteck für die von den Einheimischen gemeldeten behaarten Riesen und anderen Ungeheuer wären. Und Keel widerspricht der Theorie, unbekannte Tiere könnten sich in Verstecke zurückziehen, mit der Begründung: »Unmittelbar nach einigen dieser Beobachtungen haben Suchmannschaften, erfahrene Jäger und sogar Hubschrauber die Suche nach diesen Ungeheuern aufgenommen und keine Spur eines Verstecks entdeckt. Wohin sind sie also verschwunden?«

John Keel hat viele gelehrte, anregende Bücher über das Problem der Überlappung physischer Realität mit vergänglichen oder archetypischen Phänomenen geschrieben. Dabei ist er immer wieder auf UFOs zurückgekommen, die den gleichen Realitätsstatus wie viele der Lebewesen der Kryptozoologie aufzuweisen scheinen. Durch seine Beschäftigung mit diesen beiden Gebieten ist Keel überzeugt, daß zwischen ihnen ein enger Zusammenhang besteht – und daß sie eine

John Keel hat auf den Gebieten moderne Volkskunde, Ufologie und Kryptozoologie wesentlich zur Erforschung dieser Themen beigetragen (August C. Roberts, Fortean Picture Library).

27

gemeinsame, der Wissenschaft bisher unbekannte Ursache haben. Aufgrund alter Chroniken, Mythen und volkskundlicher Aufzeichnungen hat er nachgewiesen, daß die gleichen geheimnisvollen Lebewesen und unheimlichen Erscheinungen, die heute von Kryptozoologen oder Ufologen erforscht werden, schon in frühester Zeit beobachtet und stets im Rahmen religiöser oder metaphysischer Orthodoxie erklärt worden sind. Keel selbst hat sich eine vorläufige Theorie zurechtgelegt, die mit »Fenstern« operiert. An bestimmten Orten kommt es seit jeher zu seltsamen Ereignissen und Geistererscheinungen: Diese »Fenster« sind Stellen, an denen der Vorhang zwischen unserer Welt und dem verborgenen Aspekt der Realität am dünnsten und gelegentlich durchlässig ist. Dort treten am häufigsten Sagen- und Märchengestalten sowie viele der schwer faßbaren Lebewesen auf, denen die Kryptologen nachspüren. Ähnlich wie den Ufologen noch kein physischer Beweis für die von ihnen untersuchten Phänomene gelungen ist, haben die Kryptozoologen bisher keine ihrer »verborgenen« Tierarten aufspüren können, was sachkundige Autoren ermutigt hat, größere Zusammenhänge herzustellen. Eine ernsthafte Untersuchung der ständig in allen Teilen der Vereinigten Staaten beobachteten »unglaubwürdigen« Lebewesen haben Jerome Clark und Loren Coleman mit *Creatures of the Outer Edge* (1978) vorgelegt. Sie studierten das sporadische Auftreten von »Tiermenschen« (behaarte Riesen oder kleinere Ungeheuer), mysteriöse Tiererscheinungen mit glühenden Augen oder pestartigem Gestank, unerklärliche Viehverstümmelungen und gigantische Flugtiere, die den Donnervögeln der Indianer ähneln. Sie stellten fest, daß die indianischen Sagen über Bigfoots, Tiermenschen und ähnliche Erscheinungen ihre Fortsetzung in modernen Berichten über Beobachtungen an denselben Orten fanden. Zum Schluß gestanden die beiden Verfasser ein, das Wesen der von ihnen untersuchten Realität nicht recht erklären zu können. Sie widmeten ihr Buch John Keel und schrieben eine Lobeshymne auf Charles Fort, den Erzfeind aller wissenschaftlichen Gewißheiten.

Coleman hat seither auf Parallelen zwischen modernen Berichten über unbekannte oder monströse Lebewesen und den Formen alter, längst ausgestorbener Tiere aufmerksam gemacht. So hat er in der *Fortean Times* (Sommer 1980) auf die Ähnlichkeit der in den letzten Jahren in Amerika beobachteten »Löwen« und »Panther« mit dem angeblich seit über 10 000 Jahren ausgestorbenen *Panthera leo atrox* hingewiesen.

Die wohl beste Zusammenfassung der mit der Suche nach verborgenen Tierarten zusammenhängenden Phänomene und Theorien ist *Alien Animals* (1980) von Janet und Colin Bord, die schon viel über forteanische Themen geschrieben haben – vor allem in Verbindung mit »Leys«, den übers Land führenden geraden Linien zwischen alten Kultstätten und Heiligtümern, die vor rund sechzig Jahren von Alfred Watkins in Großbritannien entdeckt worden sind. Vieles weist darauf hin, daß »Leys« mit den geraden Kanälen terrestrischer Energie zusammenfallen können, die in vielen Ländern von Irland bis China noch immer als gelegentlicher Aufenthaltsort von Drachen, schwarzen Hunden und anderen Geisterwesen bekannt sind. Die Bords behandeln auch die Überlieferungen, nach denen Hexen und Magier Ungeheuer beschwören können, die tierischen »Gedankenformen«, die Mystiker des Ostens herbeizaubern können, und die Werwolf- und Verwandlungskulte, die noch in neuerer Zeit in ganz Europa verbreitet waren und in Teilen Afrikas und Asiens weiterexistieren.

Angesichts dieser Schwierigkeiten muß die Kryptozoologie allen, die eine Vorliebe für einfache Aufgabenstellungen mit einfachen, wissenschaftlichen Lösungen haben, Enttäuschungen bereiten. Mit ihren Ungewißheiten und Verästelungen unterscheidet sie sich jedoch von keinem anderen Sachgebiet, denn wir kennen kein wissenschaftliches Problem, das jemals endgültig gelöst worden wäre. Auf den folgenden Seiten behandeln wir einige der kuriosesten, aber auch einige der mysteriösesten Aspekte des Lebens – nicht um irgend jemand zu irgendeiner Auffassung zu bekehren, sondern im

Interesse wissenschaftlicher Freizügigkeit. Die Annalen der Naturgeschichte sind voller Berichte und Anekdoten, die trotz ihrer scheinbaren Irrationalität immer wieder in verschiedenen Kulturen und Zeiten auftreten. Manche besitzen offenbar archetypische Eigenschaften, die als Grundlagen unseres Naturverständnisses ebensosehr ein Produkt der menschlichen Wesensart und des menschlichen Geistes wie das unserer real existierenden Umwelt zu sein scheinen.

Der Krake wacht

Seeschlangen und in Binnenseen hausende Ungeheuer gehören zu den verwirrendsten in diesem Abschnitt besprochenen rätselhaften Wesen. Es gibt einige echte Beobachtungen, zahlreiche Schwindelgeschichten und dazwischen eine Vielzahl von Fällen, die sich so oder so oder gänzlich anders auslegen lassen. Diese Verwirrung ist schon in den ältesten Quellen anzutreffen und geht vor allem auf den schwedischen Kirchenmann Olaus Magnus zurück, der in der Reformationszeit nach Rom ging und dort 1555 seine berühmte *Historia de gentibus septentrionalibus* schrieb – ein Kompendium skandinavischer Überlieferungen, Traditionen und Sagen. Da er eine Vorliebe für Kuriositäten hatte, ist schwer abzuschätzen, welche seiner erstaunlichen Geschichten glaubwürdig sind. Sein Buch war mit Holzschnitten illustriert, von denen die berühmtesten die Seeschlange und den Kraken, einen von nordischen Seeleuten gefürchteten Riesentintenfisch, zeigten. Olaus Magnus war der erste Gelehrte, der Berichte über solche Ungeheuer sammelte und sie ernsthaft studierte.

Konrad Gesner war sein Zeitgenosse, der niemals den geringsten Zweifel am Wahrheitsgehalt der von Olaus Magnus gemachten Angaben gehegt zu haben scheint. Für seine *Historia Animalium* (1560) zeichnete er die meisten Seeungeheuer des Olaus ab, schmückte sie sogar noch aus und trug so dazu bei, das bis heute vorherrschende Bild der See-

Olaus Magnus'
Carta marina *aus*
dem 16. Jahrhundert
mit einigen der
Rätsel und Gefahren
nördlicher Gewässer.

schlange zu prägen. Zu den von ihm beschriebenen Arten gehörte ein riesiges, muskulöses Wassertier, dem er den Namen Große-Mauer-Schlange gab. Im Text lehnte Gesner geschickt jegliche Verantwortung ab, indem er darauf verwies, daß die Bildvorlagen von Olaus stammten.

Erst als Erik Pontoppidan, der Bischof von Bergen, fast 200 Jahre später mit seiner *Naturgeschichte Norwegens* (1752–1753) auf den Plan trat, spaltete sich der angebliche Riesentintenfisch von den Riesenseeschlangen ab, die Olaus und Gesner beschrieben hatten. Wie wir wissen, hat sich der Gattungsname »Seeschlange« durchgesetzt, und selbst Heuvelmans verwendet ihn weiterhin für alle Meeresungeheuer. Pontoppidan ist kaum glaubwürdiger als die früheren Autoren, aber er bringt authentisch klingende Details, wenn er beispielsweise davon spricht, daß Wale im Todeskampf 20 Fuß lange Fangarme hervorwürgen, die sie einem Unterwassergiganten abgebissen haben müssen. Fast identische

Pierre Denys de Montforts Rekonstruktion eines Gemäldes in der St.-Thomas-Kirche (später abgebrochen) in St. Malô, Normandie, das einen »Riesenoktopoden« zeigte (Fortean Picture Library).

Berichte sind in neuerer Zeit bestätigt worden. Die Vorstellung von einem Riesentintenfisch läßt sich bis zu den alten Griechen zurückverfolgen; deshalb ist es seltsam, daß im Mittelalter schreibende Autoren weder die Scylla aus Homers *Odyssee* noch den Polypen erwähnen, den Plinius aufgrund von Beobachtungen vor Carteia in Spanien beschrieben hat.

Der erste Wissenschaftler, der solche Geschichten ernst nahm, war der junge französische Naturforscher Pierre Denys de Montfort, der einen großen Teil seiner unvollendeten *Naturgeschichte der Mollusken* dem Versuch widmete, die Existenz riesiger Oktopoden und Kraken nachzuweisen. Bei den Walfängern und Hochseefischern der französischen Atlantikhäfen, von denen er sich von Meeresungeheuern erzählen ließ, wurde er eine bekannte Gestalt. Einer seiner Berichte handelte von einem Schiff, das von einem Riesentintenfisch, der einen Matrosen mit einem seiner Fangarme aus der Takelage holte, beinahe zum Kentern gebracht worden wäre. Der Besatzung gelang es, dem Ungeheuer einen Fangarm abzuhacken; er war 7 Meter lang. Sogar von noch größeren Lebewesen wurde erzählt. In einer Kirche in St. Malô entdeckte Montfort ein Wandgemälde, das ein weiteres von einem Riesentintenfisch angegriffenes Schiff zeigte. Es war der Kirche von den dankbaren Seeleuten gestiftet worden, die das Abenteuer überlebt hatten. Montfort gab das Gemälde in seinem Buch in einem prächtigen kolorierten Stich wieder, aber die Pariser Wissenschaftler blieben skeptisch, und als er sie aufforderte, sich das Gemälde in St. Malô selbst anzusehen, nahm keiner von ihnen diese Herausforderung an. Wenig später wurde die Kirche abgerissen, und

Am 30. 11. 1861 kämpfte die Besatzung der französischen Korvette Alecton vor Teneriffa mit einem Kraken und behielt ein Stück seines Schwanzes zurück. Das Tier maß ohne seine mindestens noch mal so langen Fangarme 7,5 Meter (Fortean Picture Library).

das Wandgemälde ging mit ihr zugrunde. Die Französische Revolution ruinierte Montfort, der sich zuletzt als Muschelverkäufer durchschlagen mußte. Der Mann, der 25 neue Molluskenarten bestimmt hatte und den Heuvelmans später als einen der wahren Pioniere der Kryptozoologie bezeichnen sollte, wurde um 1820 in Paris tot in der Gosse aufgefunden.

Hätte Montfort bis 1861 gelebt, hätte er seine Rechtfertigung erlebt, denn in diesem Jahr führte die französische Korvette *Alecton* einen stundenlangen Kampf gegen einen ziegelroten Riesentintenfisch. Davon inspiriert, beschrieb Jules Verne einen ähnlichen Kampf in *20 000 Meilen unter dem Meeresspiegel* (1870), aber in Pariser Gelehrtenkreisen wurden erwartungsgemäß Rufe wie »Seetang« und »Massenhalluzination« laut. Während die Matrosen versuchten, das Ungeheuer an Bord zu hieven, riß sein Schwanz ab, der nach einigen Tagen so schrecklich stank, daß er ins Meer zurückgeworfen werden mußte – das Schicksal vieler wertvoller kryptozoologischer Beweisstücke. In den beiden nächsten Jahrzehnten wurden an der amerikanischen und kanadischen Ostküste mehrere riesige Kadaver angeschwemmt, die unglaublich lange Fangarme von 10 und sogar 13 Metern Länge hatten. In den achtziger Jahren war zumindest der Naturforscher Henry Lee so sehr von der Existenz gewaltiger Kephalopoden überzeugt, daß er in *Sea Monsters Unmasked* (1884) alle Seeschlangen zu Riesentintenfischen machte.

Zu den heute an den gigantischen Kopffüßlern interessierten Kryptozoologen gehört Gary S. Mangiacopra, ein junger Biologe aus Connecticut, der seit Mitte der siebziger Jahre eine Reihe von Artikeln in *Of Sea and Shore* und anderen Zeitschriften veröffentlicht hat. Er hat drei Jahre damit zugebracht, die Berichte über den 1896 bei St. Augustine, Florida, angeschwemmten Riesentintenfisch auszugraben. Gewebeproben des verendeten Tieres, dessen Fangarme schätzungsweise über 30 Meter lang waren und das 18 bis 20 Tonnen gewogen haben soll, erhielt Professor Addison E. Verrill, der damals führende Kephalopodenkenner. Verrill äußerte daraufhin die Überzeugung, daß es Riesentintenfische gebe, und benannte sie gleich nach sich selbst: *Octopus giganteus Verrill*. Später bezeichnete er das Tier – wahrscheinlich unter Druck von Kollegen – als Wal. Die vom Smithsonian Institute aufbewahrten Gewebeproben wurden 1962 einwandfrei als Tintenfischfleisch identifiziert. Danach gingen diese Proben »verloren« – eine bewährte Methode zur Beseitigung unliebsamer Beweisstücke.

Untiere erheben ihre häßlichen Häupter

Etwa zur gleichen Zeit, als Montforts intensive Beschäftigung mit Riesentintenfischen begann, verlagerten sich die Seeschlangenbeobachtungen von Norwegen nach Maine und Massachusetts. Im Jahre 1817 kam es zu zahlreichen Beobachtungen vor dem Hafen Gloucester, Massachusetts. Lonson Nash von der Linnaean Society of New England wurde aus Boston dorthin entsandt, um möglichst viele eidesstattliche Aussagen zusammenzutragen. Das führte dazu, daß er zuletzt selbst zu den Zeugen gehörte. Nash wandte bei dieser wohl ersten Befragungsaktion der Kryptozoologie durchaus moderne Methoden an: Er befragte die Augenzeugen einzeln, um gegenseitige Beeinflussung auszuschalten, und benützte einen Einheitsfragebogen. Das Ergebnis: Nachweislich existiert zumindest eine riesige Seeschlangenart. Im gleichen Jahr befaßte sich der exzentrische Naturforscher Constantin Samuel Rafinesque-Schmalz derart intensiv mit den Ereignissen vor Gloucester, um dem Lebewesen den Namen *Megophias* (große Schlange) zu geben.

In England wurden diese Berichte oft als »weiterer Yankee-Humbug« abgetan. Die Glaubwürdigkeit amerikanischer Naturforscher hatte unter dem Tempo gelitten, mit dem einige von ihnen »neue Tierarten« entdeckt und benannt hatten. Daraus entwickelte sich fast eine Manie. Der Ruf der Amerikaner wurde zudem stark geschädigt, als bekanntwurde, daß Rafinesque-Schmalz in seiner *Ichthyologia ohien-*

Der franko-amerika-
nische Naturforscher
Constantin Samuel
Rafinesque-Schmalz
(Archiv: Dr. B.
Heuvelmans).

sis (1820) einige gar nicht existierende Vogelarten beschrieben hatte, die ihm sein Freund, der Vogelmaler J. J.
Audubon, als Jux geschildert hatte. Schon früher war die
Begeisterung für Seeschlangen abgekühlt, als das »Stronsa-
Ungeheuer« – ein 1808 auf den Orkneyinseln angeschwemmter 17 Meter langer Kadaver, der von einem nicht näher
bezeichneten Ungeheuer stammen sollte – von dem Chirurgen und Naturforscher Everard Home als verweste Überreste
eines Riesenhais identifiziert worden war.

Zu den berüchtigtsten Falschbestimmungen und Betrugs-
versuchen gehörte Kochs Seeschlangenskelett. Dr. Albert C.
Koch hatte dieses 35 Meter lange Ungeheuer aus in Alabama
ausgegrabenen Knochen »rekonstruiert« und *Hydragos silli-
manii* benannt – nach Benjamin Silliman, einem Chemie-
und Geologieprofessor der Yale University, der sich für die
Existenz der Seeschlange ausgesprochen hatte. Nachdem
Koch das Skelett in der von Olaus bekannten wellenförmigen
Pose montiert hatte, ging er damit auf Vortragsreisen. 1845

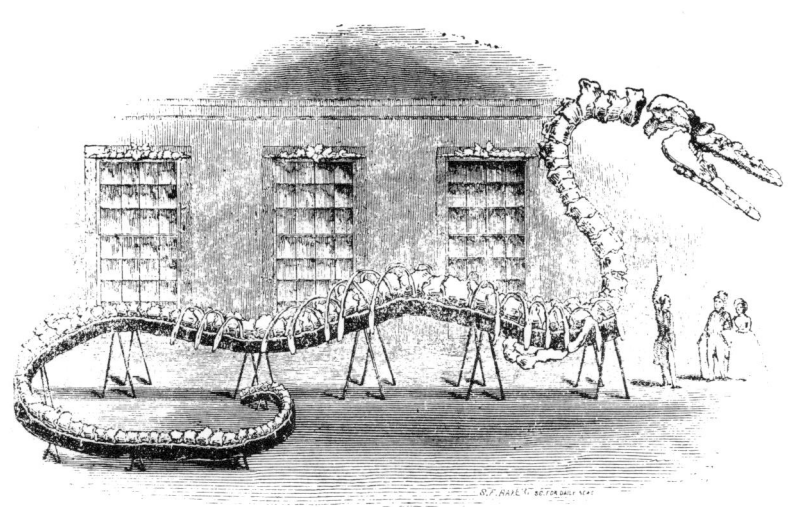

*Die aus Zeuglodon-Knochen zusammengesetzte berüchtigte »Seeschlange«,
mit der Dr. Albert Koch in den vierziger Jahren des vorigen Jahrhunderts Amerika bereiste (Dr. A. C. Koch: Description of the Hydrarchos Harlani, New York 1845).*

wurde er entlarvt, als ein Pionier der Archäologie sowie Zoologie- und Anatomieprofessor, Jeffries Wyman, die Knochen als von einem Zeuglodon – einer frühen, nur etwa 15 Meter langen Walart – stammend identifizierte. Koch hatte offenbar die Knochen mehrerer Tiere zusammengesetzt, um ein eindrucksvoll langes Skelett zu erhalten. Silliman war empört, doch Koch ließ sich nicht beirren: Er war schon bald wieder mit seiner lukrativen Knochenschau unterwegs und benannte das Skelett in *Hydrarchos harlani* um, als er einen verständnisvolleren Gönner fand.

Koch war keineswegs ein bloßer Scharlatan. Er hatte wertvolle Ausgrabungen geleitet und viele Museen mit wunderbaren Skeletten beliefert; auch das »unvergleichliche« Mastodon im British Museum stammt von ihm. Seine Ausgrabungen hatten bewiesen, daß in Nordamerika vor der Einwanderung der Indianer aus Asien Menschen gelebt hatten, die Zeitgenossen von Mammut und Riesenfaultier gewesen waren. Bei den Skeletten solcher Tiere hatte Koch Pfeilspitzen aus Feuerstein gefunden, aber die Bedeutung dieser Funde wurde lange ignoriert oder ins Lächerliche gezogen. Wyman jedoch verfaßte 1847 die erste wissenschaftliche Beschreibung des Gorillas – bis dahin ein ebenso mythisches Wesen wie die Seeschlange.

Die große Unbekannte

Philip Henry Gosse, der im vorigen Kapitel erwähnte beliebte viktorianische Autor, erregte Aufsehen, als er das letzte Kapitel von Band I seines Werkes *The Romance of Natural History* den damals in allen Weltmeeren gesichteten Kraken und Seeschlangen widmete. Im Jahre 1848 wagte Edward Newman, Herausgeber der angesehenen Zeitschrift *Zoologist,* den kühnen Schritt, Berichte über Seeschlangen zu veröffentlichen, die Diskussion darüber zu fördern und sogar Artikel zu schreiben, in denen er eine positive Einstellung erkennen ließ.

Später im gleichen Jahr hatten der Kapitän und die Offiziere der englischen Fregatte HMS *Daedalus* vor dem Kap der Guten Hoffnung im Südatlantik ein Erlebnis, das in England größtes Aufsehen erregte und den berühmtesten Fall der damaligen Zeit darstellte. Nach England zurückgekehrt, erstattete Kapitän Peter M'Quhae der Admiralität Bericht,

Nach Zeugenaussagen gezeichnete Darstellung der englischen Fregatte Daedalus *und einer 20 Meter langen Seeschlange am 6. 8. 1848 vor dem Kap der Guten Hoffnung (J. Gibson:* Monsters of the Sea, London *1890).*

schrieb an die *Times* und überwachte die Herstellung der heute berühmten Abbildungen der Seeschlange, die von *Illustrated London News* veröffentlicht wurden. In einem außergewöhnlich langen Leserbrief an die *Times* übte der Paläontologe Sir Richard Owen detailliert Kritik am Bericht der *Daedalus*-Besatzung und bestand darauf, die Augenzeugen müßten einen riesigen Seehund oder dergleichen gesehen haben. Er fügte mit der ganzen Autorität seiner Position hinzu, da es keine Seeschlangen gebe, könne keine Seeschlange gesichtet worden sein.

Owen war der große autoritäre Wissenschaftler seiner Zeit. In ihrem Buch *The Heyday of Natural History* (1980), einer unterhaltsamen Schilderung der alten Naturforscher, charakterisiert Lynn Barber Owen als einen Mann, der »stets bereit war, als Sachverständiger aufzutreten, gleichgültig, ob er auf dem jeweiligen Sachgebiet Erfahrung hatte oder nicht«. So trat Professor Owen als Gutachter für Schlachthöfe auf, war Preisrichter auf der Londoner Great Exhibition, erklärte eine Frau in einem Mordprozeß für unzurechnungsfähig und plädierte für die Abschaffung der Fenstersteuer. Fast alle neuentdeckten Tierarten und einschlägige wissenschaftliche Arbeiten mußten erst einmal von Owen abgesegnet werden. Eine angeblich von ihm selbst erzählte Anekdote (siehe Zitat Seite 119) illustriert seine hochnäsige Art, mit der Owen auf naturgeschichtliche Unregelmäßigkeiten und die Menschen reagierte, die damit zu ihm kamen. Eines Tages erschien bei ihm ein Gentleman mit einem ausgestopften Schnabeltier und einem Farmer aus Hertfordshire, der jeden Eid zu schwören bereit war, er habe das Tier lebend aus einem Teich in seiner Heimat gefischt. »Der Gentleman glaubte dem Mann offenbar, der selbst vor dem Professor lautstark die Wahrheit seiner Geschichte beteuerte; er wurde jedoch zuletzt durch die ihm gestellten Fragen und den kategorischen Widerspruch des Professors, der nicht zögerte, ihm groben Betrug vorzuwerfen, so eingeschüchtert, daß er schließlich, um die Worte des Professors zu gebrauchen, froh war, gehen zu dürfen, und ›sichtlich beschämt von dannen schlich‹.« Falls Owen gehofft hatte, M'Quhae würde nach der Konfrontation mit seiner Autorität ebenso von dannen schleichen, hatte er sich getäuscht. Der Kapitän beharrte mit Unterstützung eines breiten Publikums unerschrocken auf seiner Darstellung.

Fast drei Jahrzehnte später hatte die Seeschlange erneut das Pech, an Owen zu geraten. Im Mai 1877 berichtete Kapitän H. L. Pearson, Kommandant der königlichen Jacht *Osborne,* der Admiralität von einem vor der Küste Siziliens beobachteten unbekannten Meerestier. Sein Bericht wurde selbstverständlich Owen zugeleitet, dessen Kritik in erster Linie auf der Ansicht basierte, die Beobachtungen seien wertlos, da sie nicht von Zoologen stammten. Dieser Einwand war ab 1905 entkräftet, als zwei Naturforscher an Bord der Jacht *Valhalla* vor der brasilianischen Küste aus nächster Nähe eine Seeschlange beobachteten.

Das erste Buch eines professionellen Zoologen über dieses Thema war *The Great Sea Serpent* des Niederländers Antoon C. Oudemans. Der Verfasser hatte jahrelang Material gesammelt und führte in dieser ersten wichtigen Bibliographie zur Geschichte von Seeschlangenbeobachtungen 330 Titel an. Oudemans benützte zur Untermauerung seiner Theorie die gleiche Methode, mit der Chladni die Existenz von Meteoren nachgewiesen hatte. Aufgrund morphologischer Untersuchungen gelangte der Holländer zu dem Schluß, daß die angebliche Seeschlange ein langhalsiger Flossenfüßer oder Seehund sein müsse. In Wissenschaftlerkreisen wurde das Buch wie erwartet belächelt, aber mit ihm begann die ernsthafte kryptologische Beschäftigung mit der Seeschlange.

Das Ungeheuer von Loch Ness

Im Jahre 1933 entdeckten Zeitungen aus aller Welt in der faszinierenden Gestalt des Ungeheuers von Loch Ness etwas, das von der Weltwirtschaftskrise ablenken konnte. Allerdings hatte es schon immer Berichte über Ungeheuer in Binnengewässern aller Erdteile gegeben. Viele Meldungen kamen aus

Diese berühmteste Aufnahme des Ungeheuers von Loch Ness wurde 1934 von dem Londoner Chirurgen R. Kenneth Wilson gemacht (Associated Newspapers Group Ltd.).

Nordamerika, und zu Anfang des Jahres, in dem die Massenmedien sich für Nessie zu interessieren begannen, sollte im Bereich von Vancouver Island ein Wassermonstrum beobachtet worden sein, das wegen seines Auftauchens bei Cadboro den Namen Caddy oder *Cadborosaurus* erhielt. Die einheimischen Chinook-Indianer kannten es seit Jahrhunderten unter dem bezaubernden Namen *Hiachuckaluck*.

Aber Nessie nahm dann die Phantasie der Weltöffentlichkeit gefangen. Als immer mehr Leute behaupteten, das Ungeheuer von Loch Ness mit eigenen Augen gesehen zu haben, erreichte das Phänomen außergewöhnliche Proportionen. Nessie ließ sich fotografieren und war, falls die Augenzeugen glaubwürdig waren, gemeinsam mit Artgenossen beobachtet worden – sogar am Ufer. Heuvelmans' Kommentar: »Die besten und schlimmsten Aspekte der gesamten Geschichte der Seeschlangen schienen in wenige Monate zusammengedrängt zu sein.« Damals kam es in einer Atmosphäre allgemeiner Aufregung zu einer »Welle« von Beobachtungen, wie die Ufologen sagen würden.

Die derart unterschiedlichen Beobachtungen am Loch Ness und die Gelegenheit, ein neues Tierrätsel aus eigener Anschauung studieren zu können, reizten Commander Rupert T. Gould. Als Sechzehnjähriger trat er 1906 in die britische Royal Navy ein und arbeitete in der Hydrographischen Abteilung der Admiralität, wo er eine Vorliebe für nautische Rätsel entwickelt hatte. Im Jahre 1930 veröffentlichte der bereits 1923 durch eine wissenschaftliche Arbeit über das Marinechronometer bekanntgewordene Gould das Buch *The Case for the Sea-serpent*. Im Gegensatz zu Oudemans, dem es um möglichst viele Fälle gegangen war, beschränkte er sich auf einige wenige mit brauchbaren zoologischen Angaben. Gould erkannte mit als erster, daß die vielen Formen unmöglich auf eine einzige Tierart zurückzuführen sein konnten, und bot deshalb drei Kandidaten an: Oudemans' langhalsigen Seehund, eine Riesenschildkröte und eine Art Plesiosaurier, von dem Newman, Gosse und andere schon früher gesprochen hatten. Goulds Verdienst lag darin, auf die gelegentlich kaum stichhaltige Argumentation Oudemans' und anderer Naturforscher hingewiesen zu haben.

Als das Ungeheuer von Loch Ness im Jahre 1933 Wellen schlug, erkannte Gould sofort, welche Möglichkeiten zu eigener Beobachtung sich hier boten. Er war 43 Jahre alt und etwas füllig, aber er kaufte sich ein Motorrad und fuhr nach Schottland, um möglichst viele Augenzeugen zu befragen –

ein bewährtes Verfahren, das ihm wertvolle Informationen aus erster Hand für sein Seeschlangenbuch eingebracht hatte. Danach verblüffte Gould die Welt mit einer in seinem Buch *The Loch Ness Monster* (1934) vorgebrachten Theorie. Während die breite Öffentlichkeit an eine seit vielen Jahrtausenden im Loch Ness gestrandete Plesiosaurierpopulation glaubte, äußerte Gould die Ansicht, Nessie sei eine Seeschlange, die sich vor kurzem auf dem Umweg über den Loch Linnhe oder durch unterirdische Zuflüsse in den Loch Ness verirrt habe. Die große Überraschung war jedoch, daß Gould den Neuankömmling als »eine erheblich größere, langhalsige, im Meer lebende Abart des gemeinen Wassermolchs« identifizierte. Ohne größeren Erfolg wurde diese Theorie 1934 von Dr. Malcolm Burr weiterentwickelt, dem Vizepräsidenten der Royal Entomological Society. Im gleichen Jahr verfaßte Oudemans die Broschüre *The Loch Ness Animal,* in der er seine Überzeugung bekräftigte, Seeschlangen seien langhalsige Seehunde. Er forderte die englische Regierung auf, das Tier aus wissenschaftlichen Gründen erlegen zu lassen.

Glitschige und andere Lösungen

A. Hyatt Verrill, der Sohn von Professor Addison E. Verrill, faßte die glaubwürdigen Theorien in bezug auf die Identität verschiedener Wasserungeheuer in seinem Buch *Strange Prehistoric Animals* (1948) zusammen. Zu den von ihm genannten Möglichkeiten gehörten Plesiosaurier, Ichthyosaurier und Mosasaurier bei den Reptilien, ein archaischer Hai bei den Fischen, ein unbekannter riesiger Meeresaal bei den Amphibien und ein *Zeuglodon* bei den Säugetieren. Er hätte Oudemans' Riesenseehunde, die Riesenschildkröten und -schlangen und Goulds gigantischen Wassermolch dazunehmen können.

Zur gleichen Zeit etwa bereitete sich Dr. Anton Bruun, Direktor des Universitäts-Zoomuseums in Kopenhagen, darauf vor, mit dem Forschungsschiff *Galathea* die Seeschlange ausfindig zu machen. Obwohl er zahlreiche neue Tierarten entdeckte – darunter das »lebende Fossil« *Neopilina,* das eine Neueinteilung der Mollusken notwendig machte –, ging ihm keine Seeschlange ins Netz. Bruun war nicht wenig verblüfft, denn seiner plausiblen Theorie zufolge war er davon überzeugt, am richtigen Ort zu suchen.

Bruuns Idee stammte aus seiner Zeit als Student von Professor Johannes Schmidt, der die erstaunliche Wanderung der Aale aus europäischen und amerikanischen Flüssen zu ihrem gemeinsamen Laichplatz in der Sargassosee entdeckt hatte. Auf einer Forschungsreise hatten Schmidt und Bruun 1930 vor dem Kap der Guten Hoffnung eine 1,80 Meter lange Aallarve gefangen. Da aus 10 Zentimeter langen Larven 3 Meter lange Aale werden können, hätte diese Larve sich zu einem über 50 Meter langen Tier entwickeln können! Bruun beschränkte sich praktischerweise auf etwa 15 Meter lange Meeresaale, mit denen sich alle angeblichen Seeschlangen erklären ließen, wenn man wie Bruun die nicht dazu passenden Beobachtungen ignorierte. Dem dänischen Gelehrten fiel natürlich auch auf, daß die Riesenlarve in den Gewässern gefangen worden war, in denen die *Daedalus* ein entschieden aalähnliches Ungeheuer gesichtet hatte. Doch Bruun war nicht der Urheber dieser Theorie; sie war vor ihm schon 1819 von Rafinesque-Schmalz (aufgrund von Beobachtungen im Gebiet der Großen Seen) und von den beiden Verrills aufgestellt worden. Auch Heuvelmans, Dr. Maurice Burton und Professor Roy Mackal haben sich mit ihr auseinandergesetzt.

Als 1956 Ivan Sandersons Buch *Follow the Whale* erschien, war der Boden für Heuvelmans' große Synthese bereitet. Sanderson erklärte die unterschiedlichen Formen der beobachteten Seeschlangen damit, daß *alle* Meeresbewohner schlangenähnlich werden, sobald sie bestimmte Größen- und Gewichtsgrenzen erreichen. Zusammenfassend bevorzugte er die *Zeuglodon*-Hypothese wie Richard Carrington in *Mermaids and Mastodons* (1957). Das *Zeuglodon* gehörte auch zu den drei Varianten, die Professor J. L. B. Smith Ende der

fünfziger Jahre in seinen Abhandlungen über die Seeschlange besprach. Smith war der Mann mit dem fotografischen Gedächtnis, der 1938 augenblicklich den Coelacan-
then auf den von Marjorie Courtenay-Latimer (nach der er
ihm den Beinamen *Latimeria* gab) eingeschickten Zeichnungen erkannte, indem er sich an Abdrücke dessen fossiler Vorfahren erinnerte.

Heuvelmans' historisches Werk *In the Wake of the Sea-serpents* (1968), das von Oudemans, Rafinesque-Schmalz,
Gould und anderen inspiriert worden war, behandelte nicht
weniger als 587 Fälle, die historisch, statistisch und morpho-
logisch analysiert wurden. Nachdem er Lügenmärchen, Irrtümer und Zweifelsfälle ausgesondert hatte, blieben 358 ernst
zu nehmende Beobachtungen übrig. Daraus ergaben sich
neun Seeschlangentypen mit unterschiedlichem Verhalten
und eigenen Lebensräumen: die Langhalsige, das Seepferd,
die Bucklige, die Vielflossige, der Superotter, der Superaal,
der Meeressaurier, der »Vater aller Schildkröten« und der
»Gelbbauch«.

Mit dieser Beschreibung noch unbekannter Meeres-
»Ungeheuer« will Heuvelmans »einen Großteil« der Rätsel
im Zusammenhang mit der Seeschlangensage aufgeklärt
haben. Aber selbst wenn es eines Tages gelänge, eines dieser
Tiere zu fangen, wäre damit lediglich ein Aspekt des Rätsels
gelöst. Ungeklärt würden alle jene Fälle bleiben, in denen
Wasserungeheuer die Überlieferung zu bestätigen scheinen,
nach der sie Zauberwesen sein sollen. In seinem Buch *The
Dragon and the Disc* (1973) hat F. W. Holiday darauf hingewiesen, daß viele der vor allem aus Irland gemeldeten Wasserungeheuer in Tümpeln und Bächen hausen sollen, für die
sie in Wirklichkeit viel zu groß wären. John Keel hat sie mit
den Geistern, Gespenstern und Phantomwesen volkstümli-
cher Sagen verglichen, und Peter Costello hat in dem Buch
In Search of Lake Monsters (1974) nachgewiesen, daß diese
Ansicht schon früher in Irland verbreitet gewesen ist, wo das
Each uisge, das Wasserpferd der Sage, Ähnlichkeit mit der
Pooka, einem an Land heimischen Dämon, aufweist. In sei-

ner Sammlung neuerer Sagen mit dem Titel *The Middle Kingdom* (1962) gibt D. A. MacManus Schilderungen irischer Landbewohner wieder, sie seien beim Auftauchen eines Wasserpferdes aus einem Tümpel zwar erschrocken, aber ihnen sei bewußt gewesen, daß dies kein reales, sondern ein okkultes Wesen sei. Die Gespenstereigenschaften von Wasserpferden sind auch in Schottland wohlbekannt, wie aus Alasdair Alpin MacGregors ausgezeichneter Zusammenstellung von Hochlandsagen unter dem Titel *The Peat Fire Flame* (1937) hervorgeht. Die gleiche Auffassung manifestiert sich auch in dem frühesten Bericht über das Ungeheuer von Loch Ness, das im 6. Jahrhundert durch St. Kolumbans Zauberkraft vertrieben worden sein soll.

Heuvelmans gesteht, das Problem der Wasserungeheuer weist Dimensionen auf, die außerhalb seiner wissenschaftlichen Kompetenz liegen. Dazu gehört beispielsweise, daß Augenzeugen und Reporter das Gesehene gern so schildern, daß es »einem existierenden Archetypus entspricht«. Heuvelmans hat weiterhin festgestellt: »Selbst das gewöhnlichste Tier . . . ist teilweise ›imaginär‹. Und andererseits sind alle ›mythischen‹ Tiere teilweise real.« Das Mythische vieler gemeldeter Wesen und die zweifellos vorhandenen Auswirkungen solcher Beobachtungen auf Augenzeugen und Gesellschaft sind Themen, die jetzt die Aufmerksamkeit von Historikern, Psychologen, Folkloristen und Soziologen auf sich ziehen. Beispielsweise scheint das Widerstreben der Nachrichtenmedien, Meldungen über anomale Ereignisse ungekürzt und unvoreingenommen zu bringen, um so mehr zu wachsen, je ungewöhnlicher die Ereignisse waren. Der Soziologe Dr. Ron Westrum von der Eastern Michigan University hat in einer Abhandlung mit dem Titel *Sea-serpent Reporting Dynamics* (1974) gezeigt, wie stereotyp diese Medienreaktionen sind. Der moderne Journalismus hat Seeschlangen, UFOs und anderen Phänomenen die Rolle unterhaltender »Füller« zugewiesen, wodurch der »bedrohliche« oder herausfordernde Aspekt dieser Ereignisse auf ein Mindestmaß beschränkt wird, was zugleich eine Verringerung des menschlichen und wissenschaftlichen Wertes solcher Berichte bewirkt. Zu den in derartigen Fällen immer wieder geschilderten Umständen gehört eine »höchst seltsame« Atmosphäre, die oft von Augenzeugen erwähnt wird, die auch weitere starke Gefühlsempfindungen von religiöser Ehrfurcht bis hin zu Entsetzen und Abscheu erlebt haben. Im Gegensatz zu früheren Erklärungsversuchen von Männern wie Sir Arthur Keith und Professor Owen, die solche Ereignisse ausnahmslos der Phantasie von Geistesgestörten und Lügnern zuschrieben, neigen heutige Forscher eher dazu, auch die Art der dahinterstehenden Realität zu berücksichtigen.

Unterdessen am Loch Ness . . .

Die Vorteile, die ein großes geheimnisvolles Tier, das in einem allgemein zugänglichen Gewässer buchstäblich gefangen ist, allen Beobachtern bietet, sind offenkundig, und in England wie in Nordamerika entstand eine neue Kategorie von Naturforschern, die sich (wie Gould und Lonson Nash) aufmachten, um Informationen aus erster Hand über bestimmte Wasserungeheuer zusammenzutragen.

Im Jahre 1934 finanzierte Sir Edward Mountain eine private Expedition zum Loch Ness, der 36 Tage lang von zwanzig mit Kameras bewaffneten Männern überwacht wurde. Die wenigen Aufnahmen, die zum Teil Bugwellen zeigten, waren enttäuschend. Eine ähnliche Expedition wurde im Jahre 1960 von Studenten aus Oxford und Cambridge organisiert, nachdem sie Vorträge von Dr. Denys Tucker, einem Ichthyologen am British Museum of Natural History, gehört hatten, der das Ungeheuer für einen »verirrten Plesiosaurier« hielt. Das Museum, das bei seinen Mitarbeitern auf größte Zurückhaltung Wert legt, war schockiert, und Tuckers Karriere wurde dadurch nicht gerade gefördert.

Die ersten unzweifelhaft authentischen Fotos des Ungeheuers von Loch Ness wurden 1960 gemacht, als der Ingenieur Tim Dinsdale Nessie filmte, während sie weit von der

Kamera wegschwamm. Trotz der kleinen, in der Vergrößerung sehr körnigen Abbildung wurde die Echtheit der Filmaufnahmen von einer Luftbildstelle der Royal Air Force bestätigt. Das Kielwasser unterschied sich erheblich von dem eines Bootes und ließ auf einen großen Körper unter Wasser schließen. Der Film wurde 1972 in Kalifornien erneut analysiert – diesmal mit Hilfe von computergesteuerten Bildverbesserungsmethoden, die für Aufnahmen von Raumsonden entwickelt worden waren. Dabei zeigte sich etwas Neues: Hinter dem ersten Buckel ist ein zweiter zu erkennen, der ebenfalls aus dem Wasser ragt. Dinsdales Überzeugung, daß Nessie ein Plesiosaurier ist, und seine regelmäßigen Expeditionen nach Schottland sind in seinen Büchern *Loch Ness Monster* (1961) und *The Leviatans* (1976) geschildert.

Mit Hilfe der vielen Interessierten, die sich an Dinsdale gewandt hatten, nachdem seine Aufnahmen bekanntgeworden waren, gründete er 1962 das Loch Ness Investigation Bureau. Diese Vereinigung entsandte weitere Beobachtungsteams an den See und fungierte zugleich als Forum für Forschung und Diskussion. Außerdem überwachte der LNIB gelegentlich einige weitere Seen, in denen es Ungeheuer geben sollte. Im Jahre 1970 wurde die selbständige Loch Morar Survey ins Leben gerufen, deren Untersuchungsergebnisse von ihrer Mitbegründerin Elizabeth Montgomery Campbell in *The Search for Morag* (1972) veröffentlicht wurden. Die heutzutage weniger aktive Loch Morar Survey wird jetzt von Adrian Shine geleitet; Nachfolgerin der aufgelösten LNIB ist Dinsdales Loch Ness Association of Explorers geworden, während Rip Hepples wertvoller Ness Information Service regelmäßig über weitere Ereignisse am See berichtet.

In den letzten Jahren haben sich am Loch Ness zwei Beobachtungsmethoden herauskristallisiert: die unauffälligen, geduldigen Beobachtungen vom Ufer aus, die von Dinsdale begonnen worden sind und heute von Jeoff Watson, einem jungen Soziologiestudenten, und Frank Searle, einem pensionierten Soldaten, der jetzt am See lebt und gelegentlich Aufnahmen mit offenbar treibenden Baumstämmen gemacht hat, fortgeführt werden, und die technisch aufwendigen Expeditionen, wie sie Robert Rines von der Academy of Applied Sciences in Chicago durchführt. Mit Unterwasserkameras haben Rines' Teams die bisher größten Erfolge erzielt: 1972 haben sie eine »Flosse« fotografiert und dann 1975 etwas aufgenommen, bei dem es sich um Kopf, Hals und Körper eines großen unbekannten Lebewesens zu handeln scheint.

Im Jahre 1975 machte Doc Shiels, der bekannte exzentrische Bühnenautor und Zauberkünstler, die *Fortean Times* auf eine Reihe von Seeschlangenbeobachtungen an der Helford-Mündung und in der Falmouth Bay in Cornwall aufmerksam. Ein oder mehrere Lebewesen wurden dort mehrmals gesehen und fotografiert – einmal auch von Shiels und David Clarke, dem Chefredakteur von *Cornish Life*. Shiels besuchte den Loch Ness zum erstenmal 1958, nachdem er Constance Whytes Buch *More than a Legend* (1957) gelesen hatte. Bei einem weiteren Besuch im Jahre 1977 gelangen ihm zwei Farbaufnahmen von Nessie von Castle Urquhart aus – die bisher deutlichsten von Kopf und Hals, die an die 1934 gemachten Aufnahmen des Londoner Chirurgen R. K. Wilson erinnerten, aber viel mehr Details zeigten. Leider waren diese Fotos – wie so viele wertvolle kryptozoologische Beweisstücke – vom Pech verfolgt: Ein Original ging verloren und ist nur als schlechter Kontaktabzug erhalten. Solche »Zufälle« sind häufig. Erforscher paranormaler Ereignisse berichten nicht selten von blockierten oder vergessenen Kameras, versagenden Geräten und verschwundenen Beweisstücken. Auch Jeoff Watson ist es gelungen, im Loch Ness und vor Falmouth, wo das Ungeheuer im Kornischen *Morgawr* (Seeriese) heißt, »irgend etwas« zu fotografieren. Bedauerlicherweise sind diese beiden Bildserien wegen der nur kleinen Abbildungen nicht sonderlich aussagefähig.

Die Monstermanie

Die erste historische Analyse des Ungeheuers von Loch Ness enthielt Constance Whytes *More than a Legend,* in dem die Beobachtungen bis auf den unterdessen berühmten Vorfall in Adamnans *Life of St. Columba* zurückgeführt wurden. Die Verfasserin gab auch den ersten Hinweis auf Ungeheuer in anderen schottischen Seen. Das erste Buch eines Zoologen zu diesem Thema erschien jedoch erst mit Dr. Maurice Burtons *The Elusive Monster* (1961). Burton war bereit, über Plesiosaurier, Riesenaale, -schildkröten und -otter auf hoher See zu diskutieren; er erklärte jedoch viele der Phänomene am Loch Ness mit Täuschungen durch Gasblasen, vom Wind erzeugte Wellen, tauchende Vögel und sogar im Wasser treibende Pflanzenteppiche (die auf dem Loch Ness nie beobachtet worden sind, aber bei Pontoppidan vorkommen). Andererseits äußerte Burton sich nicht ausschließlich negativ. Er akzeptierte einen Bodensatz von Meldungen, die auf »ein großes unbekanntes Tier« schließen ließen, und vermutete, daß es sich dabei um ein Säugetier, »ein langhalsiges, otterähnliches Tier« handeln müsse.

Eine 1966 vom Field Museum of Natural History in Chicago veröffentlichte Abhandlung brachte F. W. Holiday, einen weiteren Loch-Ness-Forscher, auf den Gedanken, Nessie könnte ein *Tullimonstrum* sein. Diese eigenartigen, torpedoförmigen, langhalsigen Meereswürmer waren erstmals 1958 in Ölschiefer-Lagerstätten in Pennsylvanien entdeckt worden. Sie waren normalerweise etwa 15 Zentimeter lang, aber Holiday vermutete, sie könnten im Loch Ness über 6 Meter Länge erreichen. Seine Beweisführung scheint größtenteils auf dem ersten Nessie-Foto (1933 von Hugh Gray aufgenommen) zu basieren, auf dem er ein *Tullimonstrum* zu erkennen glaubte.

Während Morgawr sich im Jahre 1975 gelegentlich vor Falmouth sehen ließ, beobachteten sechs Schülerinnen bei einem Strandspaziergang in der Nähe von Barmouth in Wales eine höchst merkwürdige Riesenschildkröte. Schlagzeilen machte jedoch der Publicityzirkus um die Vorstellung der rätselhaften Unterwasseraufnahmen, die Rines' Team von einem Lebewesen im Loch Ness gemacht hatte. Die Vorstellung sollte auf einem Symposium der Edinburgh University erfolgen, aber die Presse wurde von dem Verlag, der eine revidierte Ausgabe von Nicholas Witchells Nessie-Biographie, *The Loch Ness Story* (1974), herausbrachte, im voraus informiert. Das Symposium der Edinburgh University wurde ziemlich beleidigt abgesagt, aber der Abgeordnete David James, einer der LNIB-Mitbegründer, organisierte eine erfolgreiche Ersatzveranstaltung in Räumen des Unterhauses.

Im Jahr zuvor war ein noch eindrucksvolleres Werk erschienen, das einen Überblick über Seeungeheuer aus aller Welt zu geben versuchte: *In Search of Lake Monsters* (1974). Für uns war es keine Überraschung, als wir hörten, daß der Autor, der irische Schriftsteller Peter Costello, ein Schüler Heuvelmans' war und einen wesentlichen Teil seiner Forschungsarbeit im Centre de Cryptozoologie in der Dordogne geleistet hatte.

Im Jahre 1976 spielte erneut ein Produkt aus Chicago eine Rolle. Roy P. Mackal, Professor für Biochemie, interessierte sich für Nessie, seitdem er 1965 am Loch Ness auf eine LNIB-Beobachtungsplattform gestoßen und prompt in diese Gruppe eingetreten war. *The Monsters of Loch Ness* (1976) begründet Mackals Überzeugung, daß der See eine ganze Population gigantischer Amphibien enthält (irgendwo zwischen Goulds Wassermolch und Bruuns Aal). Das Buch erfüllt einen nützlichen Zweck, indem es zwischen Beobachtungen am Ufer und auf dem Wasser unterscheidet, und versucht, die Beweiskraft des vorhandenen Bildmaterials abzuschätzen.

Im Frühsommer 1981 machte eine Aufnahme Furore, die ein Lebewesen im Lake Champlain (an der Grenze der beiden Staaten New York und Vermont) zeigte, das im Juli 1977 von Sandra Mansi fotografiert worden war. Ihr Mitentdecker war Joseph Zarzynski, ein New Yorker Lehrer, dessen

Hauptehrgeiz der Identifizierung von »Champ«, dem Ungeheuer im Lake Champlain, gilt. Der Entdecker Samuel de Champlain hatte Champ 1609 kennengelernt, aber die Indianer kannten ihn schon früher. Zarzynski tat sich mit Mackal zusammen, um die Aufnahme wissenschaftlich auswerten zu lassen. Dieses angeblich bisher deutlichste Foto eines schwimmenden Ungeheuers scheint eine Art *Zeuglodon* zu zeigen. Ein weiterer Monsterjäger, der hier erwähnt werden muß, ist Mr. X aus dem kanadischen Kingston, dessen Computerliste von Beobachtungen in Binnen- und Küstengewässern Kanadas über 200 Einzelfälle enthält und der in der Einführung zu seiner fortgeführten Übersicht (*Info Journal,* März 1981) feststellt, daß die Existenz solcher Lebewesen in kanadischen Gewässern allgemein bekannt und unbestritten war, weil sie auf unmittelbaren Erlebnissen und der Übernahme indianischer Traditionen basierte – bis der übermächtige Einfluß der Naturwissenschaft des 19. Jahrhunderts dieses Wissen verdrängte. Mr. X hat als bisher einziger Heuvelmans' Seeschlangenkategorien auf neue Beobachtungen angewandt und dabei den Nachweis geführt, wie genau die heutzutage gesichteten Objekte den von Heuvelmans festgelegten Kategorien entsprechen.

Kugler

Ein im vorigen Kapitel noch nicht erwähnter Seeungeheuertyp, der nur sehr selten beobachtet wird, zeigt sich in Berichten über formlose, behaarte Fleischklumpen, die gelegentlich an Stränden angeschwemmt werden. Ivan Sanderson, der geniale Namensgeber, hat sie als »Kugler« bezeichnet.

Der erste, auf den Sanderson aufmerksam wurde, war im August 1960 nach einem schweren Sturm bei Temma an der Westküste Tasmaniens angetrieben worden. Die Masse war groß und annähernd rund, ziemlich flach mit einer großen Vertiefung in der Mitte und mit angedeuteten Kiemen besetzt. Sie war 5,5 × 6 Meter groß und mit kurzem weichen

Haar bedeckt, das der Viehzüchter Ben Fenton, einer ihrer Entdecker, mit Schafwolle verglich. Fenton und seine Freunde Jack Boote und Ray Anthony besuchten gelegentlich die abgelegene Bucht, wo der Kadaver manchmal im Sand begraben und manchmal ganz frei gespült war. Erst nach eineinhalb Jahren erreichte ein zuverlässiger Bericht Hobart, wo Bruce Mollinson bei der Commonwealth Scientific and Industrial Research Organization (CSIRO) tätig war. Mollinson, der ins Tasmanian Museum überwechseln wollte, bat G. C. Cramp aus dem Verwaltungsrat des Museums, eine erste Untersuchung des rätselhaften Fundes durch ortsansässige Naturforscher zu finanzieren. Ihr Bericht sowie die Zeugenaussagen Fentons, Bootes und Anthonys veranlaßten Mollinson zu zwei anstrengenden Expeditionen zum Fundort. In *Argosy* (Juni 1962) widerlegte Mollinson die Erklärungsversuche ferner Experten:»Es war weder Fisch, Fleisch noch Frucht. Es war kein Wal, Seehund, See-Elefant oder Tintenfisch. Manche hatten auf einen Plattfisch getippt, aber dieses Wesen hatte keine Flossen. Ein Teufelsrochen? Ein Rochen hat ein Maul und Zähne.« Er hätte hinzufügen können, daß Rochen unbehaart sind. Das Interesse der Zeitungen wurde geweckt, als Mollinson die Ansicht äußerte, hier handele es sich um ein großes, unbekanntes, rochenähnliches Tier – möglicherweise aus Unterwasserhöhlen vor Tasmanien.

Journalisten und Fachleute aus aller Welt wetteiferten darin, den Kadaver zu identifizieren. Nachdem Fenton sein Unbehagen beim ersten Anblick geschildert hatte, reichten die phantasievollen Vorschläge von einem aufgetauten»prähistorischen Ungeheuer«, vielleicht einem Mammut aus der Antarktis, bis zum Leichnam eines»Wesens aus dem All«. Letztere Erklärung gefiel natürlich Sanderson, der schon früher die Theorie aufgestellt hatte, UFOs könnten Lebewesen sein. Trotz des Aufsehens reagierte die CSIRO merkwürdig langsam: Sie entsandte erst nach langen Diskussionen und mit großer Verzögerung eine Expedition zur Untersuchung des geheimnisvollen Kadavers. Aber der Expeditionsbericht

Ansichten des im November 1896 bei St. Augustine, Florida, angeschwemmten Kadavers mit Dr. Dewitt Webb, der die Überreste als erster untersuchte und einem Riesentintenfisch zuordnete (Fortean Picture Library).

verschleierte den Vorfall mehr, als ihn aufzuklären. Einige Tage nach der Rückkehr des CSIRO-Teams gab ein hoher australischer Regierungsbeamter eine Presseerklärung ab (Hobarter *Mercury*, 19. Mai 1962), in der er von einem ganz anderen Kadaver zu sprechen schien, der viel kleiner als der ursprünglich beschriebene war. Die CSIRO behauptete, ihr Team habe einen Klumpen verwesenden Walfleisches untersucht, aber Mollinson und andere bezweifelten, daß dieses Untersuchungsobjekt mit dem von ortsansässigen Naturforschern beschriebenen identisch war – so unterschiedlich waren die Gutachten. Nach Mollinsons Ansicht konnte das CSIRO-Team, das darauf verzichtet hatte, einen der ursprünglichen Entdecker mitzunehmen, auf einen verwesenden Wal gestoßen sein und ihn mit dem zu untersuchenden Kadaver verwechselt haben. »Ich bin mir keineswegs sicher«, schrieb Mollinson, »ob Bootes Ungeheuer mit dem identisch ist, das die allgemeine Aufmerksamkeit auf sich gezogen hat.« Und Boote sagte: »Was ich gesehen habe, war kein Wal oder irgendein Teil eines Wals.« So blieb der Fall ungeklärt.

»Sobald uns versichert wird, daß ein Rätsel gelöst sei«, sagte Fort, »forschen wir weiter nach.« Genau das tat Sanderson, der seine Erkenntnisse in *Fate* (August 1962) veröffentlichte. Er hatte nichts wesentlich Neues hinzuzufügen, aber er mißtraute dem amtlichen Vertuschungsversuch und glaubte statt dessen, die ersten Berichte seien eine zutreffende Schilderung »eines unbekannten, behaarten, knochenlosen Invertebraten« gewesen.

Fort hatte zu seiner Zeit versucht, etwas über ein »behaartes Ungeheuer« zu finden: »mit einem Pelz, nur nicht mit Schuppen oder einer Art Walhaut«. Ein weiteres Kennzeichen, das ihn reizte, war der gelegentlich erwähnte Rüssel. Da beides nicht für irdische Meerestiere charakteristisch ist, äußerte Fort die Vermutung, es könne »mehrere Funde von Überresten eines langschnauzigen Tieres gegeben haben, das die Paläontologen nicht kennen, weil es nicht von der Erde stammt, obwohl es gelegentlich hier aufgetaucht ist«.

Fort fand lediglich zwei einschlägige Meldungen. Die *New York Sun* (28. November 1930) berichtete, daß auf Glacier Island, Alaska, im Eis eingeschlossen der 7,5 Meter lange Kadaver eines Ungeheuers mit einer 1 Meter langen

Schnauze entdeckt worden sei; das Ungeheuer sollte behaart sein. Und die *New Zealand Times* (19. März 1883) hatte gemeldet, das über 12 Meter lange rätselhafte Ungeheuer, das an der Küste von Queensland angeschwemmt worden sei, habe eine gewaltige 2,5 Meter lange Schnauze gehabt, deren Atemwege noch sichtbar gewesen seien. Leider läßt sich in beiden Fällen nichts Näheres mehr feststellen. Solche mysteriösen Geschichten werden zu Phantominformationen und sind für den wissenschaftlichen Kryptozoologen vorerst wertlos. Aus diesem Grund gehören die langschnauzigen, behaarten Ungeheuer auch nicht zu Heuvelmans' Seeschlangentypen.

Fort kannte einen weiteren Fall, aber er wurde durch eine ungenaue Zeitungsmeldung auf die falsche Fährte gesetzt und kam mit seinen Ermittlungen nicht weiter. Auch Heuvelmans ging es nicht besser: Er fand eine vage Schilderung in einem Reiseführer für Südafrika, erfuhr daraus jedoch keine zusätzlichen Einzelheiten und mußte den Fall in seiner Chronologie angeschwemmter Kadaver, die Bestandteil von *In the Wake of the Sea-serpents* ist, mit einem Fragezeichen versehen.

Am Morgen des 1. November 1922 stand Hugh Ballance bei Margate in Natal (Südafrika), wo er vor kurzem eine Farm gekauft hatte, am Strand. Er wurde auf etwas im Wasser aufmerksam und beobachtete durch sein Fernglas, wie »zwei Wale mit irgendeinem Meeresungeheuer kämpften«, das ihn an einen riesigen Eisbären erinnerte. Die *Daily Mail* (27. Dezember 1924) zitierte Ballances Äußerungen aus einem Lokalblatt: »Ich beobachtete, wie dieses Wesen sich fünf bis sechs Meter hoch aus dem Wasser erhob und mehrmals mit seinem Schwanz nach den beiden Walen schlug – allerdings offenbar ohne Wirkung.« Dieser Kampf dauerte stundenlang und wurde von einer wachsenden Zahl von Augenzeugen vom Strand aus verfolgt. Als die Wale dann fortschwammen, trieb der unbekannte Riese leblos im Meer. Nachts wurde der Kadaver am Strand angetrieben, wobei der riesenhafte Körper in die Breite ging, wie es bei allen großen

Meerestieren der Fall ist, wenn ihr Körpergewicht nicht mehr zum Teil vom Wasser getragen wird. Der Kadaver war 14,3 Meter lang, 3 Meter breit und 1,5 Meter hoch. Er wies einen 3 Meter langen Schwanz auf und hatte am anderen Ende eine Art Rüssel.»Wo der Kopf hätte sein sollen«, sagte Ballance,»hatte das Tier einen etwa eineinhalb Meter langen rüsselähnlichen Fortsatz mit fünfunddreißig Zentimeter Durchmesser, dessen Ende wie eine Schweineschnauze aussah.« Das Erstaunlichste an dem Meeresungeheuer war jedoch sein eindrucksvoller Pelz »mit zwanzig Zentimeter langen Haaren, genau wie bei einem Eisbär, und schneeweiß«. Verletzungen oder Blutflecken waren nicht zu sehen. Der Kadaver lag zehn Tage am Strand und zog Neugierige und Fliegen an, bis der Gestank unerträglich wurde. Auch 32 Ochsen konnten ihn nicht weit schleppen und ließen ihn an der Hochwassergrenze liegen, von wo die Flut den Kadaver nachts in unbekannte Tiefen entführte. Obwohl wir gelernt haben, auch scheinbar Unglaubliches zu akzeptieren, fällt es uns schwer, uns mit 14,3 Meter langen Eisbären abzufinden, die an tropischen Stränden angetrieben worden sein sollen. Nur Darwins Phantasie reichte dazu aus: Als er von einem nordamerikanischen Bären hörte, der mit offenem Maul schwimmt, schrieb er in *Die Entstehung der Arten,* er könne sich durchaus eine Bärenart vorstellen, die durch Naturauslese in Körperbau und Lebensgewohnheiten immer mehr zu Wassertieren werde, bis schließlich ein riesenhaftes Wesen wie ein Wal entstehe. Wie bedauerlich, daß er den Beweis für seine Theorie – den Bär-Wal von Margate Beach – nicht mehr zu Gesicht bekam!

In *Myths and Legends of Southern Africa* (1979) erwähnt Penny Miller das Ungeheuer von Margate – allerdings im Zusammenhang mit Stammessagen der Zulus. Für die Eingeborenen war dieser Vorfall lediglich eine Bestätigung der ihnen wohlbekannten Tatsache, daß in allen Gewässern unheimliche Wesen existieren: Meerjungfrauen, Wasserkobolde, *Takoloshe*-Geister und »seltsame Meerestiere, die nachts an mondbeschienenen Stränden tanzten und für jedermann sichtbare Spuren hinterließen«. Ballance sagte, am Tag nach dem Verschwinden des Kadavers habe er von Eingeborenen gehört, daß das Ungeheuer auf See die Küste entlanggetrieben worden und dann außer Sicht gekommen sei. Ein merkwürdig ähnlicher Fall ereignete sich im Jahre 1944, als bei Machrihanish, am Kap der schottischen Kintyre-Halbinsel, ein ganz ähnliches, aber kaum halb so großes Tier angetrieben wurde. Nach einem Bericht der *Daily Mail* (5. Oktober 1944) war es 6 Meter lang, etwa so schwer wie ein Elefant und kopflos. In der Schlagzeile war von einem Eisbären die Rede – wegen seines »langen weißen Pelzes« –, aber es fand sich kein Zoologe, der Eisbären dieser Größe für möglich hielt – mit oder ohne Kopf. Liest man Ballances Beschreibung des Ungeheuers von Margate sorgfältig durch, liegt der Schluß nahe, der »rüsselähnliche Fortsatz« sei vielleicht ein kopfloser Hals gewesen. Dann entspräche der Margate-Kadaver eher der weitverbreiteten Vorstellung vom Aussehen einer Seeschlange – wenn nur dieser verdammte weiße Pelz nicht wäre . . .

In seiner oben erwähnten Aufzählung angeschwemmter Meeresungeheuer stellt Heuvelmans fest, daß es in fast allen belegten Fällen möglich gewesen sei, den Kadaver als den eines »Rochens, Riesenhais oder irgendeiner mehr oder weniger gut bekannten Walart« zu identifizieren, die selbst in bizarr verwestem Zustand noch von einem kompetenten Zoologen zu identifizieren seien. (Nach Margate Beach kam zehn Tage lang kein kompetenter Zoologe, so daß wir nie erfahren werden, was dort angeschwemmt worden ist.) Heuvelmans hat auch eine Erklärung für die »Behaarung« mancher Kadaver: »Bei Haien und Walen entsteht durch Verwesung sehr bald der Eindruck steifer Haare, sobald die Haut sich ablöst und das faserige Bindegewebe auszutrocknen beginnt.« Das dürfte die Erklärung für die »Mähne« des Stronsa-Ungeheuers und für weitere »behaarte« Kadaver sein, die in den vierziger Jahren auf den Orkneyinseln entdeckt wurden. Aber wir hegen gewisse Zweifel daran, ob der dichte Haarwuchs und die in einigen Fällen beschriebenen

Dieser seltsame, an einen Plesiosaurus erinnernde Kadaver wurde am 25. 4.
1977 von dem japanischen Fischereischiff Zuiyo-maru östlich von Neuseeland
aufgefischt (Michihiko Yano).

auffälligen weißen Pelze tatsächlich durch Verwesung entstanden sein können.

In diesen Zusammenhang paßt die Schlagzeile »Ungewöhnlicher Elefant, der auf See verendet war«, mit der die
Zeitung *Auckland Star* erschien. Sie wurde in *Pursuit* (September 1968) wiedergegeben – leider ohne nähere Angaben –
und betrifft einen rätselhaften Kadaver, der irgendwann

Mitte der sechziger Jahre in Muriwai Beach auf der neuseeländischen Nordinsel angeschwemmt wurde. Die formlose Masse war 6 Meter lang und 2,5 Meter breit und bestand aus festem, mit einer zähen Haut überzogenem Fleisch. Ihre Haut war dicht und wollig-weich behaart, und dieser »ungewöhnliche Elefant« hatte auch sonst nicht viel Ähnlichkeit mit einem Elefanten. Professor J. E. Morton, der Leiter des Departments für Zoologie an der Universität Auckland, mußte zugeben, daß der Kadaver keinem ihm bekannten Tier gleiche. »Und wer hat jemals von einem Wal im Pelzmantel gehört?« fügte er hinzu.

In einem von Michael Harvey geschriebenen Artikel in *The Log* (April 1968), einer Zeitschrift für Meereskunde, fanden sich Hinweise auf zwei frühere Kugler. Im Jahre 1948 schrieb ein Mann an die *Sydney Sun* wegen eines Kadavers, den er mit Freunden auf Dunk Island entdeckt hatte. »Er glich einer riesigen Qualle mit mehreren Schlitzen und ohne Augen und hatte eine behaarte zähe Haut. Er war gigantisch und muß einige Tonnen gewogen haben.« Jedenfalls war das keine Riesenqualle, denn diese Tiere werden kaum halb so groß und haben keine zähe Haut. Ein beamteter Wissenschaftler versuchte den Augenzeugen einzureden, sie hätten ein mißgestaltetes Walembryo gesehen. Die Bewohner von Dunk Island, die den Kadaver natürlich loswerden wollten, hatten zehn Tage lang zu tun, um ihn mit Äxten und Dynamit zu zerkleinern und auf See zu versenken. Der zweite Vorfall ereignete sich 1958, als ein Kugler zwei Fischern ins Netz ging, während sie auf der Fahrt von Melbourne nach Hobart waren. Der offenbar leblose Kadaver war hutförmig, fast 2 Meter hoch und mit einem Schwanz versehen. Seine dicke glatte Haut war unbehaart und wies wie bei anderen Kuglern keine Flossen, kein Maul und weder Augen noch andere Sinnesorgane auf. Die Fischer fotografierten ihn, bevor sie ihn ins Meer zurückwarfen – aber in Hobart fand sich kein Meereskundler, der das Tier hätte identifizieren können.

Diese Geschichten erinnern an das als »die Haut« bezeichnete recht phantasievolle, behaarte Ungeheuer chilenischer

Fischer, das uns Jorge Luis Borges in seinem *Book of Imaginary Beings* (1967) überliefert hat:

»Die Haut ist ein im Meer lebender Krake, der in Größe und Form einer ausgebreiteten Rinderhaut gleichen soll. Die Ränder sind mit zahllosen Augen besetzt, und der Kopfteil weist vier weitere größere Augen auf. Sobald Menschen oder Tiere sich ins Wasser wagen, steigt die Haut zur Oberfläche auf, umklammert sie mit unwiderstehlicher Gewalt und verschlingt sie binnen Sekunden.«

Es gibt Taucher, die sich für die Wahrheit solcher Behauptungen verbürgen. Einen beunruhigend ähnlichen Bericht enthält Eric Frank Russells *Great World Mysteries* (1957) – ärgerlicherweise jedoch ohne Quellenangabe. Der ungenannte Taucher war einem Hai in größere Tiefen gefolgt und befand sich am Rand einer Unterwasserschlucht, als das Wasser plötzlich kälter zu werden schien ...

»Ich sah eine dunkle Masse aus der Dunkelheit der Schlucht aufsteigen ... Sie war schmutzigbraun und riesengroß – ein flaches, ausgefranstes Ding mit etwa einem halben Hektar Fläche. Es pulsierte träge, und ich wußte, daß es lebte, obwohl es keine Gliedmaßen oder Augen zu haben schien.

Dieses schreckliche Wesen schwebte weiterhin pulsierend an mir vorbei, während die Kälte sehr stark fühlbar wurde. Der Hai hing unterdessen bewegungslos im Wasser, als sei er vor Kälte oder Angst gelähmt. Während ich fasziniert zusah, erreichte das riesenhafte braune Ding den Hai und berührte ihn. Der Hai erzitterte krampfhaft und wurde widerstandslos ins Innere des Ungeheuers gesogen.

Ich stand vor Angst unbeweglich still, während das braune Etwas so langsam in der Schlucht versank, wie es heraufgekommen war.«

Leben nach dem Aussterben:
Gibt es eine Wiederauferstehung von Tierarten?

Die Coelacanthiden sind unheimlich aussehende Fische, die nach Rechnung der Geologen in der Kreidezeit ausgestorben waren – d.h. vor etwa 70 Millionen Jahren –, 1938 wieder aufgetaucht sind und seither in immer größerer Zahl gefangen werden konnten. Ihr Wiedererscheinen war ein Schock, weil es viele Theorien platzen ließ. Daß dieser urtümliche Fisch darauf beharren konnte, sich über Jahrmillionen hinweg nicht zu verändern, obwohl er genau die Organe – Lungen und beinähnliche Flossenpaare – besaß, mit deren Hilfe es seinen Verwandten gelungen war, das Wasser zu verlassen und sich zu Säugetieren zu entwickeln, war geradezu eine Beleidigung des Fortschrittsprinzips!

Der Coelacanth sei unser »armer und träger Verwandter, der sich damit zufriedengab, sich vom Hauptstrom des Fortschritts abzusondern und 300 Millionen Jahre lang in einem evolutionären Altwasser zu stagnieren«, schrieb der Zoologe Richard Carrington. Die Geologen warfen ihm vor, nicht fair gespielt zu haben. Er hatte über Millionen von Jahren hinweg reichlich Spuren seiner Existenz in Gesteinsschichten hinterlassen. Aber vor 70 Millionen Jahren hatten sie aufgehört – im allgemeinen Beweis dafür, daß eine Tierart ausgestorben ist. Bis dann am 22. Dezember 1938 plötzlich ein 1 ½ Meter langer, keuchend atmender und um sich schnappender Coelacanth an Deck eines südafrikanischen Trawlers gelegen hatte.

Im Dezember 1952 wurde ein weiterer Coelacanth – diesmal einer anderen Art zugehörig – vor den ostafrikanischen Komoren mit der Angel gefangen; innerhalb von zwei Jahren gingen vier weitere ins Netz. Die Coelacanthiden sind offenbar noch ebenso munter und in jeder Beziehung unverändert wie damals in der Kreidezeit.

Laien neigen respektloserweise dazu, über die Verwirrung

von Fachleuten zu lachen, und das Auftauchen der Coelacanthiden führte dazu, daß die Öffentlichkeit sich über die Evolutionisten amüsierte. Horace Shipp schrieb damals ein Spottgedicht, das folgendermaßen begann:

There lived a happy coelacanth
In dim, primordial seas,
He ate and mated, hunted, slept,
Completely at his ease.
Dame Nature urged:»Evolve!«
He said:»Excuse me, Ma'am,
You get on making Darwin,
I'm staying as I am.«

Trotzdem wäre denkbar, daß die Fachleute sich im Fall der Coelacanthiden doch nicht völlig getäuscht haben. Vielleicht waren sie vor 70 Millionen Jahren tatsächlich ausgestorben; vielleicht sind sie wiederauferstanden.

Von den Toten zurück

Den Abwesenheitsrekord unter den jetzt lebenden Tierarten – nach Rechnung der Geologen nicht weniger als 300 Millionen Jahre – hält vermutlich eine Molluskenart, von der zehn gesunde Exemplare vor der südamerikanischen Küste durch eine von Dr. Henning Lemche geleitete Expedition aus 3590 Meter Meerestiefe heraufgeholt wurden. Das berichtete der *Manchester Guardian* (10. Januar 1957), der hinzufügte:»An ihren Unterseiten saßen stecknadelkopfgroße Flechten, von denen der Doktor noch nie gehört und die er noch nie gesehen hatte.«

Der Mammutbaum *(Metasequoia),* ein die Nadeln abwerfender Nadelbaum, wuchs vor 100 Millionen Jahren in China und verschwand danach, wie zahlreiche Versteinerungen bewiesen, von der Erde – bis 1946. In diesem Jahr entdeckte ein Mr. Wong drei Exemplare des seit der Zeit der Riesenreptilien unverändert wachsenden Baumes am Jangtse in der Provinz Szetschwan. Im nächsten Jahr fand er 25 weitere Mammutbäume, und 1948 zählte eine Expedition in dem gleichen abgelegenen Gebiet etwa tausend. Die Einheimischen fällten sie als Bauholz.

Im Vergleich zu den lange abwesenden Mollusken und Mammutbäumen war die Schnecke *Discus macclintocki* nur kurz abwesend: seit dem vor rund 14000 Jahren zu Ende gegangenen Pleistozän. Im Jahre 1978 wurden etwa hundert dieser »ausgestorbenen« Schnecken in einer Höhle in Iowa entdeckt. Dadurch wurden sie von einer ausgestorbenen zu einer gefährdeten Tierart, deren Umwelt durch Entlaubungsmittel bedroht war, wie die Zeitungen *Omaha World Herald* (10. Juli 1978) und *Des Moines Register* (15. Juli 1978) berichteten.

Bei den Vögeln verkörpert der Bermuda-Sturmvogel das eigenartigste Beispiel für die Wiederauferstehung einer Tierart. Dieser leicht erkennbare kühne Flieger war den ersten Siedlern gut bekannt, die es angeblich bis 1621 schafften, den Sturmvogel auszurotten. Über drei Jahrhunderte später wurde er 1951 erneut gesichtet, wobei nicht weniger als siebzehn Nester gezählt wurden. Unterdessen soll der Bermuda-Sturmvogel sich weiter vermehrt haben.

Ein weiterer auffälliger Vogel, der peruanische Guan mit großen Schwingen, mit langem Schwanz, orangeroter Kehle und ¾ Meter Spannweite wurde 1877 für ausgestorben erklärt. Ein Jahrhundert später meldeten Zeitungen wie die *Dallas Morning News* (23. Oktober 1977) seine Rückkehr. Vom World Wildlife Fund unterstützte Ornithologen hatten ihn in den Vorbergen der Anden in »beträchtlicher Zahl« aufgespürt. Gleichzeitig wurde der bisher unbekannte Langbartkauz entdeckt (*Daily Telegraph*, 30. Januar 1978). Im gleichen Jahr wurde aus Colombo gemeldet, der seit sechzig Jahren für ausgestorben gehaltene Glanzibis sei unerklärlicherweise wieder in freiem Gelände südlich der Stadt beobachtet worden (*Sunday Express*, 26. Juni 1977). Schon früher, im Jahre 1948, hatte es eine ähnliche Sensation gegeben, als Dr. G. B. Orbell Exemplare des flugunfähigen, gänsegroßen neuseeländischen Vogels *Takahe* fotografierte und später einfing: die ersten in unserem Jahrhundert, nachdem diese Art

Die flugunfähige neuseeländische Takahe, die wie der mit ihr verwandte Rie-senmoa als längst ausgestorben galt, tauchte 1848 wieder auf der Südinsel auf, wodurch frühere angebliche Beobachtungen bestätigt wurden (Zeichnung von G. E. Lodge, aus: Illustrated London News, *20. 9. 1924).*

wie die Riesenmoas als ausgestorben gegolten hatte. An einem wenig bekannten See auf der Südinsel wurden florie-rende Kolonien dieser Vögel entdeckt.

Meldungen über das Aussterben von Landtieren müssen nicht immer zutreffen. So wurde das südamerikanische Pekari *Catagonus wagneri,* eine Art Wildschwein, das schon vor der spanischen Eroberung Lateinamerikas ausgestorben sein sollte, in Paraguay entdeckt. Eine Expedition unter Lei-tung von Dr. Ralph Wetzel von der University of Connecti-cut erwarb von einheimischen Jägern vierzig Pekarischädel und sichtete mehrere Herden. Ihr Überleben soll jetzt durch die von Paraguay gebaute Trans-Chaco-Fernstraße gefährdet sein (*New York Times,* 7. September 1975).

1741 saß Vitus Berings vom Pech verfolgte Alaskaexpedition auf einer Insel weit vor der sibirischen Küste fest. Sie entdeckte dort eine Kolonie bis dahin unbekannter riesiger Seekühe. G. W. Steller (nach dem diese Tierart den Namen Stellers Seekuh erhielt) war als Zoologe der Expedition der einzige Fachmann, der diese Lebewesen zu Gesicht bekam. Auf dieser Zeichnung vermißt Steller ein Exemplar (F. A. Golder: Berings Voyages, Bd. II., *New York 1925).*

Die Nachrichtenagentur Antara meldete am 14. Mai 1977: »Riesenstinktiere, möglicherweise Überlebende aus prähistorischer Zeit, sind im Norden Mitteljavas im Urwald entdeckt worden. Sie sind so groß wie Schäferhunde und klettern auf Bäume. B. O. Nainggolan vom mitteljavanischen Tierschutzbund hat erklärt, eines der Riesenstinktiere sei vor kurzem von Hirten im Ungaran-Massiv Mitteljavas gefangen und getötet worden. Er bedauerte die Tatsache, daß die Riesenstinktiere nicht auf der Liste der geschützten Tierarten stehen.«

Eine ganze Anzahl teilweise ziemlich großer Tiere ist erst in unserem Jahrhundert entdeckt worden, nachdem die Zoologen schon lange behauptet hatten, weitere Entdeckungen dieser Art seien praktisch ausgeschlossen. Dazu gehörten in den Urwäldern Afrikas das Okapi, das Riesenwaldschwein, die Bongo-Antilope und das weiße Nashorn. Das größte Raubtier der Welt, der mandschurische Braunbär, wurde erst

1898 entdeckt. In Australien zeigte sich das aus Versteinerungen bekannte Zwergopossum, das seit 20 000 Jahren als ausgestorben galt, 1966 in Gestalt eines einzigen Tieres erstaunten Zoologen. Später wurden drei weitere Exemplare beobachtet. Zu den Tierarten, die bis in die Neuzeit hinein unentdeckt blieben, gehörten (in Klammern das Jahr ihrer Entdeckung): der indische Tapir (1819), Zwergflußpferd (1843), Tieflandgorilla (1847), Pater Davids Hirsch (1865), Riesenpanda (1869), Pagehstumpfnasenaffe (1870), Przewalski-Pferd (1881), Grévys Zebra (1882), Affenadler (1896), Kodiac-Bär (1900), Berggorilla (1901), Takin (1911), Komodo-Waran (1912), Kongo-Pfau (1936), Kouprey (1937), Andenwolf (1940), Iriomote-Katze (1965), Riesenpekari (1975) und im Meer Walhai (1828), Riesenmanta (1829), Zwerg-Grönlandwal (1864), Zwerg-Pottwal (1896) sowie eine neue Entenwalart (1937).

Auf diese Weise gehörte Cuviers zu Beginn des 19. Jahrhunderts aufgestellte Behauptung, es gebe keine wichtigen unbekannten Tiere mehr zu entdecken, zu Axiomen, die bei dem modernen Rückzug aus naturgeschichtlichen Gewißheiten über Bord gegangen sind.

Aus der Wildnis

Die Grenze zwischen ausgestorbenen und noch existierenden Tierarten scheint nicht klar und eindeutig, sondern vielmehr unsicher und schwankend zu sein. In diesem Zusammenhang ist es eine bedeutsame Tatsache, die auch Bernard Heuvelmans unterstrichen hat, daß alle im 19. und 20. Jahrhundert entdeckten wichtigen Tiere schon zuvor der einheimischen Bevölkerung ihres Lebensraumes recht gut bekannt gewesen sind – und die gleichen Eingeborenen erzählen von ihnen ebensogut bekannten weiteren Tierarten, die von Europäern bisher lediglich beobachtet oder in Form von Fährten festgestellt, aber noch nie erlegt oder eingefangen worden sind. In diese Kategorie gehören die verschiedenen behaarten Ungeheuer, menschenähnlichen Affen oder möglicherweise unbekannten Stämme in verschiedenen Gebieten Afrikas, Amerikas und Australasiens, der merkwürdige Bär der ostafrikanischen Nandis, der Beutelwolf und weitere angeblich in Australien lebende Tierarten, Riesenvögel und Pterodaktylen sowie die in Seen, Sümpfen und Meeren der ganzen Welt lebenden Reptilien.

Es ist durchaus möglich, daß einige dieser verborgenen Tierarten eines Tages gefangen, erlegt oder deutlich fotografiert werden, wodurch ihre Existenz bewiesen wäre. Darauf hoffen Heuvelmans, Mackal und die Kryptozoologen der »Fleisch-und-Blut«-Schule. In *Prehistoric Animals* (1961) äußert Dr. Maurice Burton den Verdacht, daß in den Urwäldern Südamerikas, den Regenwäldern Zentralafrikas und in vielen Gebieten Zentralasiens noch große unbekannte Tiere zu entdecken sind. Ivan Sanderson geht noch weiter. »Die Zahl der noch zu entdeckenden Tiere auf diesem kleinen Planeten ist viel größer, als allgemein vermutet wird oder die Wissenschaft einzugestehen bereit ist«, schreibt er im ersten Kapitel von *More Things*. Überall auf der Welt existieren große Wildnisse, in denen noch unbekannte Tierarten leben können.

»Solche Gebiete gibt es in allen Erdteilen – Gebiete, die von Menschen über Jahre hinweg nicht einmal betreten werden. Und es handelt sich dabei keineswegs nur um die Sandwüsten der heißen Zonen oder die Eiswüsten der Polargebiete. Ich bin in einem Haus in New Jersey gewesen, hinter dem sich über 34 Kilometer ein Waldgebiet erstreckt, das nicht einmal durch Wege erschlossen ist.

In den Tropen gibt es erstaunlich riesige Gebiete, die noch keines Menschen Fuß betreten hat. Ganze Gebirgsmassive in Australien sind noch nicht einmal vom Boden aus gesehen worden; große Teile des nördlichen Himalajas sind bisher unerforscht, und beträchtliche Teile des Amazonasbecken sind praktisch unbekannt ... Die bloße Tatsache, daß eine Landkarte mit Namen bedeckt ist, besagt noch lange nicht, daß das Land auch wirklich erforscht ist. Die mit modernsten Geräten durchgeführte Luftbildvermessung trägt nur zu die-

1974 tauchte ein Exemplar des längst als ausgestorben geltenden Sinaileoparden in einem israelischen Naturschutzgebiet auf (Holy Land Conservation Fund, Inc., New York).

ser weitverbreiteten Fehleinschätzung bei, denn viele der geologischen Gegebenheiten werden genau aufgenommen und gelangen dann rasch in unsere Atlanten. Sie erhalten Namen und füllen den zur Verfügung stehenden Platz aus, aber das betreffende Gebiet bleibt gänzlich unberührt.«

Sandersons These, in abgelegenen Gebieten könnten sich prähistorische Tierarten unbemerkt bis in unsere Zeit erhalten haben, ist von John Keel als »Versteck«-Theorie bezeichnet worden. Wie wir im ersten Kapitel erwähnt haben, wird sie heute von vielen Autoren aus den bereits genannten Gründen ganz oder teilweise abgelehnt. Wir selbst halten sie für in vielen Fällen stichhaltig, sind aber mißtrauisch gegenüber der Tendenz der »Fleisch-und-Blut«-Extremisten, sie für den gesamten Bereich der Kryptozoologie für gültig zu erklären. Das Verblüffende an vielen derzeitigen Berichten über Begegnungen mit unbekannten Tieren ist gerade, daß sie aus dichtbevölkerten Gebieten kommen – beispielsweise aus England oder besiedelten Regionen der Vereinigten Staaten. Damit meinen wir vor allem Erscheinungen wie den englischen Krypto-Puma und die häufig gesichteten behaarten »Manimals«, die aus ganz Nordamerika gemeldet werden.

Wiederkehrende Arten

Zunächst eine Theorie über das Wiederauftreten ausgestorbener Tiere: Wir bezeichnen sie als »Wiederkehrtheorie« und stellen sie als die beste vor, die uns eingefallen ist – allerdings mit der üblichen forteanischen Einschränkung, daß wir sie leichten Herzens aufgeben werden, sobald von anderer Seite eine bessere Theorie angeboten wird.

Sie ist mit einem gravierenden Nachteil behaftet und eine Fachautorität hat sich gegen sie ausgesprochen: kein Geringerer als Charles Darwin. In *Die Entstehung der Arten* lesen wir: »Ist eine Art einmal von der Erde verschwunden, haben wir Grund zu der Annahme, daß diese identische Form nie wiederkehrt.« Dem können wir jedoch die Aussage einer anderen Autorität entgegenstellen – eines Propheten namens Aladino Felix, der unter dem Namen Dino Kraspedon das Buch *My Contact with Flying Saucers* (1959) geschrieben hat. Es enthielt hauptsächlich Protokolle von Gesprächen mit einem Bewohner eines Jupitermondes, der interessante Angaben über interplanetare Reisen und die Funktionsweise des Sonnensystems machte und vor den Gefahren für irdische Lebewesen durch Radioaktivität warnte. »Da ihr jetzt beschlossen habt, die Erde radioaktiv zu machen«, sagte der Besucher,»werdet ihr bald erleben, daß die sogenannten vorsintflutlichen Arten scheinbar grundlos in verschiedenen Erdteilen auftauchen werden.«

In seinem Buch *UFOs: Operation Trojan Horse* (1971) schildert John Keel die interessante weitere Karriere des Aladino Felix. Er wurde ein berühmter Wahrsager, der Naturkatastrophen und – im brasilianischen Fernsehen – die Ermordung von Robert Kennedy und Martin Luther King vorhersagte. Dann sagte er eine Welle von Terroranschlägen in Brasilien voraus, zu der es auch prompt kam. Als es der Polizei schließlich gelang, die dafür verantwortliche Bande festzunehmen, war ihr Anführer kein anderer als Aladino Felix persönlich!

Vielleicht brauchen wir doch eine angesehenere wissenschaftliche Autorität zur Untermauerung unserer Wiederkehrtheorie. Zur Zeit seines größten Einflusses, d. h. von den zwanziger Jahren bis zum Ende des Dritten Reichs, war Hanns Hörbiger eine höchst geachtete wissenschaftliche Autorität – zumindest in Deutschland. Ein wesentlicher Bestandteil seiner in seinem Hauptwerk *Glazial-Kosmogonie* (1912) entwickelten großen kosmischen Theorie war die Annahme, die Erde habe durch ihre Anziehungskraft nacheinander mehrere Monde zu sich herangeholt, die schließlich auf ihrer Oberfläche zerschellt seien, wobei es auf der Erde zu unvorstellbaren Kataklysmen gekommen sei. Vorausgegangen seien ihnen lange Zeitabschnitte, in denen der nahe Mond das Schwerefeld der Erde gestört und Riesenformen von Tieren, Pflanzen und Menschen hervorgebracht habe. Auf diese Weise erklärte Hörbiger die Dinosaurier und andere Urweltungetüme; ebenso war er davon überzeugt, die alten Sagen, in denen von riesenhaften Menschen erzählt wird, seien Tatsachenberichte. Aus Hörbigers Auffassung von früheren Vorgängen war abzuleiten, daß diese Prozesse sich eines Tages wiederholen und riesige Tiere wieder die Welt bevölkern würden.

Ungeheuer sind traditionsverhaftet, wie wir schon früher festgestellt haben. Uns fällt auf, daß es bei den verborgen lebenden Tieren, deren Existenz die Kryptozoologen vermuten – Riesenreptilien, Pterodaktylen, Mammute, behaarte Zweibeiner und die großen Unbekannten in Gewässern –, nichts Neues gibt. Ähnliche Arten hat es in grauer Vorzeit gegeben; ähnliche, wenn auch kleinere Arten kennen wir noch heute. Ein Dinosaurier ist schließlich nur eine aufgeblasene Eidechse. Trotz aller Größenunterschiede haben sich im Laufe der Evolution überall die gleichen Arten durchgesetzt. Die Säugetiere Australiens unterscheiden sich von anderen Säugetieren dadurch, daß sie Beuteltiere sind, aber sonst sind viele von ihnen den Tieren anderer Kontinente ähnlich. Die Darwinisten erklären diese Tatsache, indem sie annehmen, in Australien habe eine selbständige Evolution stattgefunden, in deren Verlauf ähnliche Tierarten wie anderswo entstanden seien, um ähnliche »ökologische Nischen« auszufüllen. Das mag stimmen, aber das wiederholte Auftreten einer begrenzten Anzahl von Arten ist trotzdem verblüffend, und der Erklärungsversuch der Darwinisten setzt zu viele Zufälle voraus, um völlig glaubwürdig zu sein. Hinter unserer Wiederkehrtheorie steht die Beobachtung, daß die Natur eher Bewährtes wiederholt, als Neues zu schaffen.

Unsere Theorie wird zusätzlich durch das Buch *A New Science of Life* (1981) des Biologen Dr. Rupert Sheldrake unterstützt. Es stellt die »Hypothese des formativen Kausalprinzips« und den Begriff der morphologischen Resonanz vor, d. h., daß natürliche Formen und Verhaltensweisen seit uralten Zeiten gleich sind und die Formen und Verhaltensweisen aller später entstehenden Arten beeinflussen.

Sheldrakes Hypothese bezieht sich auf folgendes Phänomen: »Bei der Entstehung von Atomen beschreiben Elektronen immer wieder die gleichen Bahnen um Kerne; Atome schließen sich häufig zusammen, um die gleichen Moleküle zu bilden; Moleküle kristallisieren sich wieder und wieder zu den gleichen räumlichen Strukturen; Samen einer bestimmten Art wachsen Jahr für Jahr zu gleich aussehenden Pflanzen heran; Generationen von Spinnen weben das gleiche Netz. Wiederholt entstehen Arten, die jedesmal mehr oder weniger die gleichen sind.«

Nach Sheldrakes Hypothese werden das Wiederauftreten gleicher Tier- und Pflanzenarten sowie das Phänomen des instinktiven Verhaltens durch Resonanz morphologischer und verhaltensmäßiger Impulse aus der Vergangenheit hervorgerufen; d. h., die Natur ist so programmiert, daß sie sich selbst wiederholt. »Sollten solche Veränderungen (der Chromosomenstruktur) einen morphogenetischen Keim dazu veranlassen, die Struktur... einer früheren Art anzunehmen, würde er von einem morphogenetischen Feld dieser Art beeinflußt, selbst wenn sie seit Jahrmillionen ausgestorben sein sollte.«

Wenn Wissenschaftler so sprechen, ohne sich von Darwins Veto beirren zu lassen, fühlen wir uns ermutigt, ihnen zu folgen. Auf der gleichen Linie liegt unsere Beobachtung, daß bei der Ausbildung natürlicher Arten und Verhaltensweisen ein weiterer Einfluß wirksam wird: ein wie die morphologische Resonanz sehr subtiler Einfluß, den man als »topographische Resonanz« bezeichnen könnte. Darunter verstehen wir den Einfluß der Geographie auf das Erscheinungsbild aller natürlichen Formen innerhalb eines bestimmten Gebiets. Diesen Effekt hat der österreichische Zoologe Paul Kammerer in seinem Buch *Das Gesetz der Serie* (1919) geschildert. »In Indien wirkt alles von Natur und Kultur Hervorgebrachte ›echt indisch‹, und in Ägypten sieht alles ›ägyptisch‹ aus. Beispielsweise bemerkt man die Pharaonenmaske bei in Ägypten heimischen Echsen, darunter Hardun *(Agama stellio)* und Dornschwanz *(Uromastix spinipes),* und den buddhaähnlichen Ausdruck indischer Kröten (z. B. *Bufo melanostictus).*« Wir könnten zahlreiche weitere Beispiele nennen, beschränken uns aber auf das unverkennbar japanische »Gesicht« auf dem Panzer der japanischen Samuraikrabbe. Kammerer erzählt von einer Bekannten, »die beim Anblick einer ägyptischen Gottesanbeterin *(Sphodromantis bioculata)* überrascht ausrief, das Tier habe einen Sphinxkopf. Das geschah, bevor ich ihr das Herkunftsland des Insekts mitgeteilt hatte.«

Das deutlichste Beispiel für die Wirkung der topographi-

In den Muir Woods bei San Francisco lebten einst Bären; ihre Form scheint dort heimisch zu sein, wie dieser verbrannte Baumstumpf zeigt (J. Marley: Muir Woods, *Berkeley 1968).*

schen Resonanz ist unseres Wissens ein Baumstumpf in den kalifornischen Muir Woods, der auf natürliche Weise die Gestalt eines Bären angenommen hat. In diesen Wäldern hat es früher Bären gegeben, die dann ausgerottet wurden, und obwohl sie nicht mehr körperlich anwesend sind, ist ihre Gestalt erhalten geblieben.

Hinsichtlich unbekannter oder vergänglicher Tierarten haben Psychologen auf den Drang der menschlichen Einbildungskraft hingewiesen, Seen und Berge mit Ungeheuern zu bevölkern. Wir sehen kreative Möglichkeiten in der Kombination dieses Dranges mit dem erwähnten Bestreben der Natur, traditionelle Formen in ihrer angestammten Umgebung zu manifestieren. Könnte es sein, daß aus dem Zusammenwirken dieser beiden Bestrebungen gelegentlich sogenannte Gedankenformen entstehen? Dabei handelt es sich um ein illusionäres Wesen, das physisch real wirken und sogar Gewohnheiten und Eigenschaften annehmen kann. Solche Wesen würden vielen Kreaturen der Kryptozoologie entsprechen, deren Erscheinen, Verschwinden und merkwürdiges Verhalten sie als im Grunde genommen illusionäre Wesen kennzeichnet, selbst wenn die Augenzeugen sie für real halten.

Gedankenformen entstehen angeblich aus einem entsprechenden »Überzeugungsklima« heraus. Auffällig ist, daß die moderne Welle von Ungeheuerbeobachtungen und dem Auftreten seltsamer Tiere mit einer Flut von Monster-Horror-Filmen zusammentrifft, in denen Ungeheuer wie Godzilla auftreten – ein durch Atomexplosionen aus seinem unterirdischen Schlaf gewecktes archaisches Riesenreptil.

Durch allgemeine Akzeptanz und Erwartung kann es dazu kommen, daß eine Gedankenform – z. B. ein Riesenreptil im Loch Ness oder eine Art King Kong in nordamerikanischen Bergen – entsteht. Danach ist nur noch ein kleiner Schritt notwendig, damit es real wird – sofern es auf dieser eigenartigen Welt reale Wesen gibt – und sich der Wissenschaft präsentieren kann.

Historisch gesehen ist unsere Wiederkehrtheorie keineswegs unorthodox. Die alten chinesischen Philosophen sagten, neue Formen manifestierten sich zuerst in Träumen und Symbolen, und waren von der periodischen Wiederkehr aller Formen und Ideen überzeugt. Das Universum bewegt sich nach eigenen Gesetzen und wiederholt seine Palette von Mustern und Produkten, wenn die Zeit dafür reif ist. Oder Charles Forts Ansicht: »Ein Baum kann sozusagen nicht blühen lernen, bis es Blütezeit ist. Eine Gesellschaft kann nicht lernen, Dampfmaschinen einzusetzen, bis es Dampfmaschinenzeit ist.«

Die Suche nach Affenmenschen

Wo es Gebirgszüge und bewaldete Vorgebirge gibt, existiert eine von den Einheimischen wiederholte Sage: von einem geheimnisvollen behaarten Wesen, manchmal riesenhaft, dann wieder klein und zierlich, das an eine Art Affen oder Wilden Mann erinnert, sich jedoch von allen sonstigen Tieren durch seine übernatürliche Menschenscheu und die Fähigkeit unterscheidet, zu kommen und zu gehen, ohne mehr als eine Reihe riesiger Fußabdrücke zu hinterlassen. Als Kinder hören wir von Riesen und Menschenfressern und glauben wohl auch an sie. Später wird uns erzählt, sie seien bloße Märchengestalten, was wir ebenfalls glauben. Damit ist alle Gewißheit dahin. Die Vorstellung, in unserer modernen Welt könnten unbekannte Riesen und behaarte Wilde Männer existieren, ist offenkundig absurd. Trotzdem bringt jedes Jahr Hunderte von Berichten ernsthafter Augenzeugen, die geheimnisvolle menschenähnliche Wesen beobachtet, ihnen begegnet sein oder zumindest ihre riesenhaften Fährten oder andere Spuren gesehen haben wollen. Von den Paläontologen erfahren wir, daß früher ähnliche, angeblich längst ausgestorbene Lebewesen die Erde bevölkert haben. Vielleicht gibt es sie in abgelegenen Gebieten noch heute. Das glauben viele Kryptozoologen, die mit ihnen einen Vorfahren des Menschen, eine Art Urmenschen – das eifrig gesuchte »fehlende Zwischenglied« – zu entdecken hoffen, was ihre Suche noch spannender macht.

Ivan Sanderson hat sich viele Jahre mit den Darstellungen Wilder Männer in der europäischen Kunst des Mittelalters und noch früherer Zeiten beschäftigt. Das Wilder-Mann-Motiv ist alt, weitverbreitet und überraschend einheitlich. Trotz des behaarten Körpers werden die Hände und Füße im allgemeinen unbehaart und menschenähnlich, nicht etwa

Heutige Yeti- und Bigfoot-Berichte setzen in vieler Beziehung die ins Mittelalter zurückgehenden Überlieferungen fort, in denen von Wilden Männern erzählt wurde (H. Burgkmair: Wilder Mann im Kampf mit einem Ritter, um 1503; National Gallery of Art, Washington D. C.).

affenähnlich dargestellt. Weitere Einzelheiten wie ein Gürtel und primitive Holzwaffen lassen auf einfache Kultur und Technologie schließen. Eine atemberaubende Ausstellung solcher Darstellungen, die von Skulpturen bis zu Gobelins, von Buchmalereien bis zu Federzeichnungen reichte, ist im Winter 1980 vom New Yorker The Cloisters Museum mit dem Titel »The Wild Man: Medieval Myth and Symbolism« zusammengestellt und von Timothy Husband unter dem gleichen Titel als Buch herausgebracht worden. In einem 1967 über dieses Thema geschriebenen und in *Pursuit* (Januar 1981) nachgedruckten Artikel gelangt Sanderson zu dem Schluß, die Wudewasa – die »Wilden Waldmenschen« der Angelsachsen – verkörperten »detaillierte und zutreffende Beschreibungen von Neandertaloiden, vermutlich von mehr als einer Art. Die frühen Künstler waren mit ihnen vertraut, denn diese scheuen, oft einzelgängerischen Waldbewohner wurden nicht von den Cromagnonmenschen ausgerottet, wie unsere Kinder heute lernen, sondern verschwanden ganz allmählich aus West- und Mitteleuropa. Alles weist darauf hin, daß die Wudewasa keine Stämme wie der Cromagnonmensch bildeten. Sie waren weniger imstande, ihre einstigen reichen Jagdgründe zu verteidigen, und zogen sich lieber in abgelegene Gebiete zurück, in denen sie friedlich, aber mühevoller leben und ihre lärmenden, aggressiven, ›zivilisierteren‹ Vettern meiden konnten, wie es die letzten ihres Geschlechts heutzutage ähnlich tun.« Beobachtungen bei afrikanischen Buschmännern und philippinischen Negritos haben gezeigt, daß in losen Verbänden lebende Völker rasch einen progressiven Niedergang ihrer Kultur, Fruchtbarkeit und Anzahl erleiden, sobald sie in kleine Restgruppen aufgesplittert und auf begrenzte, zusammenschrumpfende Gebiete beschränkt sind. »Was ist also ungewöhnlich an der Vorstellung«, schreibt Sanderson, »daß der moderne Mensch – zuerst im Mittelmeerraum und dann in Mitteleuropa und seinen Randgebieten – bis ins Mittelalter hinein diese Wesen gekannt und gewußt hat, wie sie aussahen, welche Waffen sie gebrauchten, wie sie sich verhielten und daß sie die gleichen Füße wie wir hatten?«

Bernard Heuvelmans tritt in zwei umfangreichen Büchern den Beweis für die Existenz überlebender Vormenschen oder Wilder Männer in verschiedenen Erdteilen an. Das erste Buch, *L'homme Neanderthal est toujours vivant* (1974), enthält eine lange Abhandlung des verstorbenen russischen Historikers und Anthropologen Boris Porchnew, der einen Überblick über neuere Beobachtungen und Spuren unbekannter »Wilder Männer« in der Sowjetunion gibt.

*Professor Boris
Porchnew 1972 mit
einem Abguß des
Fußabdrucks eines
russischen Wilden
Mannes (René
Dahinden, Fortean
Picture Library).*

Porchnew vermutete, es könne sich dabei um überlebende Neandertaler handeln. Diese Vorstellung hat in der Sowjetunion Anklang gefunden, denn dort gehört die Evolutionslehre zu den Hauptstützen der vorherrschenden materialistischen Philosophie. Im Jahre 1958 bildete die sowjetische Akademie der Wissenschaften einen Ausschuß zur Untersuchung der hartnäckigen Gerüchte, daß im asiatischen Teil der Sowjetunion *Almas* oder Wilde Männer leben sollten. Expeditionen wurden in den Pamir, nach Nordsibirien und in den Kaukasus entsandt, und die Forschungsarbeit wird in einem monatlichen Seminar im Moskauer Charles-Darwin-Museum koordiniert. Zu den bisher gemeldeten Beobachtungen gehört die eines Expeditionsteilnehmers, der 1978 im Pamir einen großen behaarten Zweibeiner gesehen hat – endgültige Schlußfolgerungen stehen aber noch aus. Trotzdem scheint sich bei den Russen immer mehr die Überzeugung durchzusetzen, daß diese scheuen Wesen Urmenschen sind, die sich vor der Zivilisation in die fernsten Gebirge und Urwälder geflüchtet haben. Die gleiche Ansicht vertritt die englische Anthropologin Dr. Myra Shackley, von der die *Daily Mail* (2. Dezember 1980) meldete, sie habe bei Expeditionen ins Altaigebirge der äußeren Mongolei Steinzeitwerkzeuge gefunden, die nach Auskunft der Einheimischen von *Almas* stammten. »Sie leben jetzt in den Bergen, und wir haben keinerlei Kontakt mit ihnen«, sagten die Mongolen. »Sie belästigen uns nicht, und wir lassen sie in Ruhe.« Dr. Shackley wußte von vielen angesehenen Leuten, die *Almas* begegnet waren, zuletzt 1972, als ein russischer Arzt eine ganze *Alma*-Familie gesehen hatte. »Sie wohnen in Höhlen, leben von der Jagd, gebrauchen Steinwerkzeuge und kleiden sich in Tierhäute und -felle«, berichtete Dr. Shackley.

Bereits 1945 äußerte der englische Wissenschaftler W. C. Osman Hill, der Amerikas führender Primatologe wurde, das legendäre ceylonesische *Nittaewo*-Volk, das vor kurzem ausgestorben sein soll, sowie die *Orang-Pendek,* kleine behaarte Wesen, die in den Dschungeln Sumatras gesehen worden sind, könnten überlebende Affenmenschen sein. Ihnen entspricht der malaysische *Orang-Dalam,* der nach dortigen Meldungen die bekannten Eigenschaften der unbekannten behaarten Riesen vieler Länder aufweist: 2 bis 3 Meter groß, übelriechend, rotäugig und außergewöhnlich großfüßig. Der Zoologe Lord Medway hat 1960 in der *Times* berichtet, daß die Eingeborenen in den Bergen Mittelborneos ähnliche Lebewesen kennen, die er mit dem im Himalaja beheimateten Yeti verglich – dem »Schrecklichen Schneemenschen«, dessen Auftreten und Taten als erste solcher Ungeheuer schon im 19. Jahrhundert zur Kenntnis der europäischen Öffentlichkeit gelangten. Heuvelmans' Schlußfolgerung lautet, daß ein Typus des Neandertalers in den Wildnissen Asiens – vom Kaukasus bis nach Malaysia und Vietnam – überlebt hat.

Im Jahre 1979 ging die französische Anthropologin Jacqueline Roumeguère-Eberhardt Berichten nach, die von mehreren Arten »Affenmenschen« oder unbekannten Primitiven sprachen, die in den Urwäldern Kenias leben sollten. Ein Typus mit weißlicher Haut jagte angeblich Büffel, von denen er nur die Leber verzehrte, und ein weiterer trug Fellumhänge, gebrauchte Pfeil und Bogen und kochte mit Feuer. Sie bekam keines dieser Wesen selbst zu Gesicht, war jedoch überzeugt, daß sie tatsächlich existierten. Im Jahr darauf erschien Heuvelmans' zweites »Affenmenschen«-Buch, *Les bêtes humaines d'Afrique,* in dem er sämtliche Beweise für die Existenz unentdeckter afrikanischer Primaten zusammentrug und ihre von Pygmäen bis zu Supergorillas reichenden Arten beschrieb.

Heute sind ausgezeichnete Bücher erhältlich, die sich mit den Aktivitäten der geheimnisvollen behaarten Halbmenschen in verschiedenen Erdteilen befassen. Zu den nützlichsten gehören Ralph Izzards *The Abominable Snowman Adventure* (1955), Sandersons *Abominable Snowman: Legend Come to Life* (1961) und zwei Bücher von Odette Tchernine: *The Snowman and Company* (1961) und *The Yeti* (1970), wobei letzteres viel Material aus der Sowjetunion über die den Neandertalern ähnlichen *Almas* enthält. John Napiers *Bigfoot* (1972) ist der nüchterne Überblick eines Anthropologen über umfangreiches Beweismaterial (hauptsächlich aus Nordamerika); Janet und Colin Bords *Alien Animals* (1980) bringt einiges Neues aus weniger bekannten Monsterschlupfwinkeln wie Australien. Daher ist es überflüssig, die Geschichte eines heutzutage so vertrauten Phänomens im Detail zu wiederholen; weitaus interessanter ist das Wesen dieser Ungeheuer.

Die bemerkenswerteste Entwicklung in neuerer Zeit kommt unerwarteterweise aus den USA. Dort und in Kanada, vor allem bei den Indianern der Waldgebirge des Westens, berichten Sagen von menschenähnlichen Riesen, die Fußabdrücke hinterlassen und mit den unbekannten behaarten Lebewesen Asiens verwandt zu sein scheinen. »Sasquatch« lautet einer der Namen, die ihnen die Indianer gegeben haben; er wird häufig von modernen Forschern gebraucht, die auch die Gattungsbezeichnung »Bigfoot« verwenden – hinsichtlich der Größe ihrer Fußabdrücke. Ihre Spuren sind im nördlichen Kalifornien, Oregon und Wa-

shington in Schlamm, Sand und Schnee gefunden worden –
eines der besten Beispiele ist der im Oktober 1969 bei Boss-
burgh, Washington, entdeckte Satz Fußabdrücke. Er bestand
aus über tausend Einzelabdrücken von jeweils 45 Zentimeter
Länge auf einer Strecke von ¾ Kilometer. Das läßt auf einen
über 3 Meter großen Zweibeiner schließen, was mit vielen
Augenzeugenberichten über den Sasquatch übereinstimmt.
In seiner Analyse angeblicher Sasquatch-Fußabdrücke zählt
Professor Napier die Bossburgh-Funde zu den stärksten
Beweisen für die Existenz dieser Wesen.

Erlebnisberichte über Begegnungen mit den Sasquatch
stammten im 19. Jahrhundert vor allem von Jägern, Holzfäl-
lern und Goldsuchern. Dazu gehörten sogar Geschichten von
Leuten, die von behaarten Riesen entführt worden waren,
und von anderen, die zeitweilig einen dieser Riesen gefan-
gengehalten hatten. Solche Berichte galten jedoch allgemein
als »Lügenmärchen aus dem Wilden Westen«, und es dauerte bis in die fünfziger Jahre, bevor der angeblich gesichtete

*Igor Bourzew, der russische »Schneemensch«-Jäger, vergleicht seinen Fuß mit
dem Gipsabguß eines im August 1979 im Gissargebirge der Tadschikischen
SSR entdeckten Fußabdrucks (Fortean Picture Library).*

»amerikanische Yeti« Schlagzeilen zu machen begann. Seither sind in kurzen Zeitabständen immer neue Monsterwellen über Amerika hinweggerollt und haben eine Flut einschlägiger Literatur mit sich gebracht. Heute gibt es kaum noch einen Bundesstaat – nicht einmal an der Ostküste – ohne Bigfoot-Meldungen und riesenhafte Fußabdrücke. Man könnte glauben, Ungeheuer seien ein Modeartikel wie Hula-Hoop, Rollschuhe und dergleichen geworden. Die Sasquatch sind keineswegs mehr auf unzugängliche Wildnisse beschränkt, sondern treten sogar in der flachen Prärie des mittleren Westens auf. Fast so merkwürdig wie das Phänomen selbst sind seine Erforscher. Viele von ihnen sind als Bigfoot-Jäger aktiv und konkurrieren miteinander im Wettbewerb um den tatsächlichen oder fotografischen Nachweis seiner Existenz. Zu diesen Autoren, meist Abenteurer, gehören Jim McLarin, Roger Morgan, John Green, der vier Bigfoot-Bücher geschrieben hat, John Beckjord, der mehrere Bigfoot-Beobachtungen und -Aufnahmen vorweisen zu können behauptet, Dr. Grover Krantz, der die Bossburgh-Abdrücke untersucht hat, der Ire Peter Byrne, der das Bigfoot Information Center in Hood, Oregon, leitet, und René Dahinden, ein alterfahrener Schweizer Maoist, der schon in zahlreiche Prozesse gegen andere Forscher um die Rechte an Bigfoot-Beweismaterial verwickelt gewesen ist. Eine im Mai 1978 stattfindende Konferenz von Bigfoot-Jägern und -Autoren litt unter Auseinandersetzungen zwischen den Teilnehmern.

John Beckjord gelang ein Publicity-Coup, als das Massenblatt *Weekly World News* am 16. Juni 1981 als Schlagzeile die von ihm aufgestellte Behauptung »Big-Foot lebt« brachte. Das neue Beweismaterial basierte auf Laboruntersuchungen von Haar- und Blutproben von Orten in den drei Staaten Maryland, Washington und Oregon, in denen es angeblich Bigfoot-Erscheinungen gegeben hatte. Fachleute hatten die Haare nicht identifizieren können, aber Ähnlichkeit mit Gorillahaaren festgestellt. Die Blutprobe, die in einem demolierten Haus bei Bellingham, Washington, zurückgeblieben war, sollte von einem Primaten stammen.

Während viele Autoren und Forscher so getan haben, als sei Bigfoot ohne Zweifel ein gewöhnliches Tier aus Fleisch und Blut, von dem nur ein Kadaver gefunden werden müsse, um es in die einheimische Fauna Amerikas einreihen zu können, sind andere vorsichtiger gewesen. In ihrem Buch *Bigfoot* (1967) schildern B. Ann Slate und Alan Berry einige ihrer telepathischen Erlebnisse und weitere seltsame Ereignisse auf der Suche nach der Lösung dieses Rätsels. Es hat schon zahlreiche Berichte über eigenartige Nebenwirkungen solcher Nachforschungen gegeben, und Bigfoot ist mit angeblichen UFO-Insassen und unerklärlichen Viehverstümmelungen in Verbindung gebracht worden. Diese und ähnliche Probleme in Beziehung zueinander wurden erstmals in John Keels *Strange Creatures from Time and Space* (1970) ernsthaft diskutiert. In neuerer Zeit haben die Bigfoot-Ermittlungen Loren Colemans und Jerome Clarks in Oklahoma, Ohio, Pennsylvanien und anderen Staaten, die sie in *Creatures of the Outer Edge* (1978) schildern, Hinweise auf Zusammenhänge zwischen Sasquatch, UFOs und weiteren Phänomenen erbracht. Coleman und Clark haben Bigfoot-Eigenschaften aufgelistet, die wiederholt in Augenzeugenberichten vorkommen. Er hat rote oder glühende Augen, riecht faulig und ist kugelfest; er ist menschenscheu, tötet aber gelegentlich Tiere; er kann unglaublich schnell laufen, manchmal ohne Spuren zu hinterlassen – und wo Spuren gefunden werden, sind sie oft sehr unterschiedlich. Auch die Gestalt der beobachteten Wesen und die von ihnen ausgestoßenen Laute sind sehr verschieden. Das alles trifft ebenso auf Yetis und ähnliche Wesen in anderen Erdteilen zu; die gleichen Eigenschaften besitzen jedoch auch Geister und Gespenster. Deshalb werfen Coleman und Clark die Frage auf:»Wen soll man um Rat in bezug auf das Bigfoot-Phänomen bitten – den Ufologen, den Biologen, den Psychologen oder den Dämonologen?«

Gedanken und Theorien

Die engste Parallele zwischen Bigfoot und Phänomenen wie UFOs ist die Tatsache, daß es von beiden noch nirgends auf der Welt auch nur einen einzigen unwiderlegbaren Beweis für ihre wirkliche Existenz gibt. Obwohl seit vielen Jahren und in mehreren Erdteilen eifrig Jagd gemacht wird, gibt es keine Bigfoot- oder Yeti-Leiche, kein Skelett oder sonstige Trophäen – nicht einmal ein zufriedenstellendes Foto. Gewiß existieren Fußabdrücke, wie es »UFO-Nester« (Spuren auf dem Erdboden oder an der Vegetation durch unbekannte fliegende Objekte) gibt, aber wir kennen viele Fälle, in denen Fußabdrücke scheinbar von selbst entstanden sind (siehe »Unerklärliche Fußabdrücke« in *Die Welt steckt voller Wunder*). Kryptozoologen der Fleisch-und-Blut-Schule befinden sich in ähnlicher Lage wie maschinengläubige Ufologen – beide besitzen keine Reliquien zur Stärkung ihres Glaubens. Von Zeit zu Zeit wollen aufregende Gerüchte von Beweisen wissen, deren Auffindung alle Zweifel beseitigen würde; bisher ist es jedoch bei Gerüchten geblieben. Beispielsweise hat Wayne King, ein Bigfoot-Jäger aus Michigan, in *The Globe* (5. Februar 1980) erklärt, er sei zu einer Expedition in die bewaldeten Berge Nordkaliforniens unterwegs, um das Skelett eines riesenhaften menschenähnlichen Wesens zu bergen. Nach Darstellung zweier kalifornischer Hausfrauen, die es vor über zehn Jahren entdeckt hatten, lehnte es zusammengesunken an einem Baum; die beiden Frauen waren damals erschrocken geflüchtet und hatten bis vor kurzem geschwiegen. Eine von ihnen sollte King führen – aber wir haben keine weitere Meldung über das tatsächliche Zustandekommen der Expedition oder etwaige Skelettfunde gelesen.

Wir wollen nicht ausschließen, daß riesige Primaten unentdeckt überlebt haben oder daß es extraterrestrische Raumschiffe geben kann. Aber Bigfoot- und Yeti-Jäger müssen wie Ufologen erst einmal den Nachweis der Realität ihrer Beute bringen. Die Größe und Unzugänglichkeit einiger Wildnisse der Erde wird häufig betont, aber selbst in Schottland, wo man wohl kaum damit rechnen kann, verborgene Riesen oder verschollene Stämme zu finden, sind die Beweise für die Existenz des sagenhaften Großen Grauen Mannes von Ben MacDhui in den Cairngorms etwa gleich stichhaltig wie die für die Existenz des tibetanischen Yetis. Unbestreitbar kann es überall auf der Welt rätselhafte Lebewesen geben, die Theorie von »verborgenen Tieren« in der großen Mehrzahl aller Fälle halten wir für unzulänglich.

Auch wenn Yetis und ihre Verwandten in aller Welt auf Augenzeugen wie gewöhnliche Wesen aus Fleisch und Blut wirken, haben sie Eigenschaften, die Zweifel an ihrer essentiellen Realität wecken – z. B. ihre unnatürliche Menschenscheu und Kugelfestigkeit. Ihr Status scheint Ähnlichkeit mit dem der »Gedankenformen« der fernöstlichen Mystik zu haben, die durch das konzentrierte Wunschdenken von einzelnen oder Gruppen geschaffene sichtbare Illusionen sind. Solche Illusionen können spontan und selbständig als Reaktion auf Vorstellungen, Ideen oder Erwartungen des menschlichen Geistes entstehen. Nach dieser Auffassung hat das kollektive Unbewußte, wie Jung es nennt, Einfluß auf die Welt der Erscheinungen. Im Fall von Visionen und mystischen Erlebnissen zeigt sich das sehr deutlich durch das allgemeine Bestreben, sie in kulturell vertrauten Begriffen darzustellen. So wurden die Götter auf Festen im alten Griechenland nach traditionell vorgegebenen Gestalten dargestellt; katholische Visionäre sehen die Jungfrau Maria in der herkömmlichen Darstellungsweise sakraler Kunst; Kobolde werden zu verschiedenen Zeiten und in verschiedenen Ländern unterschiedlich beschrieben, und das Raumfahrtzeitalter hat eine Welle von Erlebnissen mit extraterrestrischen Lebewesen und »Ufonauten« mit sich gebracht. Die Objekte von Visionen sind ebenso Moden unterworfen, wie es Ungeheuer gibt, die gerade »in Mode« sind.

Um das Wesen von Yetis und *Almas* heutzutage zu verstehen, werden sie meist als überlebende Neandertaler oder Affenmenschen identifiziert. Im Jahre 1856, in dem Darwin *Die Entstehung der Arten* zu schreiben begann, wurden in

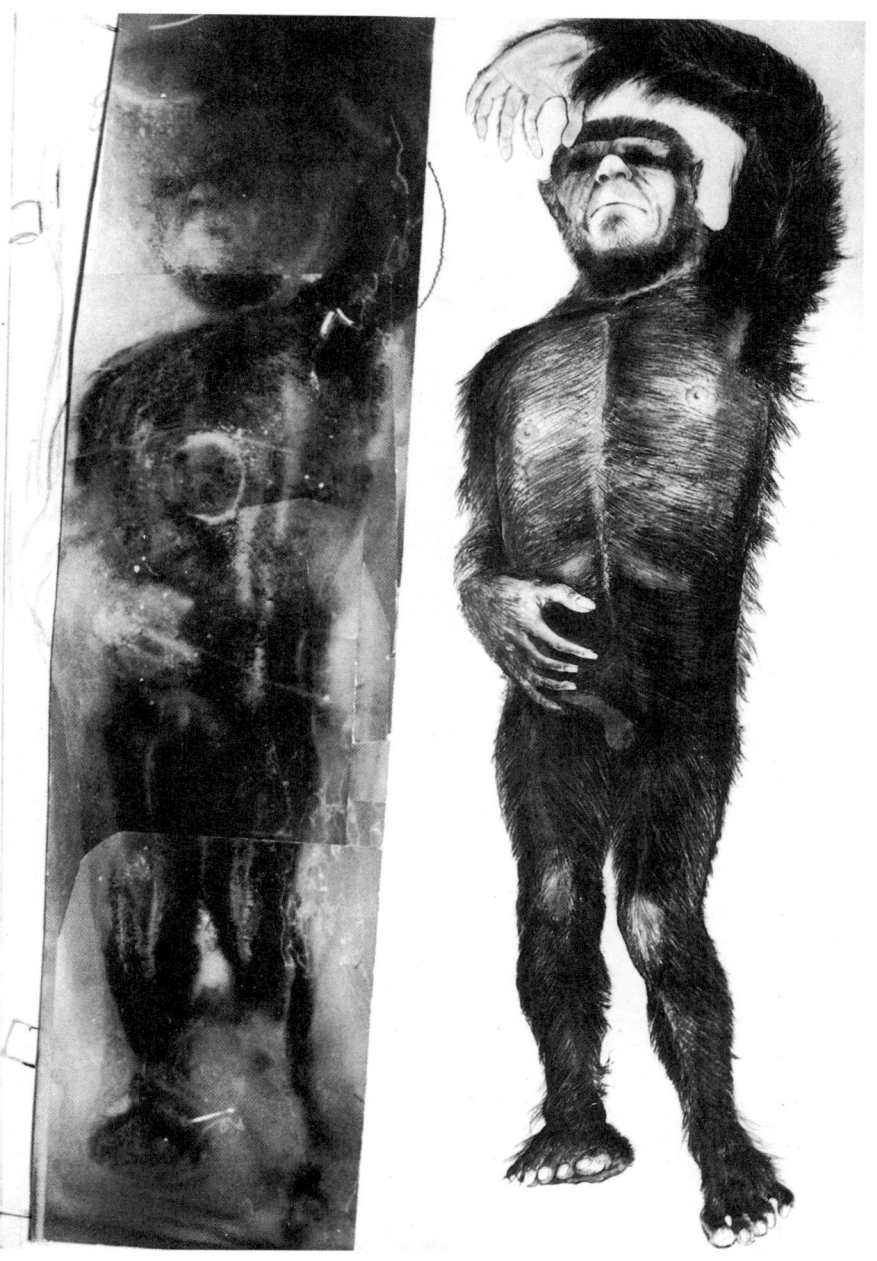

Ein zusammengesetztes Foto (links) und eine Zeichnung (rechts) des unheimlichen Wesens, das vor einigen Jahren in Minnesota in einem Eisblock eingefroren auf Jahrmärkten gezeigt wurde (Foto: Dr. B. Heuvelmans; Zeichnung: Alika Lindbergh).

Neandertal fossile menschliche Überreste ausgegraben. Huxley bezeichnete sie als affenähnlich, und Abbildungen zeigten den »Affenmenschen«, wie man ihn sich damals vorstellte: brutal, behaart und gebückt gehend. Wir wissen, daß der Neandertaler in seiner Erscheinung modernen Menschentypen entsprach, aber die alte Vorstellung hielt sich hartnäckig und ist noch heute in den »behaarten Affen« zu erkennen, die in Naturkundemuseen als frühe Menschen ausgestellt sind. Darwin und der Neandertalerschädel haben gemeinsam die Suche nach Affenmenschen ausgelöst, die bis heute erfolglos weitergegangen ist. Seit dem Ende des 19. Jahrhunderts Berichte über Yetis veröffentlicht wurden, nahmen die Spekulationen über das mögliche Überleben unserer Vorfahren in Form behaarter Affenmenschen zu, und der Wunsch nach solchen Wesen könnte die entsprechenden Erscheinungen oder Gedankenformen hervorgerufen haben. Beispielsweise fällt auf, daß die in den dreißiger Jahren in

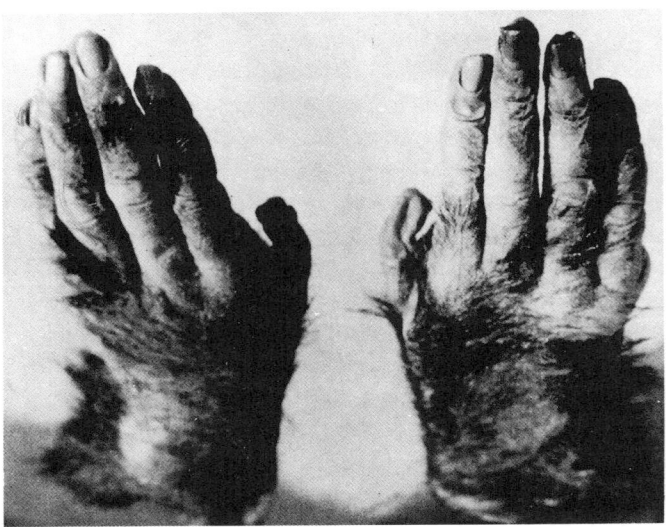

Die gut erhaltenen Hände eines 1957 von den Einwohnern eines Dorfes in Ostchina getöteten angeblichen jungen Affenmenschen. Die Handflächen sind 13 Zentimeter lang (China Features, Peking).

China gemachten Funde riesiger Gebisse, die von 3½ Meter großen menschenähnlichen Wesen stammen sollten, einer Welle von Berichten über gigantische Fußabdrücke vorausgingen, die 1937 im Himalaja entdeckt worden sein sollten. Die weite Verbreitung der Sage von »behaarten Ungeheuern« hat sich parallel zur Verstärkung der Suche heutiger Anhänger der Evolutionstheorie nach Fossilien vormenschlicher Primaten entwickelt. Interessant ist in diesem Zusammenhang die chinesische Auffassung, ausgegrabene Altertümer könnten die Formen gegenwärtiger Dinge beeinflussen. Daher stellen wir die Theorie auf, die explosionsartige Ausweitung des Yeti-Phänomens sei zum Teil auf den unerfüllten Wunsch der Evolutionisten nach Überresten affenähnlicher Urmenschen zurückzuführen. Als archetypische Form ist die Gestalt des riesenhaften Wilden Mannes zwischen Felsen und Bäumen fest etabliert. Und wenn archaische Formen die Gestalt physischer Dinge und Gedankenformen in der Gegenwart beeinflussen können, bietet die Vorgeschichte reichlich Vorlagen für die heutzutage gesichteten Yetis und Bigfoots. Der *Gigantopithecus* des prähistorischen China ist schon häufig mit den Bergriesen chinesischer Sagen verglichen worden, und Heuvelmans war überzeugt, er sei eng mit dem tibetanischen Yeti verwandt. *Meganthropus,* der aus seinen Zähnen und dem Kieferknochen rekonstruierte javanische Riesenmensch, ist offenbar ein Vorgänger der sagenhaften riesigen Waldbewohner Südostasiens und Indonesiens. In Nordamerika gibt es zahlreiche Bigfoot-Prototypen in Form von Riesen, die in Hügelgräbern und an anderen Orten aufgefunden worden sind. Diese Funde haben Archäologen bisher erfolgreich verschwiegen. Uns geht es momentan darum, festzustellen, daß der Yeti etwas mit den sonstigen heutzutage beobachteten Ungeheuern und rätselhaften Lebewesen gemeinsam hat: Sie alle verkörpern scheinbar wiederauferstandene, archaische, seit langem ausgestorbene Lebewesen, mit denen uns die Wissenschaft erst seit etwa 150 Jahren vertraut gemacht hat. Nachdem sie von der Erde verschwunden waren, haben diese atavistischen Wesen sich noch über Jahrtausende hinweg in den Sagen der einheimischen Bevölkerung erhalten und in ihren früheren Lebensräumen gespukt. Jetzt scheinen sie sich sogar in ihrer früheren Gestalt körperlich zu manifestieren. Außer unserer Wiederkehr-Theorie haben wir einen Trost für Kryptozoologen und Bigfoot-Jäger: Bisher haben sie möglicherweise ein Phantom gejagt, aber Ausdauer macht sich bezahlt, und wenn sie eine Gedankenform als reales Wesen behandeln, wird sie vielleicht so annähernd real, daß sie einen lateinischen Namen akzeptiert und sich durch mehr als nur riesige Fußabdrücke manifestiert.

Neo-Dinosaurier

Bei der Frage nach einer alten, längst ausgestorbenen Tierart würden die meisten Leute als erstes an Dinosaurier denken. Jeder weiß, daß die gigantischen Reptilien vor Millionen von Jahren ausgestorben sind. Evolutionisten der alten Schule sahen in ihnen ein Beispiel für die Untauglichsten: zu große und zu spezialisierte Lebewesen, die sich veränderten Umweltbedingungen nicht rasch genug anpassen konnten. Moderne Biologen hüten sich vor solchen verallgemeinernden Erklärungen. Im Herbst 1981 wurde bekannt, daß Dr. Roy Mackal, ein angesehener Zoologe der University of Chicago, auf der Suche nach lebenden Dinosauriern zu seiner zweiten Expedition nach Zentralafrika aufgebrochen ist.

Im Februar 1980 begann Mackal gemeinsam mit James Powell, einem texanischen Krokodilkenner, seine erste Expedition ins Dinosaurierland. Powell hatte im Laufe seiner Beobachtungen afrikanischer Krokodile schon mehrmals versucht, Dinosaurier aufzuspüren. In den Sümpfen und Flußniederungen Kameruns und Gabuns (früher ein Teil Französisch-Westafrikas) hatte er von den Eingeborenen Geschichten über einen amphibischen Saurier von 10 Meter Länge gehört. Der gabunische Stamm der Feng hatte ihm den Namen *N'yamala* gegeben. In Lambarene lernte Powell

Dieser surreale Stich aus dem 19. Jahrhundert, der die Größe eines Dinosauriers im Vergleich zu Pariser Häusern zeigt, ist ein seltsamer Vorläufer heutiger SF-Filme, in denen die Welt von wiedererwachten prähistorischen Ungeheuern bedroht wird (Fortean Picture Library).

den Feng-Medizinmann Michel Obiang kennen, der ihm viel von den *N'yamala* erzählte, Beobachtungen schilderte, ihre bevorzugte Umgebung beschrieb und sogar angab, von welchen Pflanzen sie sich ernährten. Später vertraute er dem Texaner an, er habe eines dieser Tiere etwa im Jahre 1946 selbst gesehen. Powell fielen die Namensähnlichkeit und die sonstigen Parallelen zwischen der *N'yamala* und der *Amali* auf, die Trader Horn früher beschrieben hatte. In seinem Buch mit Geschichten und Abenteuern auf afrikanischen Flüssen, *The Ivory Coast in the Earlies* (1927), hatte Alfred Aloysius Horn (der in Wirklichkeit Smith hieß) behauptet, er habe *Amali*-Fußabdrücke –»vom Umfang einer mittleren Bratpfanne« und mit drei Krallenabdrücken – gesehen und wisse von Darstellungen auf Höhlenzeichnungen von Buschmännern. Er glaubte, das Tier sei für die abgebrochenen und zersplitterten Stoßzähne auf sogenannten Elefantenfriedhöfen verantwortlich.

Nach ihrer Expedition im Jahre 1980 verfaßten Powell und Mackal einen offiziellen Bericht für die Regierung der Volksrepublik Kongo (Abdruck in der *Fortean Times,* Winter 1981). Sie begannen mit einer kurzen Zusammenfassung der verläßlicheren früheren Berichte über riesige Wasserungeheuer im Inneren Afrikas, von denen Abbé Proyart in seinem Buch *Histoire de Loango* (1776) berichtete, in dem er Schilderungen von Missionaren wiedergab, die in Gebieten, die jetzt zum Kongo, zu Gabun und Kamerun gehören, Abdrücke von krallenbewehrten runden Füßen mit etwa 1 Meter Durchmesser gesehen hatten. Diese gut 2 Meter auseinanderliegenden Abdrücke ließen auf ein Tier schließen, dessen Größe zwischen Flußpferd und Elefant liegen mußte, die beide keine Krallen haben. Zu den Berichten gehörte auch der des deutschen Leiters der Likouala-Kongo-Expedition von 1913 bis 1914, der die Aussagen erfahrener Afrikaner wiedergab, in tiefen Gewässern lebe ein elefantengroßes Tier mit langem biegsamen Hals, einem einzelnen langen Stoßzahn oder Horn und einem starken Schwanz, mit dem es Kanus zum Kentern bringen könne, deren Insassen es töte, ohne sie jedoch zu fressen. Es war ein Pflanzenfresser, und die Afrikaner konnten sogar die Pflanzen bezeichnen, von denen es sich ernährte. Dr. Leo von Boxberger, ein ehemaliger deutscher Kolonialbeamter, veröffentlichte 1938 eine ähnliche Schilderung eines geheimnisvollen Wasserungeheuers, das die Kongolesen noch heute als *Mokele-Mbembe* kennen.

Ziel der Mackal-Powell-Expedition war nach eigener Definition der beiden Forscher:»Möglichst genaue Feststellung, ob die Berichte über *Mokele-Mbembe* sich auf mythische oder tatsächlich existierende Tiere beziehen. Falls letzteres zutreffen sollte, galt es, festzustellen, ob diese Tiere ausgestorben sind oder noch leben, und möglichst genaue Informationen über ihre Eigenschaften und ihr Verbreitungsgebiet zu sammeln.« Das Team bekam keines der Ungeheuer zu Gesicht, zeichnete aber Aussagen von Augenzeugen auf, die sie noch 1979 gesehen hatten, und hörte einen Bericht von Pygmäen, die 1959 eines dieser Tiere erlegt hatten. Im allgemeinen schilderten die Augenzeugen ein bis zu 15 Meter langes Tier mit langem Schwanz und schlangenartigem Kopf, den gelegentlich eine Art Hahnenkamm zieren sollte. Abschließend vertraten Mackal und Powell die Überzeugung, das *Mokele-Mbembe* sei kein mythisches, sondern ein durchaus reales Tier, dessen Bestand in den vergangenen zwei Jahrhunderten stark abgenommen habe, so daß es vielleicht bereits ausgestorben sei und damit »eine der Wissenschaft als lebende Tierart unbekannte Gattung«.

Dieser Schlußsatz deutet die Möglichkeit an, daß die Wissenschaft das *Mokele-Mbembe* zu den ausgestorbenen Tierarten zählt. Bei seiner ersten Begegnung mit Michel Obiang hatte Powell dem Medizinmann Zeichnungen verschiedener Tiere gezeigt, die Obiang alle erkannte, sofern sie in seiner Heimat vorkamen. Zu Powells Abbildungen gehörten auch Zeichnungen von Dinosauriern, von denen zwei – *Diplodocus* (dem Brontosaurier ähnlich) und der Plesiosaurier – als *N'yamala* identifiziert wurden. Auch andere Afrikaner stellten diesen Vergleich an, während sie Abbildungen anderer Dinosaurierarten als unbekannt zurückwiesen. Schon früher hatten Forscher eine Verbindung zwischen den unter einer Vielzahl von Namen bekannten Amphibien Innerafrikas und angeblich längst ausgestorbenen Riesenechsen hergestellt. Auch Dinosaurierjäger hatte es schon vor Mackal und Powell gegeben. Kurz vor Weihnachten 1919 war ein Hauptmann Leicester Stevens auf einem Bahnsteig der Waterloo Station erschienen und hatte die Weltpresse mit der Ankündigung elektrisiert, er sei nach Zentralafrika unterwegs, um Dinosaurier aufzuspüren. Sein einziger Begleiter sollte dabei ein Mischling aus Hund und Wolf sein, der sich im vergangenen Krieg ausgezeichnet hatte. Einige Wochen zuvor hatten die Londoner Zeitungen über Ungeheuer in Belgisch-Kongo berichtet. Ein Brontosaurier sollte einen Monsieur L. Lepage verfolgt und ein weiterer von einem Monsieur Gapelle angeschossen worden sein. Beide Meldungen sind von Heuvelmans als Schwindelgeschichten entlarvt worden (Gapelle ist ein Anagramm von L. Lepage), aber daß es möglicherweise in Afrika überlebende Dinosaurier geben könnte, regte die Phantasie der Öffentlichkeit an. Einem Gerücht zufolge glaubte Hauptmann Stevens offenbar, die Smithsonian Institution habe eine Belohnung von einer Million Pfund Sterling für einen Brontosaurier ausgesetzt, und die *Daily Mail* brachte eine angsterregende Rekonstruktion des Ungeheuers – die einen Leser zu dem Kommentar veranlaßte, wenn der Brontosaurier tatsächlich so gefährlich sei, brauche Hauptmann Stevens für seine Jagd wohl eher einen Panzer als ein Gewehr.

In der Zeit zwischen den Kriegen wurden die Gerüchte um Dinosaurier durch angebliche Beobachtungen von oft zweifelhafter Authentizität am Leben erhalten. Zugleich wurde die in Afrika weitverbreitete Überzeugung, sie existierten wirklich, von nüchternen Fachleuten, unter anderen dem erfahrenen Tierfänger Carl Hagenbeck, bestätigt, deren Aussagen Frank Lane in *Nature Parade* (1939) sammelte. Hagenbeck behauptete, eine Expedition ausgeschickt zu haben, um einen Brontosaurier fangen zu lassen; sie sei jedoch mit leeren Händen zurückgekommen. In dem von J. E. Hughes geschriebenen Buch *Eighteen Years on Lake Bangweulu* entdeckte Lane einen Bericht über ein als *Chipekwe* bezeichnetes Wassertier mit glattem, dunklen Körper und einem Elfenbeinhorn. Der Sohn eines Häuptlings hatte Hughes erzählt, sein Großvater habe geschildert, wie eines dieser Tiere mit Harpunen erlegt worden sei. Hughes hielt es für möglich, daß es unterdessen ausgestorben sei.

Die bei weitem beste Materialsammlung über moderne afrikanische Dinosaurier ist Heuvelmans' *Les derniers dragons d'Afrique,* in dem auf über 500 Seiten alle bekannten Berichte und Gerüchte über dieses Thema gesammelt und analysiert sind. Leider haben alle Beobachtungen und Erzählungen eines gemeinsam: Sie werden durch keinerlei physische Beweise untermauert. Powell fragte den gabunischen Medizinmann Obiang, ob es *N'yamala*-Relikte gebe, die als Andenken oder Fetisch aufbewahrt worden seien, und erhielt die Antwort:»O nein! Der N'yamala ist der König der Gewässer. Er stirbt niemals. Keiner könnte ihn erlegen!« Das ist natürlich nicht mit den verschiedenen Berichten über erfolgreiche Ungeheuerjagden der Eingeborenen zu vereinbaren, aber als Powell versuchte, nähere Auskünfte von kongolesischen Pygmäen zu erhalten, die ein *Mokele-Mbembe* erlegt haben sollten, wollten sie nicht darüber sprechen. In ihrem Bericht an die kongolesische Regierung erwähnten Mackal und Powell auch den weitverbreiteten Aberglauben, wer ein *Mokele-Mbembe* sehe, müsse schweigen, wenn er am Leben bleiben wolle – ein schwerwiegender Nachteil. Obwohl Powell und Mackal von der Existenz dinosaurierähnlicher Reptilien in Afrika überzeugt sind, waren sie ehrlich genug, um in ihrem Bericht auch anzudeuten, daß es Beweise für ihr Nichtvorhandensein gibt. Die Afrikaner schreiben den Wasserungeheuern Zauberkräfte zu – eine Eigenschaft, die sie mit ähnlichen Ungeheuern in Seen, Sümpfen und Flüssen in aller Welt gemeinsam haben. Tatsächlich entsprechen die handgreiflichen Beweise für afrikanische Dinosaurier, von denen es keine Fotos gibt, nicht einmal denen, die für Ungeheuer im Loch Ness, in Kanada und anderen weniger wilden Gebieten vorliegen. Wie Sanderson, Heuvelmans und andere unterstrichen haben, spricht eigentlich nichts gegen die Annahme, im Inneren Afrikas oder in sonstigen Wildnissen könnten Dinosaurier überlebt haben, und wir bezweifeln keineswegs, daß die Eingeborenen, die solche Tiere gesehen zu haben behaupten, wirklich etwas gesehen haben. Aber Afrika ist ein Zauberland. So hat der alte Trader Horn geschrieben: »Ja! In Afrika gibt es Orte, an denen man Visionen von urzeitlicher Gewalt hat... In Afrika hat die Vergangenheit kaum zu atmen aufgehört.« Wir haben schon mehrmals angedeutet, daß ausgestorbene Tiere wiederkehren können, um in ihrer Heimat und in den Köpfen der dortigen Menschen zu spuken – vielleicht als Vorstufe zu einem physischen Comeback. Möglicherweise hat Afrika eine Dinosaurierrenaissance zu erwarten.

Pterodaktylen in der Gegenwart

Auf den meisten populären Darstellungen der Erde im »Zeitalter der Dinosaurier« ist der Himmel mit Flugsauriern bevölkert, deren bekannteste Gattung der Pterodaktylus ist. Fossilienfunde lassen erkennen, daß ihre lederartigen, in Krallen auslaufenden Flügel bei der größten Gattung *Pteranodon* etwa 8 Meter Spannweite aufwiesen. Am 12. März 1975 meldete die *New York Times,* im texanischen Big Bend National Park seien Überreste eines riesigen Flugsauriers mit nicht weniger als 15,5 Meter Spannweite entdeckt worden – also mit der Spannweite einer Do 28. Wie andere Pterodaktylen soll er seine Schwingen hauptsächlich für Segelflüge benützt haben.

Dieser Fund in Texas löste eine lokale Pterodaktylus-Renaissance aus – oder fiel mit ihr zusammen. Im Januar 1976 sahen die Schwestern Libby und Deanie Ford an einem Teich einige Kilometer außerhalb von Brownsville, Texas, einen höchst ungewöhnlichen Vogel. Er war so groß wie sie, völlig schwarz und hatte nach ihrer Beschreibung ein Katzengesicht. Sie identifizierten ihn mit Hilfe eines Buches über vorgeschichtliche Tiere als einen Flugsaurier der Gattung Pteranodon, die seit Jahrmillionen ausgestorben sein soll. Am 26. Februar 1976 meldete die Zeitung *San Antonio Light,* drei Lehrerinnen hätten auf der Fahrt zur Schule einen Riesenvogel in geringer Höhe über die Straße segeln gesehen. Sein Schatten habe etwa der Straßenbreite entsprochen, so daß er 6 bis 7 Meter Spannweite gehabt haben müsse. Außer der Größe seien seine Flügel am auffälligsten gewesen: Fledermausflügel, durch deren graue Haut die Knochenstruktur zu erkennen gewesen sei. Nach ihrer Ankunft in der Schule hätten die Lehrerinnen Lexika gewälzt und eine Abbildung dieses »Vogels« gefunden. Es handelte sich um einen Flugsaurier der Gattung Pteranodon.

Im Hintergrund dieser beiden Meldungen stand eine Welle von Zwischenfällen mit »Riesenvögeln«, zu der es Ende 1975 und Anfang 1976 am unteren Rio Grande an der Grenze zwischen Texas und Mexiko kam. Meistens wurden dabei Menschen von unglaublich großen Vögeln oder fliegenden Reptilien, die fledermausartige Hautflügel und häufig katzenähnliche Gesichter haben sollten, angegriffen oder erschreckt. Die Lokalpresse stellte diese Fälle im allgemeinen humorvoll dar, aber als Jerome Clark und Loren Coleman, zwei scharfsinnige forteanische Ermittler, das betreffende Gebiet im März 1976 besuchten, ergaben sich einige seltsame Aspekte: Seit mindestens dreißig Jahren hatte es Vorfälle mit Riesenvögeln gegeben, die als Fortsetzung der in dortigen Heimatsagen geschilderten Begegnungen mit solchen Lebewesen gelten konnten. Neuere Augenzeugen waren jedoch häufig aus dem Norden zugezogene Siedler, die nichts von diesen Heimatsagen wußten. Clark und Coleman begutachteten das Beweismaterial in Form von Fußabdrücken und Vogelkot, der von diesen fliegenden Ungeheuern stammen sollte, und schlossen aus Gesprächen mit Augenzeugen, daß deren Erlebnisse – unabhängig von der Art ihrer Erklärung – echt und angsterregend gewesen seien. Was sie gesehen hatten, ließ sich nicht mit Pelikanen, Reihern oder Eulen erklären, wie es die

Behörden versucht hatten. Vergleicht man Clarks und Colemans Bericht über die »Riesenvögel« vom Rio Grande (siehe Kapitel 5 von *Creatures of the Outer Edge* sowie Clarks »Unidentified Flapping Objects« in der Zeitschrift *Oui,* Oktober 1976) mit den Geschichten über Vogelmenschen und »moderne Pterodaktylen«, wie sie John Keel in *Strange Creatures from Time and Space* (1970) und *The Mothman Prophecies* (1975) bringt, ergibt sich als Fazit, daß sich irgendeine große Veränderung in der nordamerikanischen Fauna oder im Geisteszustand der Bevölkerung abspielt. Oder sogar in beidem.

Um die Existenz moderner amerikanischer Flugsaurier zu beweisen, erschien der dramatischste (allerdings vielleicht auch wertloseste) Bericht in der Zeitung *Epitaph* in Tombstone, Arizona, am 26. April 1890. Danach sollten zwei durch die Wüste reitende Cowboys auf ein krankes oder verletztes Tier gestoßen sein, das wie eine große Schlange mit einem Alligatorkopf aussah, riesige Augen und Zähne besaß und knochige, krallenbewehrte, mit einer dicken, durchscheinenden Haut überzogene Flügel aufwies, deren Spannweite angeblich fast 50 Meter betrug. Dem Ungeheuer gelang ein kurzer Flug von etwa ¼ Kilometer Länge, bevor es zu Boden ging, wo die Cowboys es mit ihren Gewehren erlegten. In der Zeitungsmeldung hieß es, das Tier solle für ein Museum präpariert werden, aber es blieb bei dieser Ankündigung, vielleicht ließ der Redakteur des *Epitaph* seiner Phantasie freien Lauf, wenn in Tombstone Sauregurkenzeit herrschte. Diese Geschichte beweist nur, daß die Vorstellung, in Amerika könnten Flugsaurier überlebt haben, in dem Gebiet entstanden ist, in dem erst vor kurzem ihre fossilen Überreste ausgegraben worden waren. Daß in der großen amerikanischen Wildnis sogar Pterodaktylen überlebt haben könnten, mag bisher stark unterschätzt worden sein, aber die vielversprechendste Region für die Suche nach solchen Lebewesen sind die Urwälder und Sümpfe Zentralafrikas. Berichte über fliegende, scharfzahnige Riesenechsen mit fledermausartigen Hautflügeln kommen aus Tansania, Namibia, Ostafrika,

Madagaskar und anderen Regionen. Keel zitiert aus einem Artikel von Everett H. Ortner in *Popular Science* (1959), in dem Beobachtungen aus Nordrhodesien (jetzt Sambia) wiedergegeben werden. Dieser Artikel basierte auf Frank H. Mellands Buch *In Witchbound Africa* (1923). Melland hörte von Eingeborenen in den Sumpfgebieten am Jirunda von einem riesigen, angriffslustigen Vogel, der mehr einer Echse mit Fledermausflügeln glich. Daraufhin zeigte er den Betreffenden Zeichnungen eines rekonstruierten Pterodaktylus. Die Eingeborenen bestätigten, dies sei das von ihnen *Kongamato* genannte Tier, das in Wirklichkeit rot sei und über 2 Meter Spannweite erreiche.

Aus dem gleichen Gebiet stammt ein Bericht in Hauptmann C. R. S. Pitmans *A Game Warden Takes Stock* (1942): »In Nordrhodesien hörte ich von einem geheimnisvollen Tier, das mich faszinierte. Es soll früher den unzugänglichen Sumpfwald im Grenzgebiet zwischen Angola und dem Kongo bewohnt haben und vielleicht noch heute dort hausen ... Das Erstaunlichste an diesem rätselhaften Tier ist seine angebliche Identität mit einem ins Riesenhafte übersteigerten fledermausähnlichen Wesen, das eigenartig an den prähistorischen Pterodaktylus erinnert. Woher kommen dem primitiven Afrikaner solch phantastische Ideen?« Vielleicht bezieht er sie aus persönlicher oder in seinem Stamm noch lebendiger Erinnerung an Pterodaktylen, die bis heute überlebt haben. In den ungekürzten Ausgaben von *On the Track of Unknown Animals* beruft sich Heuvelmans auch auf diesen Bericht und zitiert die Vermutung Professor Wimans von der Universität Uppsala, die Geschichte basiere auf irrigen Auffassungen von Eingeborenen, die deutschen Paläontologen geholfen hatten, in Ostafrika Flugsaurierskelette auszugraben. Heuvelmans lehnt die Vorstellung ab, ein Gerücht könne 1500 Kilometer überspringen, ohne die Menschen dazwischen zu beeinflussen. Trotzdem könnte es Zusammenhänge zwischen Ausgrabungen prähistorischer Tierarten und dem Wiederauftreten dieser Spezies geben.

Heuvelmans vermutete, bei dem *Kongamato* handele es

sich um eine unbekannte Riesenfledermausart. Zu den Hauptargumenten, auf die sich diese Auffassung stützt, gehört ein Erlebnis, das der allgegenwärtige Ivan Sanderson 1932 mit der Percy-Sladen-Expedition in Britisch-Kamerun hatte. Bei einer Flußüberquerung in den Assumbobergen schoß Sanderson einen Palmenflughund und fiel ins Wasser, als er ihn aus dem Fluß holen wollte. In seinem Buch *Animal Treasure* berichtet er:»Ganz niedrig über der Wasseroberfläche schoß ein schwarzes Etwas von der Größe eines Adlers auf mich zu. Ich konnte seinen Schädel nur kurz sehen, aber dieser eine Blick genügte, denn der Unterkiefer hing herab und trug einen Halbkreis spitzer weißer Zähne, zwischen denen jeweils eine Lücke von etwa einer Zahnbreite klaffte ... Kurz vor Einbruch der Dunkelheit flog es nochmals den Fluß hinunter, daß die Luft zischte, während sie von den großen, schwarzen Draculaflügeln durchschnitten wurde.«

Als Sandersons afrikanische Träger den Einheimischen darüber berichteten, stoben diese entsetzt davon, und der Dorfhäuptling forderte die Expedition am nächsten Tag zum Weitermarsch auf. Offensichtlich hatten die Einheimischen Angst vor dem Tier, das sie *Olitiau* nannten, wie Sanderson festhielt. Als James Powell, der mit Dr. Roy Mackal im Kongo Dinosaurier jagte, 1980 in den Assumbobergen war, bemühte er sich, weitere Informationen über das *Olitiau* zu sammeln, aber wie Mackal in *Searching For Hidden Animals* (1980) berichtet,»kannte keiner der Eingeborenen diesen Namen«. Zeichnungen eines Pterodaktylus, die Powell und Mackal ihnen vorlegten, erkannten jedoch viele von ihnen als Darstellungen einer existierenden Riesenfledermaus.

Wir nehmen Sandersons Bericht ernst, weil das *Olitiau* unter anderem auch von dem Naturforscher Gerald Russell beobachtet worden ist. Als Sanderson und Russel sich nach langer Zeit 1970 wieder begegneten, konnten sie Einzelheiten wie die tiefschwarze Färbung und die 3,5 Meter Spannweite des Tieres durch Vergleich ihrer Expeditionstagebücher verifizieren. Sanderson glaubte,»den Großvater aller Fledermäuse« gesehen zu haben, und Russell stimmte ihm zu. In seinem Buch *Investigating The Unexplained* schreibt Sanderson jedoch, Frank Lane und andere seien für die Pterodaktylus-Theorie eingetreten – für die übrigens die weit auseinander stehenden Zähne sprechen, die eher für Reptilien als für Säugetiere charakteristisch sind. Trotzdem bleibt er dabei, eine Riesenfledermaus gesehen zu haben, und fügt hinzu, die Schnauze des Tieres sei »eher wie die eines Affen als wie die eines Hundes oder irgendeines Reptils gewesen«.

Nicht nachzuweisen ist, daß *Olitiau* und *Kongamato* das gleiche Tier sind, und obwohl Heuvelmans beide für Fledermausarten hält, neigen andere Kryptozoologen der Pterodaktylus-Lösung zu. Mackal konzentriert sich auf den von Melland zitierten Schimpfnamen »Bootzerstörer«, den die Eingeborenen dem *Kongamato* gegeben hatten und der auf ein Amphibium hinzuweisen scheint.

Mackal glaubte Beweise zu haben, daß »einige Flugsaurier gute Taucher und Schwimmer waren«. Angesichts dieser Tatsache empfiehlt er uns, die Frage, ob es noch urtümliche fliegende Reptilien geben kann, unvoreingenommen zu betrachten.

Gerüchte über ein prähistorisches fliegendes Reptil – eine fliegende Riesenschlange – lockten die angesehene südafrikanische Naturforscherin Dr. Marjorie Courtenay-Latimer nach Namibia. Obwohl sie keine greifbaren Beweise fand, ist sie nach wie vor davon überzeugt, daß im dunkelsten Afrika Dinosaurier überlebt haben können. Auch Professor J. L. B. Smith, ihr Mitentdecker des Coelacanths, akzeptierte »die Möglichkeit, daß noch ein Tier dieser Art existiert«, und erwähnte in seinem Buch *Old Fourlegs* (1956) am Kilimandscharo beobachtete »fliegende Drachen«.

Merkwürdigerweise brachte das *INFO Journal* (März 1977) einen Artikel über einen Flugsaurier – gesichtet an einem irischen See –, der mit ähnlichen Tieren in Kenia und Namibia verglichen wurde. Da der Informant des Autors Jan-Ove Sundberg, ein schwedischer Museumsdirektor, anonym bleiben wollte, könnte man glauben, hier würden lediglich die von Smith und Courtenay-Latimer gemachten Angaben aufgewärmt – aber Sundberg gibt an, diese Beobachtungen seien im Frühjahr 1974 und Ende 1975 gemacht worden. Zum Schluß noch zwei unveröffentlichte Berichte von Korrespondenten der *Fortean Times*. Mrs. Phyllis Hall, Whangarei, Neuseeland:»Ich war auf einem noch nicht für den Verkehr freigegebenen Straßenstück zu Fuß unterwegs ... Plötzlich flog ein merkwürdiges Tier wie ein Pterodaktylus über mich hinweg. Es war ganz rot, nur die Flügelunterseiten waren wundervoll blau ... Es flog wellenförmig und war dann plötzlich verschwunden.« Die rote Färbung erinnert an den afrikanischen *Kongamato*. Der zweite Bericht stammt von Mr. J. Harrison aus Liverpool, der etwa im Februar 1947 den Manuos, einen Mündungsarm des Amazonas, befahren hatte. Von Deck aus beobachteten er und andere fünf riesige Vögel, die in V-Formation flußabwärts über sie hinwegflogen.»Ihre Flügelspannweite von Spitze zu Spitze muß mindestens dreieinhalb Meter betragen haben. Ihre Färbung war braun wie braunes Leder, ohne daß Federn zu erkennen gewesen wären. Der Kopf war auf der Oberseite flach, wies einen langen Schnabel auf und saß an einem langen Hals. Die Flügel waren gerippt.« Mr. Harrison schickte uns eine Zeichnung mit dem Text, die Tiere hätten »genau wie diese großen prähistorischen Vögel ausgesehen«.

Fehl am Platz in Großbritannien

Ivan Sanderson erfand mit Vorliebe Bezeichnungen und Abkürzungen für Kategorien der von ihm studierten rätselhaften natürlichen Ereignisse, wie z. B.»Oops« für Tiere oder Dinge»Out of Place«, d. h. auf unerklärliche Weise ortsfremd. Daraus hat sich ein Hauptgebiet kryptozoologischer und forteanischer Forschung entwickelt, denn die einschlägige Literatur enthält Tausende von Berichten aus aller Welt über Tiere, die an unwahrscheinlichen Orten angetroffen worden sind. Dieses Thema wird von orthodoxen Naturforschern im allgemeinen gemieden, weil es sonderbar, verwirrend und kaum zu überblicken ist. Aus letzterem Grund beschränken wir uns hier auf tierische Oops in Großbritannien, das trotz seiner geringen Größe eine reiche zoologische Geschichte hat: Dort haben einst Höhlenlöwen, Mammute, Flußpferde, Eisbären, Nashörner und sogar Elefanten und Krokodile gelebt.

Einige der unwahrscheinlichsten britischen Oops finden sich in den angesehensten wissenschaftlichen Zeitschriften für Naturgeschichte. Beispielsweise schrieb ein Korrespondent im *Zoologist* vom März 1853, er habe einen *Apteryx,* einen flugunfähigen neuseeländischen Kiwi, den einer seiner Freunde in Anglesey auf Marschland geschossen habe, untersucht und identifiziert. Die Existenz dieses Vogels konnte er sich nur dadurch erklären, daß er »von einem gestrandeten Schiff stammen« müsse. Dem hielt ein Leser in der nächsten Ausgabe entgegen, daß »der Apteryx nur in einem sehr beschränkten Gebiet auf der anderen Seite unseres Planeten vorkommt, kein Wasservogel ist, nicht fliegen kann und deshalb einer der letzten Vögel ist, auf die man in Großbritannien stoßen könnte.« Wäre ein Schiff untergegangen, stellte er fest, »hätte der Apteryx wohl mit die geringsten Überlebenschancen gehabt«.

Im Gegensatz zur heutigen Fachpresse publizierte Newmans *Zoologist* gern Leserbriefe über beobachtete auffällig ortsfremde Vögel sowie über Seeschlangen und andere Exotika; z. B. einen Bericht über einen im Juni 1853 in Lincolnshire geschossenen südamerikanischen Jacamar – ein dem Eisvogel ähnlicher Insektenfresser. Der nächste natürliche Standort dieses Vogels ist Trinidad, und damals war offiziell noch kein Exemplar nach England eingeführt worden. Laien konnten zwar solche unwahrscheinlichen Exoten sehen, schießen und melden, aber heutige Vogelbeobachter haben es erheblich schwerer, weil der »Englische Ausschuß für seltene Vögel« strenge Maßstäbe anlegt, wenn es um Aufnahme in die von ihm geführte Liste geht. Vor allem muß nachgewiesen werden, daß der Vogel auf eigenen Schwingen ins Land gekommen ist – eine oft unerfüllbare Bedingung. In dem Artikel »Aliens Among Us« in der *Fortean Times* (Dezember 1976) hat Peter Roberts einige Vogelarten aus aller Welt aufgezählt, die nur deswegen nicht als heimisch anerkannt wurden, weil sie als unwahrscheinlich galten. Als 1976 in Suffolk ein Flamingo auftauchte, wunderte sich niemand, weil dieser Vogel sich gelegentlich nach England verirrt; als er sich jedoch als chilenischer Flamingo erwies, wurde er ohne weiteres als »offenbar entflogen« eingestuft. Roberts erwähnt auch einen Knutt, einen kleinen Stelzvogel, der an der englischen Ostküste beringt und eine Woche später 5500 Kilometer entfernt in Liberia eingefangen wurde. Möglicherweise ein Stichwort für die Interessenten von Teleportation?

Dieser Überblick zeigt aber nur die Spitze des Eisberges, was die Vielzahl merkwürdiger eingewanderter Vögel, Pflanzen, Reptilien, Mollusken, Schalentiere und Insekten betrifft, die jetzt in Großbritannien heimisch sind. Eines der merkwürdigsten Ereignisse schildert Roberts in der Geschichte der Entomologie. Im Jahre 1717 beschrieb und bestimmte J. Petiver einen Schmetterling, der von einem Mr. Albin auf Hampstead Heath, London, gefangen worden war, und benannte ihn Albin's Hampstead Eye. Er wurde in mehrere Schmetterlingsbücher aufgenommen, aber als keine weiteren Exemplare auftauchten, hielten die Fachleute ihn für eine ausgestorbene oder zufällig entstandene Spezies. Jahre später wurde dieser Schmetterling in großer Zahl angetroffen – in Ostasien und Australien.

Zu den besten Büchern über heimisch gewordene Wildtiere in Großbritannien gehört Sir Christopher Levers *The Naturalised Animals of the British Isles* (1977), das neben Hauskatze, Maus, Kaninchen und grauem Eichhörnchen auch weniger bekannte Spezies aufführt: den Siebenschläfer *(Glis glis)*, der 1902 von Lord Rothschild in Tring ausgesetzt wurde und nun in ganz Südengland verbreitet ist; die Ringelpapageien, von denen schon Hunderte entflogen sind und die jetzt in Surrey, Sussex und Südlondon vorkommen; und die kleine Herde Bennet-Baumkänguruhs, die von Henry Brocklehurst in dem Staffordshire Peak District angesiedelt wurden und dort während des Zweiten Weltkriegs verwilderten. Aus unseren Unterlagen geht hervor, daß weiterhin folgende Wildtiere in einzelnen Gebieten Großbritanniens heimisch geworden sind: Strauße in Suffolk; Waschbären in Kent; Skorpione im Londoner Hafen; Vielfraße in Schottland; Stachelschweine in Devon und Wiltshire; schwarze Eichhörnchen in Bedfordshire; Bären in Norfolk und Yorkshire; Bisons in Lancashire (die Polizei glaubte, sie seien von Zigeunern ausgesetzt worden!); Affen und Meerkatzen in Lincolnshire, Leicestershire, Cambridgeshire und dem Wyre-Tal; nordamerikanische Dosenschildkröten im Gebiet um Bath; Capybaras, die größten Nagetiere der Welt, im Südwesten Norfolks; indische Nilgauantilopen in Kent (1980 verursachte eine einen Verkehrsunfall, bei dem zwei junge Leute den Tod fanden); und der afrikanische Glatte Krallenfrosch, der sich 1981 in Südwales fortpflanzte. Bei größeren Tieren mag es sich um isolierte Oops handeln, während kleinere oft zahlreich sind. Heute leben in Großbritannien unzählige exotische Schlangen, Fische, Insekten, Vögel und Pflanzen.

Die meisten dieser Tiere sind auf bekannte, durchaus konventionelle Weise ins Land gekommen. Einige sind ausgebrochen, während andere wie Zugvögel aus eigener Kraft auf die Insel gelangt sind, wie Spinnen aus Bananenkisten zufällig freigesetzt wurden oder absichtlich ausgesetzt worden sind. Trotzdem bleibt ein mysteriöser Bodensatz aus Oops-Fällen übrig, in denen es meistens um ein einzelnes anomales Tier geht. Die Polizei nimmt in Gebieten, in denen seltsame Tiere beobachtet worden sind, rasch Verbindung mit den ihr bekannten Zoos, Safariparks und privaten Tierhaltern auf, und falls es sich um entlaufene Tiere handelt, werden sie fast immer rasch eingefangen oder erlegt. Im allgemeinen kommen sie auf freier Wildbahn nicht gut zurecht und lassen sich oft ängstlich und ausgehungert einfangen. In typischen

Eine seltene Aufnahme eines wildlebenden englischen Wallabys aus einer im Peak District von Staffordshire und Derbyshire angesiedelten Kolonie (David Allsop).

Oops-Fällen ist das geheimnisvolle Tier nicht als ausgebrochen gemeldet, wird eine Zeitlang häufig gesichtet und verschwindet dann spurlos. Wird es dagegen eingefangen, läßt seine Herkunft sich nie feststellen.

Fort, auch auf diesem Gebiet ein Pionier, hat geschrieben: »Es hat schon zahlreiche Fälle gegeben, in denen Tiere auf unerklärliche Weise erschienen sind ... Ich habe den Eindruck, daß meine Erläuterungen zur Teleportation in den meisten Fällen zutreffend sind – indem es eine Macht gibt, die Lebewesen verteilt und beispielsweise imstande wäre, ein Tier aus dem Dschungel Madagaskars in einen Hinterhof in Nebraska zu versetzen.« Sollte dieser Erscheinungspunkt nicht auf festem Boden, sondern in der Luft liegen, hätten wir es mit einem Tierregen zu tun.

Damit nehmen wir die Teleportation in die Liste der konventionellen Erklärungsversuche für das Auftreten anomaler Tiere auf. Nach weitverbreiteter Ansicht gibt es eine weitere Möglichkeit: der Wanderzirkus, aus dem eine Vielzahl exotischer Tiere in allen Teilen Großbritanniens ausgebrochen sein soll – oft nach Verkehrsunfällen, bei denen Käfigwagen umgestürzt sein sollen. Doch die Existenz dieser allgegenwärtigen geheimnisvollen Menagerie ist nicht nachzuweisen. Sie gehört zu den Phantasiegebilden, von denen unweigerlich die Rede ist, wenn ein rätselhaftes Tier auftaucht. Moderne Varianten betreffen einen »verrückten Tierverteiler« oder übereifrige Naturschützer.

Die Rolle von Gerüchten bei der Verbreitung populärer Theorien über die Ursachen von Phänomenen interessiert Dr. Ron Westrum von der Eastern Michigan University, der die Medienberichterstattung über UFOs und Seeschlangen untersucht hat. Eine der seltenen Arbeiten über Gerüchte und Oops besteht aus zwei Artikeln des tatkräftigen amerikanischen Forteaners Loren Coleman. Der erste, im *INFO Journal* (Februar 1974) erschienene Artikel führt über siebzig Berichte über ortsfremd beobachtete Alligatoren und andere Echsen aus den Jahren 1843 bis 1973 auf. Der zweite Artikel im *Journal of American Folklore* (Juli 1979) untersucht das in den sechziger Jahren weitverbreitete Gerücht, in der New Yorker Kanalisation gebe es Alligatoren, und weist als Quelle eine erfundene Meldung in der *New York Times* von 1935 nach. Dieses archetypische Thema läßt sich sogar bis ins alte Ägypten zurückverfolgen, wo heilige Krokodile in Labyrinthen unter Tempeln hausten.

Häufig wird natürlich auch vermutet, Besitzer exotischer

Haustiere hätten ihre zu groß oder zu wild gewordenen Lieblinge ausgesetzt. In den letzten Jahren sind durch Zoogeschäfte und Tierimporteure viele exotische Tiere in Privatbesitz gelangt, und die 1978 verschärfte englische Gesetzgebung, nach der verantwortungslosen Tierhaltern hohe Geldstrafen drohen, schafft einen Anreiz, Tieraussetzungen geheimzuhalten. Aber obwohl wir seit Jahren Oops sammeln, kennen wir nur wenige Fälle wie den Anfang der siebziger Jahre gemeldeten, in dem ein anonymer Anrufer der Polizei mitteilte, er habe in der Wildnis von Ayrshire einen schwarzen Panther freigelassen, und noch weniger, die eine Strafverfolgung nach sich gezogen haben. Häufigkeit und Art von Oops sind durch diese Gesetzgebung nicht beeinflußt worden, wie die folgenden Beispiele von Großkatzen, Wölfen und Hyänen, Krokodilen und Wildschweinen zeigen, die offenbar die ländlichen Gebiete Großbritanniens unsicher machen.

Großkatzen

Phantom-Raubkatzen – unter denen wir große und meist nicht einzufangende Katzen verstehen – stellen die größte Kategorie ortsfremd angetroffener Tiere. Sie treten in ganz Großbritannien auf: schwarze pantherähnliche Tiere sind aus Somerset, dem Raum Wolverhampton, bei Faversham in Kent, in Sussex, East Lothian, im südlichen Warwickshire und im Dartmoor gemeldet worden; Pumas oder Löwinnen sollen in Ayrshire (jedoch nicht der angeblich dort freigelassene Panther), Essex, ebenfalls bei Wolverhampton, in Mittelwales, Bedfordshire, Yorkshire und den Hochlandbezirken Inverness, Caithness und Sutherland aufgetreten sein.

Eine Serie von Pumabeobachtungen, zu denen es 1979 in Inverness im Raum Strathglass kam, erreichte ihren Höhepunkt, als der Farmer Ted Noble in Cannich am 29. Oktober 1980 einen Puma fing. Der Fall ging damals durch die gesamte Presse; die *Fortean Times* (Winter 1981) enthält einen ausführlichen Bericht. Interessanterweise sagte Ted

Nachdem Ted Noble jahrelang vor Pumas gewarnt hatte, ohne Gehör zu finden, fing er am 29. 10. 1980 schließlich einen sechsjährigen Puma in einer Falle auf seiner Farm bei Cannich, Invernesshire. Damit war das bisher einzige Exemplar des angeblich weitverbreiteten britischen Pumas gefangen (Blair Urquhardt, Inverness).

Nobles Schwägerin schon 1979: »Vor ungefähr zwei Jahren ist ein geheimnisvoller roter Viehtransporter, der im Vorbeifahren stark nach Zirkus gerochen hat, das Tal heraufgekommen. Es könnte leicht sein, daß irgendein Spinner das wilde Tier freigelassen hat.« Noble und seine Nachbarn geben sich nicht damit zufrieden, den Nachweis geführt zu haben, daß im Hochland tatsächlich ein Puma gelebt hat, sondern äußern jetzt die Überzeugung, es gebe dort ein vor kurzem beobachtetes zweites Tier mit drei Jungen.

Im Jahre 1976 trat der Nottinghamer Löwe auf, der am frühen Morgen des 29. Juli von zwei Milchmännern auf einem Feld am dortigen Flugplatz gesehen wurde. Als weitere

65 Meldungen eingingen, suchten bewaffnete Polizisten den Löwen, ohne eine Spur von ihm zu finden. Auch kein Löwenbesitzer, Zoo oder Safaripark erstattete Verlustanzeige. Nach neun Tagen erklärte die Polizei in einer Pressemitteilung, bei den angeblichen Beobachtungen handele es sich möglicherweise um Sinnestäuschungen von Augenzeugen durch große Hunde oder sogar einen großen braunen Papiersack. (Die Presse kommentierte diese Deutung genüßlich, und die Sache der Oops-Ermittler wurde zweifellos um Jahre zurückgeworfen.) Der offiziell nicht existierende Löwe wurde noch dreimal gesehen, verschwand dann und hinterließ Schweigen, Verwirrung und Verlegenheit.

Wandernde Wölfe

Der letzte in Großbritannien erlegte wilde Wolf soll 1743 in Schottland zur Strecke gebracht worden sein. Die seitdem gesichteten Wölfe oder wolfsähnlichen Tiere sind schwer zu erklären gewesen. Wie gefährlich es sein kann, sämtliche ortsfremden Tiere als Ausreißer einzuordnen, zeigt Forts in *Lo!* geschilderte Untersuchung einer Serie scheinbar zusammengehöriger Vorfälle aus dem Winter 1904/05. In einem Archivband mit Zeitungen aus Northumberland entdeckte er die Meldung, im Oktober 1904 sei Hauptmann Bains aus Shotley Bridge bei Newcastle ein Wolf entlaufen. Wenig später wurden so viele Schafe gerissen, daß kein Hund dafür in Frage kam. Die Farmer im Raum Hexham hielten Hauptmann Bains' Wolf für den Schuldigen und gründeten den Hexhamer Wolfsausschuß, um die Jagd auf ihn zu organisieren. Als Fort sich näher mit zeitgenössischen Meldungen befaßte, stieß er auf seltsame Hintergrundphänomene. Die Große Erweckung – ein religiöser Kreuzzug mit Ekstasen, Visionen und merkwürdigen Lichterscheinungen, dessen Geschichte Kevin und Sue McLure in *Stars and Rumours of Stars* (1980) aufgezeichnet haben – hatte sich zum Zeitpunkt der Schafverluste von Wales aus bis nach Northumberland verbreitet. Zugleich traten Gespenster, Poltergeister und frühe UFO-Phänomene massiert auf. »Es war eine Zeit weitverbreiteter unheimlicher Ereignisse«, schrieb Fort.

Als im Raum Hexham auch im Dezember 1904 weiterhin Schafe gerissen wurden, begann die englische Presse, sich für den Wolfsausschuß zu interessieren, und meldete eifrig die einzelnen Höhepunkte seiner Tätigkeit. Als erstes wurde im ganzen Bezirk zur Wolfsjagd geblasen, die ergebnislos blieb. Nun engagierte der Ausschuß »den berühmten Spürhund« Monarch. Diese Berühmtheit hatte jedoch nicht mehr Erfolg als die ersten Sucher; ebenfalls erfolglos blieben ein ungarischer Wolfsjäger und ein Großwildjäger aus Indien, die als nächste ihr Glück versuchten. Dann wurde der Kadaver eines Otters an einer Bahnstrecke gefunden, und die Schaftötungen in diesem Raum hörten auf. Viele Leute zogen daraus den seltsamen Schluß, der Schafmörder sei tot.

In Nachbarbezirken gingen die Schaftötungen jedoch weiter – bis am 29. Dezember 1904 ein echter Wolf tot auf den Bahngleisen bei Cumwhinton (rund 50 Kilometer von Hexham entfernt) aufgefunden wurde: »ein prachtvolles Exemplar eines Grauwolfs« von 1,5 Meter Länge und 75 Zentimeter Schulterhöhe. Hauptmann Bains besichtigte den Kadaver und stellte fest, dies sei nicht sein Wolf. Aber die Schafmorde hatten aufgehört, und in der Öffentlichkeit wurde der Verdacht laut, Bains habe seinen eigenen Wolf absichtlich nicht wiedererkannt, um nicht für die Verluste der Farmer aufkommen zu müssen. Der Wolfsausschuß nahm ihm seine Erklärung jedoch ab. Dem Ausschuß blieb nichts anderes übrig, denn als Hauptmann Bains am 15. Oktober im *Hexham Herald* bekanntgegeben hatte, daß sein Wolf entlaufen sei, hatte er ihn als Jungtier von viereinhalb Monaten geschildert. Ein junger Wolf entläuft und wird zu Unrecht als Schafmörder verdächtigt – bis dann ein ausgewachsener Wolf tot aufgefunden wird und keine Schafe mehr gerissen werden!

Der Wolf von Cumwhinton wurde eine Berühmtheit. Postkarten mit seinem Foto gingen reißend weg, der Kadaver wurde in der Eisenbahnverwaltung in Derby ausgestellt, und sein Kopf landete schließlich im Schaufenster eines dortigen

Präparators. Wenig später kam ein amerikanischer Tourist, ein Hauptmann Thompson aus dem Bundesstaat Washington, an diesem Fenster vorbei und erkannte das Tier, wie er der Lokalpresse mitteilte, als Malmoot, eine in Alaska als Schlittenhund eingesetzte Kreuzung zwischen Wolf und Hund. Im Vorjahr sollten auf einer Liverpooler Ausstellung Malmoots gezeigt worden sein, von denen einer angeblich heimlich entlaufen war. Fort stellte fest, er müsse über 170 Kilometer zurückgelegt haben, ohne unterwegs Schafe zu reißen, »um genau den Ort zu erreichen, an dem ein junger Wolf ausgebrochen war, und dort wie ein Wolf zu morden«. Damals meldeten sich mehrere Fachleute zu Wort, um zu unterstreichen, daß der Wolf von Cumwhinton eindeutig ein Wolf sei. Woher er gekommen war, blieb jedoch ungeklärt.

Fast zur gleichen Zeit wütete in Mittelkent ein weiterer Schafmörder. Am 2. März 1905 berichtete die *Times,* bei einer Treibjagd sei ein Schakal aufgestöbert und erlegt worden. Was ein Schakal in Kent zu suchen hatte, wurde nicht erklärt, aber der Zufall wollte es, daß er ebenfalls im Schaufenster eines Präparators in Derby landete. Im November und Dezember des gleichen Jahres trat an der Grenze zwischen Gloucestershire und Wiltshire eine Art Vampir auf, der Schafe mordete. Er rührte das Fleisch nicht an, aber ihr Blut wurde ausgesaugt oder aufgeleckt. Gerüchteweise hieß es, der Schafmörder sei ein aus einer Tierschau in Gloucester entwichener Schakal, aber Fort konnte keine Bestätigung für seine Flucht finden. Die Idee mit dem Schakal war möglicherweise durch frühere Meldungen aus Kent inspiriert; denkbar ist auch, daß jemand, dem ein Schakal fehlte, wohlweislich den Mund hielt – wenn Schakale wirklich wie Vampire töten.

Fort merkte dazu an, daß die Tagespresse keine rätselhaften Fälle vertrug, die sich allzulange hinzogen, sondern dann »Pseudo-Enden« erfand. In manchen Fällen – siehe den Wolf von Cumwhinton – kam dieses Pseudo-Ende spontan und befriedigte alle, außer den Wachsamen und Neugierigen, indem es ein Rätsel durch ein neues löste. »Irgend etwas legt

Eine zeitgenössische Postkarte bezeichnet das traurige Ende des geheimnisvollen Cumwhinton-Wolfs – hier Allendale-Wolf genannt – im Dezember 1904 (Carlisle Museum and Art Gallery).

es darauf an, Rätsel abzuwürgen«, schrieb Fort. Und in anderem Zusammenhang:»Es ist nicht notwendig, daß ein Wildhüter eine leuchtende Eule schießt und damit eine rätselhafte Erscheinung beseitigt. Eine Meldung, daß er's getan hat, erfüllt den gleichen Zweck.«

Daß rätselhafte Fälle zu einem raschen Ende gebracht werden sollen, zeigt sich auch im Fall eines weiteren Wolfs, der im Jahre 1874 in Cavan, im irischen County Clare, Schafe terrorisierte. Wie ein Korrespondent in *Land and Water* (7. März 1874) berichtete, hatten seine Raubzüge »armen Leuten schreckliche Verluste« gebracht. Ein weiterer Korrespondent schrieb, in den 42 ihm bekannten Fällen seien die Schafe auf Vampirweise getötet worden. Große hundeähnliche Fährten, jedoch länglicher als die eines Hundes, ließen vermuten, hier wüte ein Wolf, obwohl niemand einen gese-

113

hen hatte und der letzte irische Wolf vor über hundert Jahren erlegt worden sein sollte. Im April schoß Archidiakon Magenniss einen großen Hund und behauptete, das Land von dem Schafmörder befreit zu haben. Ende April meldete die Zeitung *Clare Journal* jedoch, die Morde gingen weiter. Ein zweiter Hund wurde erlegt, aber die Schafmorde hörten nicht auf. Auch ein dritter erlegter Hund war offenbar nicht der Räuber gewesen, aber die Zahl der Opfer nahm ab, bis gar keine Schafe mehr gerissen wurden. Etwa zur gleichen Zeit kam es in über 150 Kilometer Entfernung bei Limerick zu einer weiteren Serie von Schaftötungen, für die »ein Wolf oder dergleichen« verantwortlich gemacht wurde. Angeblich waren mehrere Menschen, die das Tier gebissen hatte, in die Irrenanstalt Ennis eingeliefert worden, weil sie »an seltsamen Symptomen von Geistesgestörtheit litten«. Obwohl das an einen tollwütigen Hund denken läßt, wurden die Schafmorde bei Cavan niemals aufgeklärt.

Abgesehen von Fällen, in denen als ausgebrochen bekannte Tiere gesichtet werden, sind moderne Augenzeugenberichte über wolfsähnliche Wesen selten und meistens unklar. Beispielsweise meldeten die *Runcorn Weekly News* (30. Mai 1974), im Delamere Forest in Cheshire sei ein großes hundeähnliches Tier mit einem Fuchsschwanz gesehen worden. Der Augenzeuge konnte lediglich hinzufügen, er wisse bestimmt, daß er weder einen Fuchs noch einen gewöhnlichen Hund gesehen habe. Noch seltener sind Schilderungen aufmerksamer Beobachter wie im nächsten Fall, der eine Überraschung brachte. Wir wurden durch eine Meldung in der *Times* (23. Juli 1971) darauf aufmerksam, daß im Ashdown Forest in Kent ein seltsames Tier gejagt wurde, nachdem es einen Hund angegriffen hatte. »Leute, die das Tier gesehen haben«, hieß es in der Meldung, »beschreiben es als eine Art Puma.« Das war völlig falsch – es erwies sich als Hyäne! Robert Rickard wandte sich an den betreffenden Farmer, Alistair Whitley von der Outback Farm in Nutley, und erhielt folgende Schilderung des Tieres, das seine Farm zwischen Frühjahr und Herbst 1971 heimgesucht hatte:

114

»Die ersten Anzeichen waren übergroße ›Hunde‹ – Fährten auf Waldwegen und Teile halb gefressener Wildkaninchen in den Viehtränken auf den Weiden. Zur ersten Begegnung kam es, als das Tier etwa drei bis vier Meter von mir entfernt unseren Schoßhund (ein Tibetspaniel, der keine fünf Kilo wiegt) anfiel. Es gelang mir, dem Angreifer eine Schaufel nachzuwerfen und ihn zu treffen, so daß er das Hündchen fallen ließ und sich davonmachte. Zahlreiche weitere Beobachtungen ergaben folgendes Bild: ein sehr schwarzer, kräftiger Hund mit wilden Augen, abgerundeten Stehohren und gelblicher Decke mit dunklen Flecken. Das Tier hielt sich häufig auf unseren Schafweiden auf, was uns Sorgen machte, aber es ließ die Schafe immer in Ruhe. (Allerdings war es zur Lammzeit im März noch nicht bei uns, sonst hätte die Sache vielleicht anders ausgesehen. Es tauchte erst im Mai auf.) Anscheinend tarnte es sich zwischen den Schafen, um Wildkaninchen aufzulauern ... Wir hatten das große Glück, von Dr. John Lisgoe, einem in der Nähe wohnenden Meeresbiologen, und einem Professor der Sussex University unterstützt zu werden, der uns half, Pfotenabdrücke zu sammeln, die er dem Kurator des Natural History Museums in South Kensington vorlegte, der das Tier aufgrund von Haaren und Abdrücken eindeutig als afrikanische Tüpfelhyäne identifizierte. Wir wurden gewarnt, das Tier sei sehr gefährlich, was niemand bezweifeln konnte, der es wie wir aus nächster Nähe gesehen hatte. Ende Oktober kam ich zum Schuß auf die Hyäne, aber ich weiß nicht, ob ich sie erlegt oder nur verjagt habe. Sie verkroch sich in dichtem Unterholz, und wir hatten nicht den Mut, sie zu verfolgen, weil wir fürchteten, sie sei nur angeschossen. Weder meine Familie noch die Nachbarn haben seither etwas von ihr gehört oder gesehen.«

Am Morgen des 7. April 1974 fuhr Mrs. Joan Gilbert gegen 3.30 Uhr auf der Western Avenue in Branksome (Bournemouth), als ein merkwürdiges Tier vor ihr über die Straße lief. »Es war das eigenartigste Tier, das ich je gesehen habe«, erzählte sie dem *Bournemouth Evening Echo* am gleichen Tag, »halb Hund und halb Katze. Es hatte Streifen, einen langen dünnen Schwanz und schien grau ... mit etwas Gelbfärbung zu sein. Die Ohren waren wie bei Katzen zurückgesetzt, und das Tier hatte etwa die Größe eines mittelgroßen Hundes. Es war schlank und bestimmt kein Fuchs.« Als die Augenzeugin später ein Tierlexikon durchblätterte, stieß sie auf die Abbildung eines Tieres, das dem von ihr gesehenen am ähnlichsten war – ein tasmanischer Beutelwolf!

So unglaublich die Vorstellung war, ein tasmanischer Beutelwolf könnte Südengland durchstreifen, mußten wir andererseits zugeben, daß viele der vorliegenden Beschreibungen des Surrey-Pumas auf ihn paßten. Wir schrieben aus Neugier mehrere Zoologen an, die diese Idee erwartungsgemäß als lächerlich ablehnten. Sie bestätigten zwar, daß Beutelwölfe in England leben und jagen könnten, wiesen aber zugleich darauf hin, daß alle jemals nach England gebrachten Beutelwölfe längst verendet sind und daß diese Tierart in ihrer australischen Heimat als ausgestorben gelten muß. Wäre es vorstellbar, daß mehrere Tiere ausgerissen sind, als sie noch zahlreich waren – das heißt vor den zwanziger Jahren –, und hätte die kleine Kolonie bis heute unentdeckt überleben können? Da glauben wir noch eher an Teleportation ...

Umherziehende Krokodile

Großbritannien scheint eine rätselhafte Anziehungskraft auf Krokodile auszuüben. Provinzzeitungen berichten gelegentlich über beoachtete oder eingefangene Tiere, und diese Meldungen werden als »Füller« von überregionalen Zeitungen übernommen. *Daily Mirror* (11. August 1966): In Leicester stellte die Polizei in einem Rosenbeet einen »geheimnisvollen Alligator« sicher. *Daily Mail* (22. März 1978): »Kay Hall, 12, fand hinter ihrem Haus in Caerphilly ein eineinhalb Meter langes Krokodil und schleppte es in die Schule, um es ihrer Lehrerin zu zeigen.« Gemeindeverwaltung und Gesundheitsbehörde versuchten, die Herkunft des Reptils zu klären. *Daily Mirror* (30. Juli 1975): Am Vortag hatte der Segler Maurice Scott am Stour River bei Sandwich, Kent, ein sich am Ufer sonnendes Krokodil gesehen. Und im Monat darauf meldeten die Londoner *Evening News* (26. August 1975), an einer Kreuzung in Stevenage, Hertfordshire, sei ein junger Alligator aufgefunden worden. *Daily Mirror* (12. März 1962): »Ein vergangene Nacht auf der Friern Road in East Dulwich aufgefundenes Verkehrsopfer hat die Polizei vor ein Identifizierungsproblem gestellt. Es war ein echsenähnliches vierbeiniges Tier, einen Meter lang, ungefähr zehn Pfund schwer, sandfarben mit schwarzem Rückenstreifen.« Da Polizei und Tierschutzbund dieses Rätsel nicht lösen konnten, reagierten sie auf typisch konservative Weise: Sie vergruben es einfach.

Der ehemalige Krokodiljäger Walter Tomlinson übte seinen alten Beruf nach einer Meldung im *Daily Mirror* (16. Juni 1970) am Ufer der Ouse bei Little Barford, Huntingdonshire, aus. Er machte Jagd auf ein 1¼ Meter langes Krokodil, das von mehreren Leuten im warmen Kühlwasserabfluß eines Umspannwerks gesehen worden war. Schwimmer und Angler hatten sich über das Tier beschwert.

Schon früher war ein anderer britischer Krokodiljäger erfolgreich gewesen: Thomas Hughes aus Rhyl in Wales. Wie die *Times* (20. Oktober 1870) berichtete, war drei Tage zuvor bei St. Asaph eine »seltsame Entdeckung« gemacht worden. In einer Höhle am Fluß Elwy hatten mehrere Leute »in den dunkelsten Winkeln ein merkwürdiges Tier« gesehen, das einer von ihnen als »riesiges Exemplar aus der Echsenfamilie« beschrieb. Hughes legte sich mit einem Knüppel bewaffnet auf die Lauer, erschlug das Tier, als es aus der Höhle kam, nahm es mit nach Hause und stellte es später in Rhyl aus. Der *Times*-Reporter schrieb: »Nur weil es diese Tiere in unserem Land nicht gibt . . ., würden wir sagen, dies sei ein junges Krokodil.«

Dieser Bericht scheint zu den in ganz Großbritannien verbreiteten Heimatsagen zu passen, in denen ein Held eine Landschaft von einem Ungeheuer befreit, das in manchen Fällen als krokodilähnlich beschrieben wird. In einem Artikel im *Journal of Geomancy* (IV, 1) hat Michael Behrend

Geschichten und Überlieferungen von Drachen und anderen rätselhaften Ungeheuern zusammengetragen, die möglicherweise frühe britische Krokodile gewesen sind. Beispielsweise wurde der sagenhafte Drache oder Wurm, nach dem das Dorf Wormingford in Essex benannt ist und der dort um 1400 an einer Furt Wanderern auflauerte, in einem zeitgenössischen Bericht als Krokodil identifiziert. Behrend weist auch auf die zahlreichen ausgestopften Krokodile hin, die in britischen und europäischen Kirchen zur Schau gestellt sind und teilweise ganz in der Nähe erlegt worden sein sollen.

Im gleichen Artikel zitiert Behrend Teile eines Briefes des *Gentleman's Magazine* (1867) über ein junges Krokodil, das vor etwa vierzig Jahren in Great Heywood, Staffordshire, von einigen Tagelöhnern in einem Abwasserkanal entdeckt worden war. Einer der Männer hatte es mit einem Pickel erschlagen. Der etwa 1 Meter lange Kadaver wurde Lord Talbot in Ingestre Hall überreicht. Der Informant glaubte, das Krokodil könne von einem Schiff auf dem Trent entkommen sein. Im August 1866 brachte das *Gentleman's Magazine* einen Bericht von George Wright, F. S. A., über ein kleines Krokodil in Over Norton, Oxfordshire, der weitere Augenzeugenberichte über Krokodile im gleichen Bezirk zutage förderte. Vor rund dreißig Jahren war eine Gruppe von einem etwa 1 Fuß langen Krokodil über den Gemeindeanger von Chipping Norton verfolgt worden, bis jemand ihm den Schädel eingeschlagen hatte, und einige Jahre später hatte eine Frau aus dieser Gruppe am selben Ort ein weiteres Krokodil gesehen. Fort, der diese Fälle in *Lo!* erwähnte, zitierte einen Leserbrief in *The Field* (23. August 1862), in dem von einem weiteren Krokodil die Rede war, und knüpfte daran die Vermutung: »Anscheinend hat es etwa 30 Jahre lang eine auf junge Krokodile spezialisierte Versetzungsströmung zwischen einem beispielsweise irgendwo in Ägypten gelegenen Ort und einem Erscheinungspunkt bei Over Norton gegeben.«

George Wrights Bericht über die Entdeckung eines Krokodils in Oxfordshire ist sehr interessant. Er hatte die Farm seines Pächters William Phillips bei Over Norton besucht und dort ein kleines ausgestopftes Krokodil in einem Glaskasten gesehen, das Phillips im Jahre 1856 oder 1857 tot im Rinnstein seines Hofes aufgefunden hatte. Die Arbeiter hatten es angeblich unter einem Holzstoß herausgejagt und totgeschlagen. Sie behaupteten, ihm noch mehr solcher Tiere aus einem Teich in der Nähe der Farm bringen zu können, doch erfüllten sie dieses Versprechen nie. Phillips fügte hinzu, er habe das Krokodil ans British Museum geschickt, um es begutachten zu lassen, und die Auskunft erhalten, es sei »höchstwahrscheinlich in einem Regenschauer vom Himmel gefallen« oder möglicherweise aus einer Tierschau entkommen.

Mr. Wright nahm das Tier und zeigte es einem sachkundigen Freund, der es als Krokodil identifizierte; Frank Buckland bestätigte dies und vermutete, es stamme aus einer Tierschau. Zuletzt brachte er es zu dem großen Professor Owen im British Museum. Owen wollte nichts von einer Tierschau wissen und sagte, er könne unmöglich glauben, daß in England ein lebendes junges Krokodil aufgefunden worden sei. Er vermutete, das Tier sei – möglicherweise eingesalzen – aus dem Ausland mitgebracht worden und irgendwie in den Besitz der Arbeiter gelangt, die sich einen Spaß mit dem Farmer erlaubt hätten. Doch Mr. Wright konnte diese Erklärung nicht akzeptieren; statt dessen hatte er sich eine seltsame Theorie zurechtgelegt. Er deutete an, das kleine Krokodil aus Oxfordshire unterscheide sich von seinen Artgenossen dadurch, daß es eine »minderwertige Spielart« sei. Er hielt es für möglich, daß in England »minderwertige Reptilien« lebten: »Nachkommen einer ehemals großen Rasse, die in unserem Land mit vielen Arten vertreten gewesen ist, wie uns die Geologie lehrt; obwohl solche ›minderwertigen Spielarten‹ heutzutage sehr selten anzutreffen sind, was viele Gründe hat, könnte dieses Krokodil eine davon sein.«

Das Urteil von Sachverständigen lautete kurz gesagt, daß das junge Krokodil vom Himmel gefallen sei, daß es aus einer Tierschau entwichen ist, daß es gar nicht lebend in England aufgefunden worden sein könne und daß es ein degene-

rierter Nachkomme einer Spielart einheimischer Echsen
sei ...
Jedenfalls tritt das Phänomen weiterhin auf. Am 16.
Mai 1980 meldeten drei Anrufer der Polizei in Preston, Lancashire, unabhängig voneinander, sie hätten ein großes Krokodil gesehen, das bei Lightfoot Lane die Autobahn M55 überquert habe. Ein Mann glaubte sogar, er sei ihm über den
Schwanz gefahren. Der Fall machte Schlagzeilen; am aus-
führlichsten berichtete der *Sunday Express* (18. Mai 1980).
Die Zweimeterechse könne ein riesiger Waran gewesen sein,
behauptete ein Fachmann – praktisch ohne Beweise. Eine
Polizeifahndung mit Suchhunden blieb erfolglos, und es hat
sich seither nicht mehr blicken lassen.

Britische Wildschweine heute

Bei den alten Kelten Britanniens und Nordeuropas galt das
Wildschwein wegen seiner Stärke, Schlauheit und Tapferkeit
als heiliges Tier. Es wurde in alten Heldensagen gefeiert –
aber seine Jäger nicht weniger, denn seine Schnelligkeit auf
der Flucht und die Wildheit, mit der es seine scharfen Hauer
gebrauchte, sobald es gestellt war, machten es zu einem
gefährlichen Gegner für den Ritter oder Jagdherrn, der ihm
zuletzt abgesessen und nur mit seinem Schwert bewaffnet
gegenübertreten mußte. Bei Festmählern war der Wild-
schweinkopf die vornehmste Speise, und sein Fleisch galt als
unvergleichlich schmackhaft. Deshalb achtete der Adel früher darauf, daß Wälder und freie Flächen für Wildschwein-
jagden erhalten blieben.

Seit dem 16. Jahrhundert setzten sich jedoch allmählich
die Interessen des gemeinen Volkes durch, dem nichts am
Überleben des Wildschweins in Britannien lag. Haus-
schweine wurden damals nicht in Ställen gemästet, sondern
auf Ödland und in die Wälder getrieben, wo sie sich ihr Futter selbst suchten. Futter war knapp, und die Konkurrenz
durch Wildschweine machte es noch knapper. Deshalb
begannen die Hirten, die Wildschweine auszurotten, so daß

es um 1600, abgesehen von einigen wenigen Herden auf den Ländereien einiger altmodischer Grundbesitzer im Norden, in ganz England buchstäblich keine Wildschweine mehr gab. Siebzig oder achtzig Jahre später galt das Tier als vollständig ausgerottet.

Gegen Ende des 19. Jahrhunderts erlegte ein Förster namens Bennet im New Forest in Hampshire ein Wildschwein. Bis vor etwa hundert Jahren hatten sich bei den dortigen Hausschweinen häufig Merkmale von Wildschweinen gezeigt, weil es zu Paarungen mit aus dem Ausland eingeführten und im New Forest ausgesetzten Wildschweinen gekommen war. Diese Merkmale sowie alle eingeführten Wildschweine waren zu Bennets Zeit längst verschwunden, so daß sein Wildschwein auf örtlicher Ebene kurzzeitig für Aufsehen sorgte.

Uns ist kein weiterer Fall bekannt, in dem Wildschweine in Großbritannien aufgetreten wären, bis sie im Sommer 1972 erneut auftauchten – auch diesmal wieder in Hampshire. Die *Fortean Times* (Dezember 1976) berichtete ausführlich darüber. Es begann mit Gerüchten über merkwürdige Tiere im Bereich der Städte Hook, Odiham und Hartley Wintney, d. h. in der engeren Heimat des sagenhaften Surrey-Pumas. Diesmal wurde jedoch eines der Tiere eingefangen und erwies sich als Wildschwein. Am Abend des 5. August 1972 wurde die Polizei in Odiham in die Linden Avenue gerufen, wo ein Wildschwein in einem Garten junge Bäume abfraß. Polizeibeamte kreisten das Tier ein, trieben es in die Enge, fesselten es und ließen ihm eine Beruhigungsspritze geben. Der 2 Zentner schwere Keiler mit kleinen Hauern wurde im Marwell Zoological Park untergebracht, und die Polizei stellte bei Zoos und Tierschauen in Südengland Nachforschungen an – aber nirgends fehlte ein Wildschwein.

Innerhalb weniger Tage wurden im gleichen Bezirk weitere Wildschweine gesichtet. Am 10. August sah eine Frau in der Nähe von Odiham hinter ihrem Haus ein großes schwarzes Tier, das sie für ein Wildschwein hielt, in einen Wald laufen. Sie rief die Polizei, die die Fährte im Wald aufnahm, jedoch ohne Erfolg. Sechs Tage später beobachtete ein Radfahrer bei North Wanborough ein »merkwürdiges Schwein« auf einem Feld. »Es hatte einen langen Schwanz mit einer Art Quaste am Ende und war dunkelgrau mit ziemlich spitz zulaufendem Kopf. Ich schätze sein Gewicht auf fünfzig Kilo«, erklärte er nach einem Bericht der *Aldershot News* (15. August 1972). Auch diesmal fand die Polizei keine Spur des Tieres.

Das nächste Wildschwein trat am 2. September in Bramshill nördlich von Hartley Wintney auf. Diesmal wurde die Polizei nicht eingeschaltet. Frederick Ratky, Besitzer der Moor Place Farm, war mit seinem Jagdgewehr unterwegs und hatte es auf Rotwild abgesehen, das seine junge Gerste fraß, als er in seinem Gerstenfeld ein merkwürdiges, ebenfalls fressendes Tier entdeckte. Das mit einem Blattschuß erlegte Tier erwies sich als 2½ Zentner schwere Wildsau, die nun in Ratkys Tiefkühltruhe wanderte. Der Marwell Zoological Park, der zweifellos darüber enttäuscht war, seine Wildschweinherde nicht vergrößern zu können, prangerte den Abschuß als »absolut widerlich« an, worauf Ratky entgegnete, das Tier habe seine Ernte und möglicherweise auch die Nachbarskinder gefährdet. Die *Aldershot News* (8. September 1972) deutete gleichzeitig an, in Marwell sei ein weiteres Wildschwein bekannt, dessen Revier jedoch geheimgehalten werde, damit kein Farmer damit seinen Speisezettel bereichern könne.

Am 16. März 1976 meldete der *Daily Telegraph,* auf einer Forststraße bei Nairn in Schottland sei auf dem Besitz des Earls von Cawdor ein etwa einjähriges Wildschwein überfahren worden. Anfangs wurde vermutet, es stamme aus dem etwa 65 Kilometer von Nairn entfernten Highland Wildlife Park bei Aviemore, aber Willie Newlands, der Pressesprecher der Parkverwaltung, stellte fest, die dort gezüchteten Wildschweine seien alle vollzählig vorhanden, und er wisse von keinen Tieren in Privatbesitz. Trotzdem sei wohl auszuschließen, fuhr Newlands fort, daß der junge Keiler ein Nachkomme der ursprünglichen, längst ausgerotteten, im 18. Jahrhundert verschwundenen schottischen Wildschweine sei. Andere Fachleute und Behörden konnten nur ihre Verwunderung ausdrücken.

Da es unwahrscheinlich ist, daß Wildschweine im Großbritannien der Neuzeit über Generationen hinweg unentdeckt weiterexistiert und sich fortgepflanzt haben, dürfte die Theorie von den »verborgenen« Tierarten auf diese Fälle kaum

Von einem Wildschwein im Januar 1980 zerwühlter Garten in Basildon, Essex (Evening Echo, *Basildon, 1. 2. 1980/Fortean Times Archives*).

anwendbar sein. Als Alternative drängt sich die Erklärung auf, die Tiere seien irgendwo ausgebrochen. Andererseits wurden niemals Ausbrüche gemeldet, und alle Versuche, die Herkunft der Tiere zu klären, schlugen fehl. Vielleicht müssen wir uns doch mit dem Gedanken befreunden, daß hier ein fanatischer Wiederbeleber am Werk gewesen ist.

Auch aus der Nähe von Basildon, Essex, wird ein 1½ Meter langes Wildschwein gemeldet, das sich im Dezember 1979 und Anfang 1980 dadurch unbeliebt machte, daß es frühmorgens Gärten aufwühlte. Es entging mehreren von der Polizei angesetzten Suchaktionen, obwohl es häufig gesichtet wurde – einmal sogar friedlich zwischen Pferden auf einer Koppel äsend. Der *Sunday Express* (17. Februar 1980) behauptete, vor etwa eineinhalb Jahren seien auf Franks Farm in Upminster zwei Wildschweine ausgebrochen. Andrew Cheal, der Farmbesitzer, wollte nichts mit diesem Einzelgänger zu schaffen haben. »Der Verbleib aller meiner Wildschweine ist nachgewiesen«, sagte er. Der *Daily Star* (14. Oktober 1980) meldete, das Wildschwein verwüste weiterhin Gärten in Basildon. Wie die dortige Polizei uns auf Anfrage bestätigte, wurde das Wildschwein, dessen Herkunft ungeklärt blieb, niemals erlegt oder eingefangen.

Unsere Beschäftigung mit den Hintergründen des im Jahre 1972 beobachteten Auftretens von Wildschweinen in Hampshire hat in uns den leisen Verdacht geweckt, dahinter könnte etwas noch Seltsameres als ein verrückter Tieraussetzer stecken. In einer Zusammenfassung in der *Fortean Times* haben wir darauf hingewiesen, daß im gleichen Zeitraum auch der geheimnisvolle Surrey-Puma häufig gesichtet worden ist. In *Alien Animals* bringen die Bords diese Erscheinungen mit Tiergespenstern englischer Sagen – z. B. den teuflischen schwarzen Hunden – in Verbindung. Sie führen auch die verschiedenen Theorien auf, mit denen versucht worden ist, diese rätselhaften, ortsfremden oder anachronistischen Tiere zu erklären; dazu gehört unsere Theorie über die Rückkehr von Tierarten.

Wir vermuten, wie wir in *Die Welt steckt voller Wunder*

geschrieben haben, »daß inzwischen ausgestorbene Tiere, die einst ein bestimmtes Gebiet bewohnt haben, dort nach ihrer Ausrottung in Phantomform spuken, wobei die Gespenster sich mit realen, physischen Erscheinungen abwechseln, bis einst die Zeit kommt, sich dort wieder zu etablieren.« D. h., wir sind nicht von der Endgültigkeit von Ausrottungen überzeugt. Uns fällt auf, daß in aller Welt Tiere in ihrer ursprünglichen Heimat wieder auftreten, und wir sehen uns veranlaßt, erneut über den alten Glauben nachzudenken, daß jede Region die für sie charakteristischen Lebensformen hervorbringt.

Die verschollenen Australier

Der Bunyip

Um 1900 verschwanden zwei als Hirten beschäftigte australische Ureinwohner aus ihrem Lager an einer Lagune nördlich von Lismore in Neu-Südwales. Die eingeborenen Arbeitskollegen sagten, die Männer seien beim Schwimmen von »einem großen Fisch« gefressen worden. Siebzig Jahre später, am 3. Oktober 1971, meldeten Sonntagszeitungen in Sydney, das Ungeheuer in der Lagune werde weiterhin häufig gesichtet. Es sollte einen dichtbehaarten, faßförmigen, 1 bis 2 Meter aus dem Wasser ragenden Körper mit einem hundeähnlichen Kopf und kleinen Schweinsohren haben. Angeblich jaulte es wie ein Dingo. Die Zeitungsreporter versäumten jedoch, auf die Ähnlichkeit dieser Beschreibung mit Schilderungen des legendären Bunyips hinzuweisen, der erstmals im Jahre 1812 beschrieben wurde, als die *Sydney Gazette* eine bemerkenswerte Broschüre veröffentlichte, in der James Ives den »Bahnyip« als »großes schwarzes Tier wie ein Seehund« beschrieb, dessen »entsetzliche Stimme die Schwarzen in Angst und Schrecken versetzt«.

Für die ersten Kolonialisten war Australien ein geheimnisvolles Land – erregend, unheimlich und neuartig. Die wenigen Wissenschaftler unter ihnen machten fast mühelos neue Entdeckungen, wohin sie sich auch wandten. Im allgemeinen waren sie Gerüchten über neue Tierarten – und seien sie noch so bizarr – gegenüber erstaunlich aufgeschlossen.

»Ich brauche Ihnen kaum auseinanderzusetzen, daß diese Kolonie sich durch die groteskesten Variationen der bekannten Naturphänomene auszeichnet. Flügellose Vögel durchstreifen unsere Ebenen, und Beuteltiere, die an den Vorderbeinen Klauen und an den Hinterbeinen Krallen wie Vögel haben, springen mit Hilfe ihrer Schwänze. Die Maulwürfe legen Eier und haben Entenschnäbel. Wir haben Vögel, die statt einer Zunge einen Besen im Schnabel haben – Fische, die unmöglich in den bestehenden Klassifizierungssystemen unterzubringen sind – und Salz, das in reinster Form aus den Büschen unserer Wälder sprießt.« Das schrieb William Hovell 37 Jahre vor dem endgültigen Nachweis, daß Schnabeltiere Eier legen, und 22 Jahre vor der zoologischen Einordnung des erstaunlichen Lungenfischs *Neoceradotus*. Seine Zuschrift in *The Atheneum* (Juli 1847) hatte den Zweck, die europäischen Wissenschaftler über die Entdeckung des Schädels eines »apokryphen Tieres aus dem Inneren von Neu-Südwales« zu informieren.

Nach Mitteilung von am Lower Murrumbidgee River lebenden Ureinwohnern gehörte der Schädel zu den Überresten eines Tieres, das sie *Katenpai* nannten und vor einiger Zeit erlegt haben wollten. In den Sagen der Ureinwohner am Murrumbidgee war der *Katenpai* – ihr Gegenstück des Bunyips – so groß wie ein Ochse und hatte den Kopf und langen Hals eines Emus, eine dichte Mähne vom Kopf bis zu den Schultern, vier Beine mit je drei durch Schwimmhäute verbundenen Zehen und einen Pferdeschweif. Das Gebiet, in dem die Ureinwohner an den Bunyip glaubten, reichte von Kap York in Queensland im Norden nach Osten und Süden bis Südaustralien und landeinwärts bis zum Eyre-See. Am stärksten war er jedoch in Victoria und Neu-Südwales, wo es mehr weiße Siedler gab, die Augenzeugenberichte weiterleiteten. In den Stammessprachen hieß das Tier unter anderem

Waa-Wee, Mooroop, Kayanprati, Toor-roo-dun, Tunutpan, Mulgewanke und *Katenpai*, während der Name *Bunyip* von Ureinwohnern stammte, die das Gebiet um Port Jackson (heute Sydney) bewohnten. Das Tier sollte auch in Tasmanien beobachtet worden sein. Mit der Entdeckung des Murrumbidgee-Schädels erreichte das wissenschaftliche Interesse an dem Bunyip seinen Höhepunkt. Aber das handfeste Beweismaterial entsprach leider nicht den Erwartungen der Wissenschaftler. Aus Enttäuschung darüber wurde die Bunyip-Sage Sinnestäuschungen ungebildeter, einsam lebender Siedler, der Phantasie der Ureinwohner und den Delirien von Trunkenbolden zugeschrieben. Auf diese Weise war es leicht, sie ins Lächerliche zu ziehen.

Das vielleicht größte Problem für ernsthafte Naturforscher liegt darin, daß der Bunyip, falls er tatsächlich existiert, aus der schwarzen wie der weißen Kultur mit mythischen Eigenschaften überlagert worden ist. Für die Ureinwohner bestätigt jede Beobachtung ihre Mythen, während die meisten Weißen darin lediglich einen Beweis dafür sehen, daß die Eingeborenen zu abergläubischen Vorstellungen neigen. In einem Artikel, aus dem Heuvelmans und Costello bei ihrer Behandlung des Bunyips geschöpft haben, »Mystery Animals of Australia« (*Australian Museum Magazine*, 1. März 1940), hat Gilbert Whitley auf diese Schwierigkeit hingewiesen und erwähnt, daß der Bunyip der Ureinwohner »im Norden Australiens mit Krokodilen und im Süden mit Seehunden vermengt oder verwechselt wird«. Wie Mr. A. Meston, ein Beamter und guter Kenner der Ureinwohner von Queensland, mitgeteilt hat, wurden »Hinterfüße wie ein Emu in allen *Bunyip*-Sagen erwähnt«. »Einer der beiden Söhne des Schöpfers«, schrieb er in der Brisbaner *Daily Mail* (19. Juli 1920), »erschien gelegentlich als *Bunyip* auf Erden – als großer Emu oder riesiges Känguruh, aber stets mit den Füßen eines Emus. Pirschte sich ein eingeborener Jäger an dieses heilige Känguruh oder diesen Emu heran, lösten sie sich in Luft auf, sobald er seinen Speer hob.« Nach den Sagen mancher Stämme können Bunyips Menschenform annehmen – im allgemeinen als *Bagin* oder »Schlaukopf« –, und ihrer Zauberkraft sind nur Schamanen gewachsen, die wiedergeborene Bunyips zu sein behaupten.

Aber Mestons Artikel verfolgte den Zweck, die Leser davon zu überzeugen, daß der Bunyip nicht nur ein Fabelwesen der Ureinwohner, sondern ein wirklich existierendes Tier sei, das er selbst, viele seiner Bekannten und Hunderte von anderen Leuten gesehen hatten. Meston hatte seinen seltsamen Schrei gehört und unerklärliche emuähnliche Fährten gesehen, die von Bunyips stammen sollten. Beispielsweise erzählte ihm ein junger Ureinwohner, der auf einer Farm bei Cleveland arbeitete, er habe schon zweimal einen Bunyip gesehen, »einmal unter einem Baum etwa 50 Meter vom Wasser entfernt, ein auffällig schwarzes Tier, etwa zwei Meter groß, mit einem Kopf wie ein großer Känguruhhund und langen Schlappohren wie die eines Spaniels«. Seine eigene Beobachtung gab Meston folgendermaßen wieder: »Ich habe ein einziges Mal das Glück gehabt, ganz kurz seinen Kopf bis zu den Schultern zu sehen – einen sehr seehundähnlichen, tiefschwarzen Kopf mit langen Ohren. Er schwamm in der Mitte eines sieben bis acht Meter tiefen Wasserlochs und tauchte wie der Blitz unter.«

Nachdem die Wissenschaft das Interesse an dem Bunyip verloren hatte, blieb es den Zeitungen überlassen, weiterhin Augenzeugenberichte zu veröffentlichen. Im Jahre 1872 verbürgte der *Wagga Wagga Advertiser* sich in einem Leitartikel für die Existenz des Tieres in seinem Einzugsbereich. Den Anstoß dazu gab ein *Waa-Wee,* das sich Anfang April eine halbe Stunde lang vier Augenzeugen gezeigt hatte, »deren Glaubwürdigkeit außer Zweifel steht und deren Kenntnis der Fauna am Murrumbidgee die Gewähr dafür gibt, daß in der Midgeon-Lagune 16 Meilen nördlich von Narandera ein Tier lebt, das in jeder Beziehung mit der häufig wiedergegebenen Beschreibung übereinstimmt«. Ein Mann, der Schafe nach Melbourne trieb, übernachtete an der Lagune und fragte am nächsten Tag in einem Haus in der Nähe, was für ein Tier sich im Wasser tummele. Der zweifelnde Hausbesitzer und zwei weitere Männer begleiteten den Schäfer zur Lagune, wo sie das Glück hatten, das Tier sehr schnell auf sich zuschwimmen zu sehen. Es machte keine 30 Meter von ihnen entfernt halt und blieb längere Zeit sichtbar, bevor es sich abwandte und davonschwamm. Nach Aussage der Männer war es eineinhalbmal länger als ein Jagdhund und hatte pechschwarzes, langhaariges Fell; die Augen waren nicht zu sehen, aber es hatte wohlgeformte Ohren.

Graham Whitley fand die übereinstimmenden Merkmale solcher Beschreibungen ebenso eindrucksvoll wie Mr. Meston, der 20 Jahre zuvor auf sie aufmerksam gemacht hatte: »Die Beschreibungen des Tieres aus allen Quellen stimmen in den letzten 100 Jahren genau überein und sind mir seit 50 Jahren vertraut.« Dr. C. Anderson, Whitleys Kollege im Australian Museum, schrieb in der gleichen Zeitschrift (16. April 1934): »Der *Bunyip* wird im allgemeinen als großes, hundeähnliches Pelztier mit leuchtenden Augen geschildert, das sich mit Flossen vorwärtsbewegt und in Lagunen oder Altwassern haust.« Whitley, Anderson und einige der wenigen weiteren Zoologen, die in diesem Jahrhundert über den Bunyip geschrieben haben, haben jedoch dazu tendiert, die Augenzeugenberichte als verworrene Schilderungen von Seehunden zu deuten, die von der Küste landeinwärts gewandert sind und vielleicht nicht mehr zurückkonnten, als der Wasserstand plötzlich sank. Eine frühere Autorität, die ebenfalls zu dieser Ansicht neigte, war W. H. D. LeSoeuf, Mitautor von *The Animals of Australia* (1909), der die Seehundtheorie in einem Leserbrief an den Melbourner *Herald* (19. März 1922) aufstellte und begründete.

Richtig ist natürlich, daß manche Beschreibungen auf Seehunde passen könnten – und daß Seehunde in küstenfernen Gebieten angetroffen worden sind. Im Jahre 1850 wurde einer bei Conargo – 1400 Kilometer von der Murray-Mündung entfernt – erlegt, und ein im Shoalhaven River geschossener 3 Meter langer Australischer Seelöwe hatte ein ausgewachsenes Schnabeltier im Magen. »Ein typischer Fall von

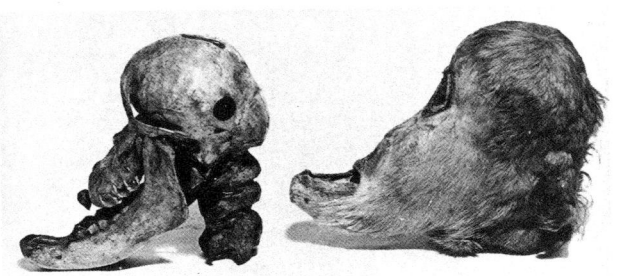

1841 hatte James Stuart einen im Hawkesbury River treibenden Zyklopenschädel gefunden. Das Fell ist abgezogen und eigens montiert. Beide Schädel sind als extreme Mißbildungen embryonischer Fohlen identifiziert worden (The Macleay Museum, The University of Sydney).

einem *Bunyip* in einem *Bunyip*«, kommentierte Whitley. Die Seehundlösung ist bequem, ohne jedoch zu berücksichtigen, daß die Ureinwohner möglicherweise bessere Naturkenner sind, als die in Städten lebenden Wissenschaftler ihnen zubilligen wollen, zumal ihr Überleben als Jäger und Nomaden von ihrer genauen Kenntnis von Aussehen, Stimmen und Lebensgewohnheiten des einheimischen Wildes abgehangen hat. LeSoeuf bestätigt, daß die Ureinwohner von Victoria Seehunde kannten und Bunyips nannten, was etwas Verwirrung schafft. In seinem amtlichen Geschichtswerk *The Aborigines of Victoria* (1878) hatte R. Brough Smyth schon früher berichtet, der Name Bunyip beziehe sich auf mindestens zwei Robbenarten: Ohrenrobben und Australische Seelöwen. Um diesen Punkt aufzuklären, müssen wir bis ins Jahr 1852 zurückgehen, in dem John Morgan eine bemerkenswerte Biographie veröffentlichte: *The Life and Adventures of William Buckley, Thirty-two Years a Wanderer amongst the Aborigines of the then Unexplored Country Around Port Philip, Now the Province of Victoria.* Buckley, der die Rücken vieler Bunyips im Barwon (Darling) River und Modewarre-See gesehen hatte, behauptete, die Schwarzen jagten gelegentlich Seehunde, um sie zu essen. Da der Bunyip bei ihnen Ehrfurcht und Angst erregte, geht daraus hervor, daß Bunyip und Seehund nicht identisch waren. Smyth war offenbar der gleichen

130

Ansicht, denn er schloß seine Abhandlung über den *Toor-roo-dun,* den Bunyip der Western-Port-Ureinwohner südöstlich von Melbourne, mit der Feststellung: »Wir haben Grund zu der Annahme, daß die (den Eingeborenen) und den Weißen bekannten Seehunde nicht mit dem *Toor-roo-dun* identisch waren . . ., und es ist deshalb wahrscheinlich, daß irgendein anderes Lebewesen die Ursache des Entsetzens war, das sie nachts erfaßte, wenn sie ein Knurren und Bellen am Rande der Sümpfe hörten.«

Die meisten gegenwärtigen Zoologen haben versucht, irgendeine harmlose Erklärung für dieses angsterregende Brüllen – eine der auffälligsten Eigenschaften des Bunyips – zu finden. So hat Dr. Anderson 1934 geschrieben: »Die gelegentlich in Sümpfen zu hörenden furchterregenden Laute stammen zweifellos von der Brown-Rohrdommel, die wegen ihres dröhnenden Rufes auch als Murray-Stier bezeichnet wird.« Aber diese Erklärung wurde schon 55 Jahre zuvor angezweifelt, als der Reverend George Taplin unter dem Titel *The Narrinyeri* (1879) eine Schilderung des Stammes herausgab, der an der Mündung des Murray Rivers lebte und dessen Bunyip den Alexandrina-See unsicher machte. Dieses mit Wasserpflanzen behängte Wesen, »halb Mensch, halb Fisch«, hieß *Mulgewanke,* und seine dröhnende Stimme rief bei denen, die sie hörten, angeblich Rheumatismus hervor. Taplin unterstrich, diese Laute könnten nicht »der eigentümliche Ruf der Murray-Rohrdommel sein, da ich ihn ebenfalls schon oft gehört habe und er keinerlei Ähnlichkeit mit dem Geräusch im See hat«.

Viele Bunyips sind nach zuverlässigen Berichten in Binnengewässern ohne Verbindung zum Meer beobachtet worden. Charles Gould, Autor von *Mythical Monsters* und Sohn des berühmten Ornithologen John Gould, interessierte sich für den tasmanischen Bunyip, als er Tasmanien Anfang der siebziger Jahre des vorigen Jahrhunderts besuchte. Er sammelte Augenzeugenberichte und legte sie 1872 der Royal Tasmanian Society vor. Auch hier hören wir von hundeähnlichen, hundegroßen Flossentieren – aber in den Seen des

Zentralplateaus, die für Meerestiere wegen Wasserfällen und schwierigen Geländes im allgemeinen unerreichbar sind. In seiner Zusammenfassung ähnlicher Berichte von inneraustralischen Seen meinte Smyth: »Wäre es nur in mit dem Meer verbundenen Seen und Sümpfen aufgetreten, hätte man Grund zu der Annahme gehabt, es handele sich um eine der bekannten Robbenarten.«

Was könnte der Bunyip in Wirklichkeit sein? In *On the Track of Unknown Animals* stellt Heuvelmans die Frage, ob der Bunyip nicht ein unentdecktes, im Wasser lebendes Beuteltier sein könne. Als weitere Möglichkeit erwähnt Heuvelmans eine unbekannte große Schnabeltierart. Das hatte bereits einer von Goulds Informanten, ein stationierter Chefkonstabler, vermutet, als er über das im See beobachtete Tier schrieb: »Da es niemals ganz deutlich gesehen worden ist und angesichts der Schwierigkeiten, die ein Meerestier zu überwinden hätte, um bis zum See zu gelangen, glaube ich, daß es unzweifelhaft ein sehr großes Schnabeltier sein muß.« Gould selbst äußerte sich zurückhaltend; obwohl er damit rechnete, daß die Bunyips sich als Seehunde erweisen würden, hoffte er weiterhin auf die Entdeckung eines neuen Süßwasser-Säugetiers.

Gould verdanken wir einen interessanten Hinweis auf »ein otter- oder robbenähnliches Tier«, nach dem Dr. Julius Haast zehn Jahre zuvor in den Bergseen der neuseeländischen Südinsel geforscht hatte; andere Autoren haben angemerkt, das australische Öko-System biete Raum für ein otterähnliches Beuteltier. Wie Haast in Ferdinand von Hochstetters *Neuseeland* (1863) berichtet, wurde ein Tier dieser Art 1861 am Heron-See beobachtet, wo es zwei offenbar übelgelaunten Farmern in die Quere kam. »Auf einen Peitschenhieb hin stieß es einen schrillen Schrei aus und verschwand rasch im Wasser unter dem Seegras.« Es hatte seine Lektion gut gelernt, denn es wurde so selten wie der Bunyip. Möglicherweise ist das gleiche Tier jedoch in neuerer Zeit im gleichen Gebiet gesehen worden. Das Kapitel über Bunyips und ihre neuseeländischen Verwandten in Peter Costellos Buch

In Search of Lake Monsters zitiert aus einer 1964 als Privatdruck veröffentlichten Sammlung von Augenzeugenberichten über ein scheues otterähnliches Tier, das bei den Maoris *Waitoreke* (»das unter Wasser Verschwindende«) heißt. Costello nennt zwei denkbare Identitäten des Bunyips: eine neue Robbenart oder einen Verwandten der langhalsigen Seeschlange. Als Kronzeugen führt er den Naturforscher Stocqueler an, der den Murray 1857 mit einem Kanu befuhr und unterwegs Tiere beobachtete, die er für Süßwasserrobben hielt: mit Vorder- und Hinterflossen, »einem langen Schwanenhals, einem Hundekopf und einem drei bis 15 Fuß langen behaarten Körper«. Eingeborene identifizierten das von ihm gezeichnete Tier als »den Bruder des *Bunyips*«.

Bei den Recherchen zu diesem Kapitel ist uns aufgefallen, daß die meisten Schilderungen sich in zwei deutlich unterschiedene Gruppen aufteilen lassen: In der ersten finden wir hundeähnliche Tiere mit kurzem Hals, rundem Schädel und flachem Gesicht; die Tiere der zweiten Gruppe sind viel größer und haben einen langen behaarten Hals mit einem Hundekopf. Heuvelmans hat zwei Seeschlangentypen – den langhalsigen und den walroßartigen – als riesige, dem Leben in der Tiefsee angepaßte, robbenähnliche Tiere identifiziert. In Bunyip-Beschreibungen seien diese vertrauten Meeresungeheuer in verkleinerter Form wiederzuerkennen, behauptet Costello, denn sie »scheinen eher Ähnlichkeit mit unseren langhalsigen Seeungeheuern als mit echten Robben oder Beutelottern zu haben«.

Australien und Neuseeland weisen mehr als genug Seeschlangen und Seeungeheuer auf. Rex Gilroy, Direktor des Mount York Natural History Museums in Neu-Südwales, erhält regelmäßig Berichte über Seeungeheuer, Bunyips, tasmanische Tiger und weitere rätselhafte antipodische Tierarten. Er ist zu einer Art Sprecher auf diesem Gebiet geworden und hat – gemeinsam mit dem inzwischen eingegangenen Journal *Paranormal Australian* – Berichte über einen behaarten affenartigen Riesen veröffentlicht, dem die Presse den Spitznamen »Yowie« gegeben hat. Yowie entspricht dem nordamerikanischen *Sasquatch* und ist seit 1795 in unregelmäßigen Abständen gesichtet worden. Die Bords erwähnen ihn ausführlich in *Alien Animals.* Graham Joyner hat in seiner als Privatdruck erschienenen Arbeit *The Hairy Man of South Eastern Australia* (1977) Material über den Yowie oder *Yahoo,* um einen Namen zu gebrauchen, den die Ureinwohner ihm gegeben haben, zusammengestellt.

Der Beutelwolf

Weniger problematisch ist der tasmanische Wolf *Thylacinus cynocephalus,* ein wolfsähnliches fleischfressendes Beuteltier, das wegen seines gestreiften Hinterteils oft als tasmanischer Tiger bezeichnet wird. Der Beutelwolf erreicht 2 Meter Länge von der Schnauze bis zur Schwanzspitze und ist graubraun und gelbbraun gefärbt. Auf dem Festland ist er vor etwa 3000 Jahren aus der »geologischen Urkunde« (Darwin) verschwunden, was damit zusammenhängen dürfte, daß mit den nach Süden wandernden Ureinwohnern auch zahlreiche Dingos nach Südaustralien gelangten. Ein weiterer Ausrottungsfeldzug begann, als später weiße Schafzüchter Prämien für jeden erlegten Beutelwolf zahlten. In Tasmanien konnte er sich noch etwas länger halten, aber auch dort wurden die Beutelwölfe von Farmern, Jägern und Sammlern dezimiert. Die tasmanische Regierung handelte zu spät: Sie erklärte den Beutelwolf 1935 zur geschützten Tierart – ein Jahr nach dem Tod des letzten in Gefangenschaft gehaltenen Exemplars. Mitte der vierziger Jahre mißlang der Versuch des Australiers David Fleay, in Tasmanien Beutelwölfe zu fangen; seitdem gilt diese Tierart offiziell als »wahrscheinlich ausgestorben«. Wie Quentin Beresford und Garry Bailey in *Search for the Tasmanian Tiger* (1981) nachgewiesen haben, sind in Tasma-

Diese 1976 von Bruce Jacobs von der Australian Native Dog Foundation gemachte Aufnahme zeigt ein Tier aus einem kleinen Rudel Beutelwölfe, dessen Revier in Neu-Südwales er geheimhält (Sunday Telegraph, Sydney, 8. 8. 1976/Fortean Times Archives). ▶

▲ *Im 19. und Anfang des 20. Jahrhunderts wurde der Beutelwolf von Farmern, Sammlern und Jägern angeblich ausgerottet. Der Text zu diesem Foto aus dem Jahre 1869 lautet: »Mr. Weaver erlegt einen Tiger« (Q. Beresford und G. Bailey:* Search for the Tasmanian Tiger, *Tasmanien 1981).*

nien und auf dem Festland jedoch mehrfach Beutelwölfe beobachtet worden. Ende der sechziger Jahre führte der junge Zoologe Jeremy Griffith, dem die Gerüchte über in Tasmanien überlebende Beutelwölfe keine Ruhe ließen, die von Fleay begonnene Aufgabe fort. Gemeinsam mit dem Buschmann James Malley lebte er sechs Jahre unter primitivsten Bedingungen in der Wildnis. Sein Artikel in der Zeitschrift *Natural History* (Dezember 1972) enthielt ein endgültiges Porträt des Beutelwolfs, der als scheues, lautlos jagendes, nachts in Wald und Prärie Beute suchendes Tier beschrieben wurde. Griffith hatte Hinweise darauf entdeckt, daß möglicherweise noch eine kleine Beutelwolfkolonie existierte, die sich ausreichend vermehren könnte, wenn die Tiere in Ruhe gelassen würden. Neuere Bestandsaufnahmen, wie sie 1977 der Wildlife Fund (Sektion Australien) und 1981 der National Parks and Wildlife Service durchgeführt haben, sind erfolglos geblieben, weil kein Beweis für das Überleben von Beutelwölfen erbracht werden konnte. Eigenartigerweise scheinen sie jedoch auf dem Festland überlebt zu haben, wo kleine Gruppen angeblicher Beutelwölfe in geheimgehaltenen Gebieten von besorgten Ökologen überwacht werden.

Der Queensland-Tiger

Der Beutelwolf wird gelegentlich mit dem Queensland-Tiger verwechselt, obwohl sie nur darin übereinstimmen, daß beide gestreifte Beuteltiere sind. Der Queensland-Tiger ist eine gepardengroße, wilde Beutel-Tigerkatze, die offenbar nur in den gebirgigen Urwaldgebieten im Norden dieses australischen Bundesstaates vorkommt. Er hat ein deutlich katzenähnliches Gesicht, einen runden Schädel, einen langen Schwanz und kontrastierende Streifen, die unter dem Bauch zusammenlaufen. Das Tigergerücht entstand wohl 1642, als ein Landungstrupp auf Maria Island Fährten sah, die »nicht übel an die Krallen eines Tigers erinnerten«. Vermutlich waren es Fährten von Beutelwölfen, die wie Hunde mit ausgestreckten Krallen laufen. In einem hervorragenden Artikel über die Tigerkatze in *Oryx* (1952), der Zeitschrift der Fauna Preservation Society, hat Maurice Burton die Ähnlichkeit eines Beutelwolf-Fußabdrucks mit dem einer im Jahre 1871 von einem Vermessungstrupp am Mackay River beobachteten Tigerkatze nachgewiesen.

Etwa ab 1870 kamen aus den Urwäldern von Queensland Berichte über diese gestreifte Beutelkatze, die »größer als ein einheimischer Hund« sein sollte; in den beiden folgenden Jahren veröffentlichten angesehene Zoologen wie Charles Gould und P. L. Sclater Beschreibungen des Tieres in den *Proceedings* der Zoological Society of London. 1895 wurde bei Tantanoola ein angeblicher Tiger erlegt und im gerissenerweise umbenannten Tiger Hotel ausgestopft ausgestellt, wo Skeptiker ihn abwechselnd als Kalb, assyrischen Wolf oder Bluthundmischling identifizierten. Trotzdem berichteten glaubwürdige Augenzeugen weiterhin von Beutelkatzen oder -tigern in anderen Gebieten, wie der Naturforscher George Sharp, der in der Nähe der Quelle des Tully River einen Queensland-Tiger beobachtete. Selbst in der Abenddämmerung konnte er feststellen, daß dieses Tier »größer als der tasmanische Tiger« war und »sehr deutlich erkennbare Streifen« hatte. Der Autor Ion Idriess, der den größten Teil seines Lebens in der Wildnis von Kap York verbrachte, behauptete, sogar mehrmals Tigerkatzen gesehen zu haben, von denen eine seinen Jagdhund gerissen habe. Über seine erste Begegnung sagt er:

»Bei uns auf der York-Halbinsel gibt es eine Tigerkatze von der Größe eines kräftigen mittelgroßen Hundes. Sie hat einen geschmeidigen, schlanken Körper mit wundervollen schwarzen und grauen Streifen. Ihre Pfoten sind mit lanzenartigen Krallen von großer Reißkraft bewehrt. Ihre Stehohren laufen spitz zu und sitzen auf einem Tigerkopf. Ich lernte diese Schönheit eines Tages kennen, als ich im hohen Büffelgras am Rande eines Sumpfes ein wildes Knurren hörte.« Idriess ging dem Geräusch nach und stieß auf eine Tigerkatze, die ein ausgewachsenes Känguruh geschlagen hatte.

Eine Rekonstruktion des Queensland-Tigers aus Heuvelmans' On the Track of Unknown Animals. *Bisher ist noch kein Exemplar gefangen worden; diese Zeichnung basiert lediglich auf Zeugenaussagen (Zeichnung: Alika Watteau).*

»Die große Katze hörte zu fressen auf, stand unbeweglich über ihrer Beute und erwiderte zehn Sekunden lang meinen Blick. Dann zog sie die Nase in Falten, fletschte die Zähne und knurrte bedrohlich tief. Ich wich zurück und beeilte mich, aus dem hinderlichen Gras herauszukommen.«

Durch diese wilde Aggressivität unterscheidet der Queensland-Tiger sich vom Beutelwolf. (Ebenso wild ist jedoch der Tasmanische Teufel *Sarcophilus,* ein katzengroßes fleischfressendes Beuteltier, das auf dem Festland ausgerottet ist, aber in Tasmanien überlebt hat.) Die Kampflust der Tigerkatze unterstreicht ein um 1870 im *Brisbane Courier* erschienener undatierter Artikel (von E. L. Troughton in *The Furred Animals of Australia,* 1946, zitiert) über zwei Reiter, die unerwartet auf »ein großes Mitglied der Katzenfamilie stießen, das auf einem toten Kalb hockte«. Die Männer saßen ab, um das Tier näher zu betrachten. Die Tigerkatze wich keineswegs zurück, sondern »starrte uns trotzig entgegen und gab ein Geräusch von sich, das ich nur als knurrendes Winseln beschreiben kann. Wir warfen mit einigen Steinen nach ihr, was sie nur dazu veranlaßte, sich mit angelegten Ohren zu ducken und heiser zu knurren . . . Mit ihrem wütend das Gras peitschenden Schwanz sah sie so böse und sprungbereit aus, daß wir ›Manschetten‹ hatten; als wir jedoch zum Angriff übergingen und mit unseren Viehpeitschen knallten, war sie mit einigen Sprüngen an der Biegung des Baches, wo sie sich umdrehte und uns anknurrte.«

Tatsächlich besitzt kein Museum irgendwelche Relikte dieses aus nächster Nähe beobachteten Tieres – weder Fell noch Knochen, nur die bereits erwähnte einfache Skizze eines Pfotenabdrucks. Trotzdem steht der Queensland-Tiger von allen geheimnisvollen Tieren Australiens am dichtesten vor der offiziellen Anerkennung. Leider sind viele Gelegenheiten vertan worden, Beweise für seine Existenz zu sichern. George Sharp hat auf dem Atherton-Tafelland die Überreste einer Tigerkatze untersucht, deren Kopf von Schweinen gefressen worden war, aber er konnte sie nicht konservieren oder an ein Museum schicken. Wie die Zeitschrift *North Queensland Naturalist* (1938) berichtete, ist im Jahre 1900 in Kairi eine Tigerkatze von Hunden getötet worden, und Heuvelmans teilt mit, daß ein Mr. Endres aus Mundubbera sogar eine lebendig gefangen hatte. Die Tigerkatze ist selbst in *The Wild Animals of Australasia* (1926) aufgeführt, dem Standardwerk über die Fauna dieser Region von A. S. LeSoeuf und H. Burrell, die hinzufügen, daß Lord Rothschild aufgrund von Beschreibungen Eingeborener an die Existenz einer ähnlichen Katze im Inneren Neuguineas glaubte.

Trotz fehlender physischer oder fossiler Beweise akzeptieren die Zoologen laut Maurice Burton, daß »im unbesiedelten Australien die ökologische Nische für eine Tigerkatze existiert haben muß«. Die Vorstellung von ökologischen Nischen, in denen auf allen Kontinenten ähnliche Tiere entstehen, wird im allgemeinen als Erklärung für die »Parallelentwicklung« australischer Tiere herangezogen, die häufig in Form und Verhalten Tieren anderer Erdteile entsprechen, aber Beuteltiere sind.

Allerdings sind nicht alle Biologen vorbehaltlos mit dieser Erklärung einverstanden, und eine alternative Theorie besagt, die australische Fauna sei im Mesozoikum, als Monotremen (wie das Schnabeltier) und Beuteltiere auf der ganzen Welt verbreitet gewesen seien, mit dem Verschwinden der Landbrücken nach Asien abgeschnitten worden. Andernorts – so lautet diese Theorie – wurden solche Tiere dann durch die erfolgreicheren plazentalen Säugetiere abgelöst und blieben lediglich in

Australien wie in einer Zeitkapsel erhalten. Zur Illustration ihres kürzlich zerstörten Idylls dient die Episode der Vertreibung des Beutelwolfs durch den Dingo. Da keine dieser Theorien belegbar oder sonderlich zwingend ist, neigen wir eher zu Rupert Sheldrakes »Hypothese des formativen Kausalprinzips« (auf Seite 72 erläutert), wenn es darum geht, die Ähnlichkeiten zwischen australischen Beuteltieren und sonstigen Tierarten aus aller Welt zu erklären.

Dem Kryptozoologen fällt eine weitere Ähnlichkeit auf: In Australien kommen fast alle klassischen Arten rätselhafter, unbekannter oder sagenhafter Tiere vor, die es auf anderen Kontinenten geben soll. Zu fehlen scheint lediglich ein riesiger Urvogel, über den uns kein Bericht aus Australien vorliegt; dieser Lücke entspricht eigenartigerweise das Fehlen eines echten fliegenden Beuteltiers in der australischen Fauna. Professor Jean Piveteau, der diese Lücke in *Images des mondes disparus* (1951) angesprochen hat, hat zugleich festgestellt, daß noch kein echtes im Wasser lebendes Beuteltier entdeckt worden sei. Heuvelmans hat versucht, diese zweite Lücke dadurch zu füllen, daß er den Bunyip als noch unbekanntes, im Wasser lebendes Beuteltier identifizierte.

Während die Vorstellung, in wenig erforschten Gebieten Australiens könnten behaarte Humanoiden hausen, von Fachleuten als unwahrscheinlich zurückgewiesen wird, finden die verhältnismäßig häufigen Berichte über große Raubkatzen, die dort leben sollen, zumindest einige Beachtung. Ärgerlich, daß diese Tiere nur wenig Ähnlichkeit mit dem Queensland-Tiger oder anderen von uns erwähnten Tierarten haben. Die Neuankömmlinge scheinen Pumas und schwarze Panther zu sein, wie Paul Cropper in der *Fortean Times* (Sommer 1980) nachgewiesen hat; sie sind offenbar auch keine Beuteltiere und somit nicht in Australien heimisch. Für ihre kaum zu bezweifelnde Existenz gibt es lediglich die weitverbreiteten, aber nicht belegbaren Gerüchte, nach denen zu verschiedenen Zeiten und an verschiedenen Orten Zirkuswagen verunglückt sein sollen – oder daß amerikanische Flieger nach dem Zweiten Weltkrieg ihre Maskottchen ausgesetzt haben sollen.

Das Diprotodon

Die Zoologen hätten Zeit und sich selbst einige Verlegenheit sparen können, wenn sie den Sagen der Ureinwohner und den Erzählungen eingeborener Jäger geglaubt hätten, die offenbar alles über diese Tiere wußten. Ein Beispiel ist das Diprotodon, ein wombatähnliches Tier von der Größe eines Nilpferdes mit bärenartigem Körper und hasenähnlichem Schädel mit den beiden vorstehenden Schneidezähnen. Es bewohnte einst in großer Zahl die Nullarbor-Ebene, bevor die klimatischen Veränderungen der letzten Eiszeit ihre Wälder vor 12 000 bis 30 000 Jahren zur Wüste werden ließen. Im Jahre 1953 fand Professor Ruben Sirten von der University of California am südaustralischen Callabonna-Salzsee etwa hundert vollständige Skelette dieser Tiere, die auf der Suche nach Wasser offenbar durch die Kruste eines vor kurzem eingetrockneten Sees gebrochen und im Schlamm erstickt waren. Wahrscheinlich starben nicht alle Diprotodonten aus, sondern überlebten in kleineren Gruppen bis vor zwei bis drei Jahrtausenden. Ureinwohner haben Paläontologen das Tier anhand von Knochenfunden überzeugend beschrieben, so daß Professor John W. Gregory vermutete, die *Kadikamara*-Legenden der inneraustralischen Ureinwohner ließen auf Vertrautheit mit lebenden Diprotodonten schließen. Im Schöpfungsmythos der Dieri lebten die *Kuddimudra,* ihr Gegenstück zu den *Kadikamara,* ursprünglich in einem fruchtbaren Land am Eyre-See – jetzt am Rande der Simpson-Wüste –, bis die Erde vertrocknete und sie verdursteten. Die Ureinwohner können nicht genau sagen, wann sich dieses Ereignis abgespielt hat. Falls die Annahme des Anthropologen Arnold van Gennep zutrifft, daß mündliche Überlieferungen nur zwei- bis dreihundert Jahre zurückreichen, kann das Diprotodon noch in jüngster Zeit gelebt haben – und lebt vielleicht noch heute.

Sollte das Diprotodon bisher überlebt haben, muß es dicht vor dem Aussterben stehen – und müßte von den ersten Erforschern Australiens noch angetroffen worden sein. Im

Juni 1801 führte der Mineraloge Charles Bailly eine Expedition des französischen Schiffs *Géographe* den Swan River in Westaustralien hinauf. Die Franzosen erschraken vor dem Brüllen eines großen Tieres, das sich im Schilf wälzte. Sie verglichen es mit einem brüllenden Stier, begutachteten es aber nicht näher. Gilbert Whitley weist darauf hin, daß es damals in diesem Teil des Kontinents noch keine Rinder gab, und vermutet, daß die Geräusche von Robben oder See-Elefanten stammten. Ende 1821 sah der Forscher Hamilton Hume ein riesiges Tier im Bathurst-See schwimmen – unweit des George-Sees, in dem es Bunyips geben soll. Er fand, es erinnere an »eine Seekuh oder ein Flußpferd«. Die Philosophical Society of Australia bewilligte Hume die Mittel, um ein Exemplar einzufangen oder zu erlegen, aber das unbekannte Tier ging ihm wohlweislich aus dem Weg.

Beide Fälle konnten wohl in die Vielzahl der Bunyip-Geschichten eingereiht werden, vielleicht aber beziehen sie sich ebensogut auf ein lebendes Diprotodon. Da es in Aussehen und Größe einem Flußpferd ähnelt, scheint diese Auffassung durchaus begründet zu sein. Im Laufe der Zeit hat die *Kuddimudra*-Legende jedoch die Eigenschaften des Bunyips angenommen. So bezeichnet George Farwell das *Kuddimudra* in *Land of Mirage* (1950), einer Beschreibung Inneraustraliens, als »das Loch-Ness-Ungeheuer des Diamantina Rivers« nördlich des Eyre-Sees. Einem Informanten Farwells zufolge bricht es wie »eine dicke, riesige Schlange« aus dem aufgewühlten Wasser und hat »Haare auf dem Kopf wie ein Mensch«.

Heuvelmans bezieht sich auf zahllose Berichte von Goldsuchern, die im Landesinneren gigantische »Kaninchen« mit bis zu 3 Meter Länge gesehen haben wollten. Der Kopf des Diprotodons ist sehr kaninchenähnlich – allerdings ohne die langen Ohren. Der Naturforscher Ambrose Pratt vermutete aufgrund solcher Geschichten, das Diprotodon könnte überlebt haben, und Dr. Ludwig Leichhardt verlor wegen einer ähnlichen Überzeugung sein Leben. 1847 brach er in die westlichen Wüsten Australiens auf, um nach diesen Tieren zu

Eine dramatische Szene im prähistorischen australischen Busch mit Diproto-donten in Flußpferdgröße und Riesenkänguruhs (Charles R. Knight: Giant Kangaroos and Wombats, Wandgemälde-Detail).

suchen, und blieb nach seiner letzten Meldung im April 1849 verschollen. »Unabhängig davon, ob es sich um ein Diproto-don handelt oder nicht, besteht kaum ein Zweifel daran, daß in den Wüsten Westaustraliens ein Tier ungewöhnlicher Größe lebt«, schreibt Heuvelmans.

Daß es aus früheren Zeiten überlebende Tierarten gibt, sollte uns nicht überraschen; verwunderlicher ist eher, daß konservative Zoologen sie erst spät als erhaltungswürdige Studienobjekte anerkannt haben. Indem der Mensch diese Tiere durch seine Siedlungstätigkeit aus ihrer ursprünglichen Heimat vertrieben hat, mußten sie in die Wildnis flüchten, wo sie wiederum schwieriger aufzuspüren sind. Heuvelmans hat die Art und Weise, wie »verborgene« Tiere verschwinden, wenn der Mensch auf der Bildfläche erscheint, mit einem Problem der heutigen Atomphysik verglichen, das sich daraus ergibt, daß zu beobachtende subatomare Teilchen allein durch Beobachtung oder Messung verändert werden. In der Welt unentdeckter Tiere erhöhen die Beobachtungsschwierigkeiten sich noch durch die Abgelegenheit und Wildheit ihrer letzten Zufluchtsorte. »Deshalb leben die meisten unbekannten Tiere in Sumpf- oder Gebirgswäldern«, schreibt Heuvelmans. »Das ist nur logisch.«

Das klingt vernünftig, aber das breite Spektrum kryptozoologischer Vernunft ist kein unbedingt zuverlässiger Führer. Mit welchem unbekannten Tier ließen sich beispielsweise die *Yara-ma-yha-who* der Ureinwohner vergleichen – kleine, zahnlose, froschähnliche »Männer«, die unvorsichtig unter Feigenbäumen spielenden Kindern auflauern?

II. Andeutungen von Teleportation

Eine unbekannte Kraft
hinter der Umverteilung von Tieren

Uns bedrückt die Sorge, die heutigen Biologen könnten in ihrem Bestreben, auf der Erde vorkommende Lebensformen immer genauer zu erforschen, die Existenz einer Urkraft oder eines Naturprinzips ignorieren, das in weit größerem Maßstab wirksam ist, als sie sich vorzustellen gewohnt sind.

Charles Fort hatte den gleichen Verdacht und führte deshalb zahlreiche Beispiele für das Wirken dieser hypothetischen Kraft an und gab ihr sogar einen Namen: Teleportation.

Laut Fort hat »es nie eine Erklärung gegeben, die nicht ihrerseits erklärt werden mußte«. Wir können nicht sagen, was Teleportation ist; falls es sie tatsächlich gibt, kennen wir nur ihre Wirkungen. In seinem Buch *Lo!* hat Fort einige Fälle aus seiner erstaunlichen Sammlung überlieferter Phänomene angeführt, die auf Teleportation basieren könnten. Er begann mit mehrfach belegten Fällen, in denen es »aus heiterem Himmel« Steine oder Flüssigkeiten geregnet hat. Wir verwenden lieber die neutralere Bezeichnung Teleportation und stellen fest, daß sie zahlreiche Phänomene erklären kann, die sich rationalen Erklärungsversuchen bisher stets entzogen haben.

In den folgenden Kapiteln sind zahlreiche alte und neue Berichte zusammengetragen, in denen von Samen, Pflanzen, Reptilien und Säugetieren, die vom Himmel gefallen sind, erzählt wird – und auch sie stellen nur einen Bruchteil der vielen bekannten Fälle dieser Art dar. Wir stimmen mit Fort darin überein, daß kein Unterschied zwischen Tier- und Steinregen zu erkennen ist, und haben wie er den Verdacht, in beiden Fällen treffe der gleiche Teleportationsbegriff zu.

Diese Regen haben häufig etwas Ungewöhnliches an sich, das eine herkömmliche Deutung sehr erschwert. Fort hat darauf aufmerksam gemacht, daß die meisten vom Himmel gefallenen Tiere seltsamerweise unverletzt waren, als seien auch sie langsam zur Erde gelangt.

Sollte es tatsächlich eine Kraft oder Ursache geben, die sich damit befaßt, Tiere und Gegenstände über die Erdoberfläche zu verteilen – eine über die uns bekannten Naturgesetze hinaus wirksame Kraft –, brauchen wir uns ihre Wirksamkeit keineswegs nur auf unseren Planeten beschränkt zu denken. Forts Vorstellung von Teleportation basierte auf seiner Auffassung des Universums als eines riesenhaften Wesens, als einer organischen Einheit, deren Teile sich gegenseitig beeinflussen. Er verglich die Teleportation mit den unwillkürlichen Mechanismen im menschlichen Körper, die den Ausgleich des Energiehaushalts bewirken und körpereigene Heilkräfte auslösen. Mangelerscheinungen in einem Körperteil lösen eine Reaktion des gesamten Organismus aus, und Fort stellte sich das Funktionieren des Universums ähnlich vor. Aber obwohl die Teleportation manchmal wirkungsvoll funktioniert, indem sie neue Teiche mit Fischen besiedelt oder Vögel schickt, die Insektenschwärme dezimieren, kommen auch Pannen vor, die zu Überkompensationen oder dem Auftreten ortsfremder Tiere an seltsamen Orten führen. Fort hat Fälle gesammelt, in denen eine Dürre durch Wolkenbrüche beendet wurde, nachdem um Regen gebetet worden war, und die Vermutung geäußert, daran seien die Medizinmänner oder Geistlichen schuld gewesen, die den Wunsch der Natur durch ihren eigenen Wunsch so verstärkt hätten, daß eine übermäßige Reaktion entstanden sei. Den launenhaften, oft boshaften Aspekt der Teleportation entschuldigte Fort mit dem Hinweis, sie habe ihre besten Jahre hinter sich und sei wohl gar schon senil.

Fort war kein Mystiker. Er hatte kein Interesse an alter Literatur oder Okkultismus und nahm keine Notiz von »Apporten«, den herbeigebrachten Objekten des Spiritualismus. Aber er erkannte, daß es Menschen gibt, die vor allem in ihrer Jugend empfänglicher für Teleportation sind, als es die breite Masse ist.

Zu Forts liebenswertesten Eigenschaften gehörte die Tatsache, daß er seine eigenen Ideen nicht ernster als die anderer Leute nahm. Über Teleportation als Energie von morgen schrieb er: »Das ist eine Idee, die eine industrielle Revolution auslösen könnte, aber ich bin im Augenblick zu sehr damit beschäftigt, alles andere zu revolutionieren, und schenke der Welt diese Idee mit der Großzügigkeit eines Mannes, der etwas verschenkt, das er nicht brauchen kann.«

Diese Aufnahme eines watschelnden, behaarten, übelriechenden Riesen entstand am 25. 12. 1919 während einer Séance der Polnischen Gesellschaft für psychische Forschung in Warschau. Angeblich handelte es sich dabei um einen von dem Medium Franek Kluski materialisierten Neandertaler (Fortean Picture Library).

Uns fasziniert es, wie die moderne Wissenschaft, die inzwischen viel beweglicher als zu Forts Zeit ist, sich dem früher »Undenkbaren« öffnet, zu dem auch die Teleportation gehört. Bisher gibt es noch keine Bestätigung von kompetenter Seite für Forts Theorie, daß Tiere mittels Teleportation innerhalb des Universums an Orte gebracht werden, wo sie benötigt werden oder vorteilhafte Lebensbedingungen vorfinden; eine verwässerte Version ist jedoch von den Astronomieprofessoren Fred Hoyle und N. C. Wickramasinghe in ihrem Buch *Life Cloud* (1978) vorgetragen worden. Sie zweifeln die Annahme der Darwinschen Biologie an, daß das Leben auf der Erde ein geschlossenes, Eigenimpulse erzeugendes System ist, und stellen die Theorie auf, unser Planet könne durch lebende Zellen und Moleküle, die mit Bruchstücken von Kometen aus dem All auf die Erde gelangt wären, kolonisiert worden sein. Wozu bei Molekülen stehenbleiben? hätte Fort gefragt. Warum nicht auch unbekannte Tiere und Lebewesen aus dem All? Er selbst war ähnlicher Meinung: »Vielleicht sind durch Teleportation Wesen von anderen Orten auf unsere Erde gekommen. Und haben nichts gesehen, was sie hätte zurückhalten können. Oder vielleicht haben einige der niederen Formen sich hier heimisch gefühlt und sind hiergeblieben.«

Wirbelstürme und andere Erklärungen

Die Zeiten und Theorien haben sich jedoch geändert; im Augenblick wird die hier gekürzt wiedergegebene Erklärung bevorzugt, die Dr. E. W. Gudger in *Science* (7. Juni 1946) gegeben hat.

»Die Erklärung findet sich in der Wirkung von Wirbelwinden und Wasserhosen sowie möglicherweise starker Taifune und Monsune. Ein Luftwirbel entsteht vor der Front eines heranziehenden Sturms; sein ›Rüssel‹ wächst, wird länger und nähert sich dem Wasser, das kegelförmig hochgerissen wird. Nach dieser Vereinigung zieht die kreisende Säule wei-

Dr. E. W. Gudger vom North American Museum of Natural History interessierte sich besonders für Naturrätsel, und darüber verfaßte er wissenschaftliche Abhandlungen (Keiden).

ter und saugt Wasser, Fische und leichte Gegenstände auf . . . Im Landesinneren entstehende Wirbelstürme ziehen außerdem nicht nur über Land, wobei sie Gegenstände mitreißen, sondern auch über Teiche und Seen – und werden zu Wasserhosen. Als solche saugen sie Frösche, Süßwasserfische, Schnecken usw. auf und tragen sie davon. Manchmal sind Fische über eine längere Strecke verteilt, die der Zugstraße der langsamer und schwächer werdenden Wasserhose entspricht. Bricht die Wasserhose dann mit ihrer Ladung Fische zusammen, fallen Wasser und Fische als ›Fischregen‹.«

Als Junge stieß Sir George Duncan Gibb 1841 auf einer einsamen Straße auf der kanadischen Insel Montreal auf Myriaden von Fröschen. Die Straße war dort naß, und »wir waren davon überzeugt, daß ein Fischregen niedergegangen sei«, schrieb er in *Odd Showers* (1870). »Das war einer der weitverbreiteten Irrtümer, denen vor uns schon andere erlegen waren und die seit Plinius' Tagen überliefert werden.«

Nach diesen 29 Jahren entschied Sir George sich für die Wasserhosen-Theorie, obwohl aus seinem Bericht hervorgeht, daß es sich lediglich um »einen kräftigen Regenschauer ... an einem schönen Sommertag« gehandelt hatte.

Ein weiterer Sinneswandel – der des Meteorologen Raphael Eglini – fand 1771 in aller Öffentlichkeit im *Wittenbergischen Wochenblatt* statt. Einige Freunde Eglinis hatten während eines Gewitters vom Himmel fallende Fische beobachtet und ihm einige Exemplare zugeschickt. Er gab sie zur Begutachtung weiter und veröffentlichte eine Notiz über das Ereignis mit dem Kommentar, falls sich erweisen sollte, daß es sich um einheimische Fische handele, sei die Erklärung in einem über die Ufer getretenen Bach oder einer Wasserhose zu suchen. Später meldete die gleiche Zeitung, bei den Fischen habe es sich um eine ortsfremde Forellenart gehandelt. Trotz der Aussage von Augenzeugen rückte Eglini daraufhin von seiner zustimmenden Äußerung ab und bezeichnete den Vorfall als »unglaubwürdig«.

Charles Fort hat einen Fall zitiert, der genau zeigt, was passiert, wenn eine Wasserhose über einen Teich zieht: Die mitgerissenen Objekte werden weniger angesaugt als heftig hochgerissen und nach allen Seiten geschleudert. Es gibt Fälle, in denen Fische, wie von Gudger erwähnt, in gerader Linie verteilt waren, aber wir möchten behaupten, daß Beobachter von Wirbelstürmen niemals eine fein säuberliche Verteilung dieser Art erlebt haben. Fort protestiert weiter: »Man kann sehr leicht behaupten, vom Himmel gefallene kleine Frösche seien von einem Wirbelwind mit in die Höhe gerissen worden ... Die Phantasie der Exklusionisten nimmt keine Rücksicht auf Schlamm, Schutt auf dem Teichboden, Wasserpflanzen, am Ufer liegende kleine Gegenstände; sie kennt nur Frösche, die präzise herausgepickt werden ... Ein aufsteigender Teich wäre mindestens so interessant wie herabfallende Frösche. Wir lesen immer wieder von Wirbelstürmen – aber wo hat welcher Wirbelsturm dergleichen bewirkt? Ich glaube doch, daß jemand, der einen Teich verloren hat, sich melden würde.«

Fall ohne Verletzungen

Alle, die bisher versucht haben, simple Erklärungen für dieses Phänomen zu finden, haben ständig bestimmte Eigentümlichkeiten von Tierregen übersehen, die sämtlichen rationalen Erklärungsversuchen zu trotzen scheinen. Die vom Himmel fallenden Frösche und Fische sind nicht nur häufig von Wasser, Schlamm und Wasserpflanzen getrennt, sondern es scheint auch eine Art Selektionsprozeß zu geben, dem diese Tiere unterliegen. Im allgemeinen regnet es nur eine Tierart; gemischte Schauer kommen vor, sind aber viel seltener. Weiterhin haben die vom Himmel fallenden Tiere stets etwa die gleiche Größe und sind meistens jung oder unausgewachsen. Das Verblüffendste an solchen Tierregen ist jedoch, daß die Tiere nie auf die Straße klatschen und daß sie selten durch ihren Fall verletzt sind.

Es lohnt sich, diesen interessanten Punkt näher zu beleuchten. Wir kennen mehrere Ausnahmen von der Regel, daß die Tiere unverletzt bleiben. Bei einem Fischregen in Kalkutta (geschildert in Tomlinsons *Raincloud and Snowstorm,* 1864) wurde 1839 beobachtet, daß nur die ins Gras fallenden Fische überlebten. Zu den Eigentümlichkeiten dieses Fischregens gehörte es, daß die Tiere in gerader Linie fielen, woraus manche Beobachter auf eine Wasserhose als Ursache schlossen. Andererseits schrieb W. H. Carey, ein Verfechter der Wasserhosen-Theorie, in *Good Old Days of Honourable John Company* (1907): »Die Fische werden . . . von Wirbelwinden aus Teichen gesaugt und in der Regenwolke schwebend erhalten, bis sie in Schauern herabprasseln. Das Merkwürdige daran ist, daß die Fische lebend und unverletzt auf dem Erdboden aufgefunden werden.«

Die Vorstellung, fallende Fische würden durch weichen Untergrund vor Schaden bewahrt, veranlaßte Fort zu folgendem Kommentar: »Die Anhänger St. Isaaks erläutern, daß sie auf dichtes Gras fallen und so überleben; aber Sir James Tennant berichtet in seiner *History of Ceylon* von einem Fischregen auf Kies, bei dem die Tiere offenbar unverletzt blieben.« In seiner *Natural History of Ceylon* (1861) schildert Tennant einen wolkenbruchartigen Schauer, nach dem »eine Vielzahl kleiner silberner Fische ... im Schotter der Landstraße zuckte und hüpfte«.

Es hat auch schon stinkende Fischregen gegeben – wie am 19. Februar 1830 im indischen Jelalpur (von James Prinsep aufgrund eidesstattlicher Aussagen von neun Augenzeugen im *Journal of the Asiatic Society of Bengal,* 1833, ausführlich dargestellt), dessen Einwohner mit verwesenden, zum Teil kopflosen Fischen bombardiert wurden. In auffälligem Gegensatz dazu steht ein weiterer Fall aus Indien (erzählt in Major J. Harriotts *Struggles through Life,* 1808), in dem ein Fischregen auf marschierende Soldaten niederging, wobei lebende Fische in den Soldatenmützen hängen blieben, von denen sie geschüttelt wurden, um als Curry für den General zubereitet zu werden.

Einige größere Tiere

Bei größeren Tieren, die vom Himmel gefallen sein sollen, sind wir ausschließlich auf Indizienbeweise angewiesen. Die *San Francisco Chronicle* (27. Oktober 1956) berichtete über einen Javaneraffen, der im kalifornischen San Mateo im Garten von Mrs. Faye Swanson tot aufgefunden worden war. Am Morgen des 26. Oktober hatte Mrs. Swanson den verendeten Affen in einer Position entdeckt, die auf einen Sturz aus größerer Höhe schließen ließ, bei dem er ihre Wäscheleine getroffen und einen massiven Holzpfahl abgeknickt hatte. Polizei und Flugsicherung stellten Ermittlungen an, weil sie an einen Sturz aus einem Flugzeug glaubten, aber zum fraglichen Zeitpunkt war über San Mateo kein Flugzeug unterwegs gewesen, so daß der amtliche Sprecher keine Erklärung für den vom Himmel gefallenen Affen geben konnte.

Frank Edwards berichtet in *Strange World* (1964) von einem ähnlichen, ebenfalls in Kalifornien spielenden Fall. Das Ehepaar Tucker in Long Beach hörte an einem Herbsttag des Jahres 1960 einen schweren Aufprall, dem ein schmerzliches Grunzen folgte. Im Garten hinter ihrem Haus entdeckten sie einen 1½ Meter langen Alligator, der anscheinend soeben dort gelandet war. Möglicherweise war auch der erfrorene Alligator, der 1892 in Wisconsin – weit nördlich seiner Heimat im Südosten der USA – aufgefunden wurde, vom Himmel gefallen.

In der *New York Times* (26. Dezember 1877) finden wir eine Meldung über junge Alligatoren, die in Südcarolina bei ruhigem Wetter vom Himmel fielen:

»Dr. J. L. Smith aus Silverton Township, der eine neue Terpentinfarm einrichtete, wurde auf etwas aufmerksam, das zu Boden fiel und auf sein Zelt zukroch. Bei näherer Betrachtung erwies es sich als ein Alligator. Binnen weniger Augenblicke erschien ein zweiter. Das weckte die Neugier des Doktors, der sich nach weiteren Tieren umsah und im Umkreis von 200 Metern weitere sechs entdeckte. Die Tiere waren alle durchaus lebendig und etwa 30 Zentimeter lang. Sie kamen auf hochgelegenem sandigen Boden etwa zehn Kilometer nördlich des Savannah Rivers herab.«

Den unseres Wissens erstaunlichsten Fall eines abstürzenden oder teleportierenden Alligators schildert John Toland in *Die große Zeit der Luftschiffe* (1978). Im Jahre 1934 befand das Luftschiff *Macon* der U. S. Navy, das erfolgreich an Flottenmanövern in der Karibik teilgenommen hatte, sich auf der Fahrt zur amerikanischen Westküste; Maschinenmeister der *Macon* war damals Robert »Shaky« Davis. »Der Flug war ruhig und ohne besondere Vorkommnisse«, schreibt Toland. »Die ganze Zeit wanderte Shaky Davis in wohliger Besorgnis auf dem Schiff herum. Am Nachmittag, als sie Kalifornien erreichten, hörte er in einem Ballastsack ein geräuschvolles Plätschern. Sofort argwöhnte er eine größere Katastrophe und kletterte hinauf. Das Plätschern wurde lauter. Er öffnete den Ballastsack und sah hinein. Ein 60 cm langer Alligator schwamm aufgeregt darin herum. Dieser blinde Passagier wurde nie angezeigt.« Wie Toland berichtet, ließ sich nicht feststellen, wem der Alligator gehörte oder woher das Tier gekommen war. Der Vorfall ereignete sich nach mehrtägiger Fahrt, und wir dürfen annehmen, daß der aufmerksame Davis einen laut plätschernden Alligator schon viel früher entdeckt hätte. Alles scheint auf einen Fall von Teleportation hinzuweisen. Hätte der Erscheinungsort des reisenden Alligators nicht zufällig in einem Ballastsack und damit im Inneren der *Macon* gelegen, hätte es unserer Meinung nach »Vorsicht dort unten!« heißen müssen.

Hinweise auf Tier-Teleportation

Im Jahre 1938 hielt Ivan Sanderson sich in Niederländisch-Guayana auf, wo er Blattschneiderameisen der Gattung *Atta* studierte. Dabei arbeitete er mit zwei holländischen Wissenschaftlern zusammen. In seinem Essayband *Things* (1967) schildert Sanderson ihre Verblüffung über einen rational nicht erklärbaren Aspekt des Verhaltens der Ameisenkönigin: Die Königinnen, deren Kammern sie aufgebrochen und danach provisorisch geschlossen hatten, waren »innerhalb weniger Minuten verschwunden«.

Die unterirdische Kammer der Ameisenkönigin hat bis zu 8 Zentimeter starke Wände aus einem betonartigen Material, das »so hart ist, daß man es mit einem schweren Pickel aufbrechen muß«. Kleine Löcher dienen als Zugang für die Ameisen, die ihre Königin füttern und säubern und ihre Eier in Brutkammern wegtragen. Die Königin verbringt ihr ganzes Leben damit, zu fressen und Eier zu legen, und da sie etwa tausendmal größer als die Arbeiterinnen ist, kann sie die Kammer unmöglich auf normale Weise verlassen. Dazu Sanderson:

»Bekanntlich kann man die Kammer einer Königin sehr vorsichtig öffnen, das sie ausfüllende Insekt beobachten und die Ameisenkönigin mit etwas Farbe kennzeichnen. Solange die Kammer offen bleibt oder lediglich mit einer Glasscheibe verschlossen wird, passiert nichts. Häufig stirbt die Königin oder wird von Arbeiterinnen zerstückelt. Manchmal legt sie

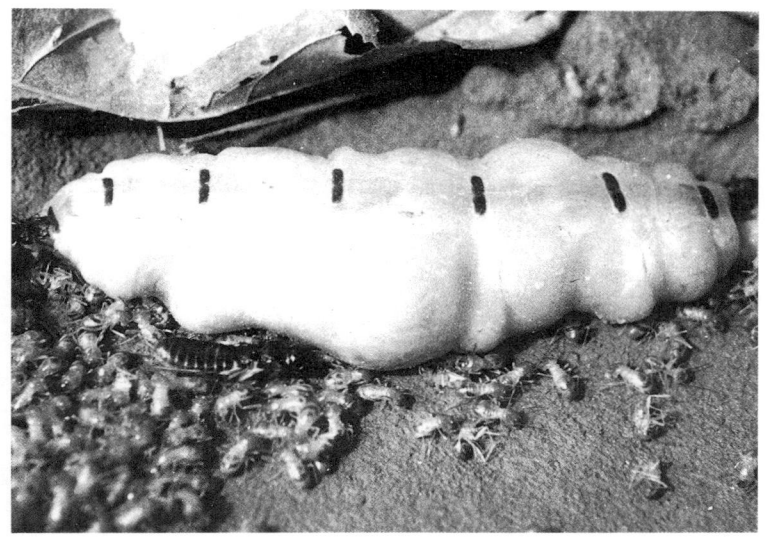

Die Termitenkönigin (Macrotermes bellicosus), eine berühmte Teleporteurin, 1964 in Ghana mit dem König und Arbeiterinnen in einer soeben geöffneten Zelle fotografiert (N. D. Dago).

ungerührt weiter Eier. Bedeckt man sie jedoch auch nur wenige Minuten lang, passiert etwas. Sie verschwindet.

Das ließe sich gut damit erklären – und diese Erklärung galt ursprünglich als ausreichend –, daß die Arbeiterinnen die Königin zerstückeln und fortschaffen. Aber wir dürfen die Farbe nicht vergessen, die in teilweise komplizierten Mustern aufgesprüht wurde.

Weitere Grabungen in anderen Ameisenstaaten förderten innerhalb weniger Stunden zur allgemeinen Verblüffung die gleiche mit Farbe markierte Königin zutage, die mehrere Meter weit entfernt in einer anderen superharten Zelle zufrieden fraß, Exkremente ausschied und Eier legte!«

Das Verschwinden markierter und unmarkierter *Atta*-Königinnen sei laut Sanderson »zu wiederholten Malen« beobachtet worden. Der Mathematiker Dr. Martin Kruskal vermutete (*Pursuit,* Oktober 1974), die Ameisenkönigin werde irgendwie entleert, durch enge Gänge in eine andere

155

Kammer geschleppt und binnen kurzem wieder aufgepäppelt, um weiter Eier zu produzieren. Sanderson begrüßte diesen Erklärungsversuch enthusiastisch. »Das, mein lieber Herr«, antwortete er, »ist etwas, wofür ich lebe: Das heißt eine plausible, logische Erklärung einer Erscheinung, die bisher als ›unerklärlich‹ gegolten hat.« Aber ist diese Lösung so »plausibel und logisch«, wie Sanderson in seinem Überschwang behauptet? Das erscheint uns zweifelhaft. Wir haben noch von keinen Ameisen gehört, die »den alten Sack entleeren und wegschleppen . . ., ihn zusammenflicken (was Ameisen können) . . . und dann wieder aufblasen«, wie er es ausdrückt. Der Körper einer Ameisenkönigin ist keine Ballonhülle, die sich rasch entleeren läßt. Abgesehen von Eiern in sämtlichen Entwicklungsstadien, enthält er die übermäßig vergrößerten Eierstöcke, die Teil ihres Körpers sind. Ließen diese Massen sich in den »wenigen Minuten«, in denen die Königin verdeckt war, auf einen Bruchteil ihrer früheren Größe reduzieren? Selbst wenn Kopf und Mittelleib der Königin durch die winzigen Zugänge paßten – was sogar Sanderson zu bezweifeln scheint –, gibt es keine Berichte von Entomologen, die den Transport einer entleerten Königin von einer Kammer zur anderen beobachtet hätten. Sanderson beharrte seinerseits auf der Überzeugung, *Atta*-Königinnen gelangten durch Teleportation in ihre neuen Kammern.

Mehrere Jahre vor Sanderson beobachtete der Naturforscher Eugene Marrais ein sehr ähnliches Phänomen bei afrikanischen Termiten (*The Soul of the White Ant,* 1937). Marrais deutet darin an, Termitenköniginnen gelangten durch Teleportation in neue Kammern, wenn ihre alten zu eng werden. Auch hier hören wir von einer Kammer mit harten, dikken Wänden, einer riesigen Königin und winzigen Zugängen. Marrais glaubt, daß die Königin zu lange unbeweglich gewesen ist, um sich noch selbst bewegen zu können, und widerlegt die Vorstellung, sie könne sich raupenartig fortbewegen, mit dem Hinweis, daß der dafür zuständige Teil ihres Zentralnervensystems beträchtlich degeneriert ist. Die Königin wird anfangs offenbar in eine kleinere Kammer gebracht, die einem Drittel ihrer späteren Größe entspricht. Marrais schreibt: »Kurz bevor Ihrer Majestät die Zelle zu klein wird, bauen sie (die Arbeiterinnen) eine zweite, die um die Hälfte größer ist. Sie liegt parallel und neben der ersten, ist ebenso hart und weist den gleichen engen Zugang auf. Dann wird die Königin in diese zweite Zelle gebracht, in der sie etwa ein Jahr lang weiterwachsen kann. So wird sie von Zelle zu Zelle transportiert, bis sie etwa sechs Umzüge hinter sich hat.«

Marrais weiß aber nicht, wie diese Transporte bewerkstelligt werden, und zählt die Tatsachen auf: »1. Die Königin ist bewegungsunfähig. 2. Die Ein- und Ausgänge ihrer Zelle sind viel zu klein für sie. 3. Die Insekten können sie nicht tragen. 4. Trotzdem verschwindet sie aus einer Zelle, um in einer anderen zu erscheinen.« Für ihn steht fest, daß es sich dabei um eine einzige Königin handelt – nicht etwa um zwei, von denen die erste von den Arbeiterinnen gefressen wird. »Es ist einfach, die Termitenkönigin zu kennzeichnen und so nachzuweisen, daß eine und dieselbe Königin in die andere Kammer gelangt.« Marrais wußte noch nichts von Teleportation und kannte keine »mit allen Tatsachen übereinstimmende« Theorie. Er vertraute darauf, eines Tages werde ein zielstrebiger Naturforscher dieses Rätsel durch Beobachtungen und Versuche lösen.

Im Mittelalter glaubte man stark an Teleportation – damals wurden Hexen häufig verdächtigt, auf diese Weise Vieh gestohlen und Pferde in engen Ställen umgedreht zu haben –, und es gibt noch heute Phänomene dieser Art, wenn man es versteht, die konventionelle Berichterstattung richtig zu deuten. In einem italienischen Poltergeistfall, in dessen Mittelpunkt im Jahre 1936 ein sechzehnjähriges Bauernmädchen in Prignano bei Salerno stand, ging es um wandernde Möbel, auf unerklärliche Weise aufflammende Brände, fliegende und verschwindende Gegenstände und sogar Ziegel- oder Steinregen in geschlossenen Räumen. Der Fall wird in Dr. Nandor Fodors *Mind over Space* (1962) besprochen und mit Zitaten aus den damaligen Untersuchungsprotokollen belegt. Zu diesen typisch telekinetischen Ereignissen gehörte beispielsweise auch, daß »ein Joch Ochsen ohne menschliches Zutun in einen anderen Stall transportiert worden war«.

Die *Daily Mail* (28. Mai 1906) berichtete über Beschädigungen und rätselhafte Streiche in J. C. Playfairs Mühle in Lambhurst, Kent. Verschlossene Türen wurden geöffnet und Gegenstände verschleppt. Ein schweres Wasserfaß fand sich an einem anderen Ort wieder, und große Kalkfässer waren über die Treppe ausgeleert worden. Wirklich verblüfft war Mr. Playfair jedoch, weil seine Pferde umgekehrt in ihren Boxen standen (sie hatten sich noch nie umgedreht, selbst wenn reichlich Platz gewesen war) und eines fehlte. Das Pferd war nirgends zu finden, bis jemand auf die Idee kam, einen Blick in einen Heuraum zu werfen, dessen Tür kaum breit genug für einen Menschen war. Das Pferd befand sich darin und konnte nur befreit werden, indem eine Wand niedergerissen wurde. Fort kommentierte diesen Fall mit den Worten: »Er macht einen unter Umständen nervös. Man sieht sich um und wäre keineswegs überrascht, von irgendeinem im Sessel hockenden Ungeheuer angestarrt zu werden.« Uns erinnert er an einen von Sanderson erwähnten Fall »des Pferdes, das in einem Badezimmer im zweiten Stock auftauchte«. Aber er nannte keine näheren Einzelheiten, weil »die Hausbesitzer bereits jedem, der den Fall aufgreift, einen Prozeß angedroht haben«.

Arthur Koestler, der in der *Sunday Times* (25. November 1973) über seine Auffassung schrieb, daß »bedeutungsvolle Zufälle« auf unerkannte paranormale Fähigkeiten hinweisen, erwähnte die Geschichte mit einer geheimnisvollen Heuschrecke, die ihm J. B. Priestley erzählt hatte, dessen Frau, die Archäologin Jacquetta Hawkes, drei vor kurzem gekaufte Lithographien in ihr Schlafzimmer gestellt hatte, um sie am nächsten Tag aufzuhängen. Die vorderste, die dem Bett gegenüberstand, zeigte eine Heuschrecke. »Als Jacquetta an diesem Abend ins Bett ging«, sagte Priestley, »spürte sie eine Art Zirpen, stand wieder auf und schlug die Decke zurück . . . Im Bett saß eine Heuschrecke. In diesem Haus hat es sonst noch niemals Heuschrecken gegeben.« C. G. Jung hat für solche bedeutsamen Zufälle den Ausdruck »Synchronizität« geprägt und berichtet in seiner Arbeit mit diesem Titel (1955) von einem Fall, in dem eine Patientin ihm erzählte, ihr sei im Traum ein goldener Skarabäus geschenkt worden. In diesem Augenblick hörten sie ein Pochen am Fenster – ein Rosenkäfer, »der in unseren Breiten die größte Ähnlichkeit mit einem goldenen Skarabäus hat . . ., verspürte im Gegensatz zu seinen sonstigen Gewohnheiten offenbar den Drang, ausgerechnet in diesem Augenblick in einen dunklen Raum zu gelangen«.

Sandersons wiederholte Hinweise auf *Atta*-Teleportationen animierten seine Leser dazu, weitere Geschichten über Ausbruchskünstler bei Ratten (*Pursuit,* September 1968) und Mäusen (*Pursuit,* April 1969) einzusenden. Diese Tiere waren aus verriegelten Käfigen entkommen – und einige Ratten waren später in den noch immer verschlossenen Käfig zurückgekehrt. Es wäre einfach, diese Geschichten aus der Ferne als Ergebnisse schlechter Beobachtungsgabe zu kritisieren, zumal solche Tiere als Ausbrecher berüchtigt sind. Trotzdem kann sich dahinter ein echtes Rätsel verbergen, wie Sanderson sagen würde. Wer mit Tieren arbeitet, macht sich Sorgen, sie könnten entkommen, und bewacht sie um so besser, je wertvoller sie sind. »Und dennoch«, schreibt Sanderson, »können wir dafür garantieren, daß bei jeder Zusammenkunft von Leuten, die mit Tieren zu tun haben, irgendein unerklärlicher Ausbruch geschildert wird.«

Überzeugender als Ausbrüche von Nagetieren sind Berichte über Fische, die aus geschlossenen Behältern aller Art verschwunden sind. In einem Artikel in *Pursuit* (April 1973) hat Craig Philips die Fähigkeit, spurlos zu verschwinden, Fischen der Gattung *Nomeus gronovii* zugeschrieben, die zwischen den Nesselfäden der Portugiesischen Galeere, einer Riesenqualle, leben, ohne Schaden zu nehmen. In den fünfziger Jahren war Philips vor der Südspitze Floridas auf Fischfang unterwegs. Er hatte den Auftrag, einige *Nomeus* für das Aquarium im Florida Marineland zu fangen, und war von dem Marineland-Direktor Captain William Gray gewarnt worden, daß Fischbehälter, die *Nomeus* enthalten sollten, schon mehrmals leer angekommen seien. Gray hatte mit einem kleinen Holzkäfig experimentiert, der mit einem engmaschigen Drahtnetz überzogen und in ein Aquarium gestellt worden war. In diesem Käfig blieben die *Nomeus* von den übrigen Aquarienfischen getrennt. Aber obwohl die Käfigtür mit Draht gesichert war, und der kleine Käfig sich in einem größeren befand, kamen die *Nomeus* nie im Florida Marineland an. Sie verschwanden unterwegs einfach.

Auch Philips erging es nicht besser: Er fing einige Exemplare und setzte sie in den Fischbehälter seines Boots, aus dem sie am nächsten Morgen verschwunden waren. Philips glaubte, daß die Fische nachts verendet und ihre Kadaver irgendwie durch die winzigen Öffnungen des Behälters hinausgeschwemmt worden seien; dafür machte er die Sogwirkung des dümpelnden Boots verantwortlich, obwohl er selbst zugeben mußte, daß er sich mit solchen Vermutungen »an Strohhalme klammerte«. Dergleichen war noch nie passiert und von vornherein äußerst unwahrscheinlich. »Aber uns fiel keine bessere Erklärung ein«, gab Philips zu. Einige Monate danach blieben vier *Nomeus* zwar in den Fischbehältern, doch später verschwanden sie aus einem Aquarium, ohne daß springende Fische oder verräterische nasse Flecken an Deck zu beobachten gewesen wären.

Ein Kollege im Marine Laboratory der University of Miami, der nichts von Philips' frustrierenden Fischerlebnissen wußte, erzählte ihm etwa ein Jahr später eine ganz ähnliche Geschichte. Seine Familie und er waren (in Key Biscayne) schwimmen gewesen und hatten in der Brandung einige kleine *Nomeus* gefangen. Diese Fische wurden mit nach Hause genommen und befanden sich über Nacht in einer Glasschale auf dem Kaminsims. Am Morgen seien sie restlos verschwunden gewesen, und eine gründliche Suche habe nicht die geringste Spur von ihnen zutage gefördert.

Lebende Ströme aus dem Unbekannten

Das rätselhafte Auftreten und Verschwinden von Insektenschwärmen wird durch die riesige Anzahl der Tiere oft noch eindrucksvoller. Zu den vielen Beispielen gehört ein Bericht (Gable und Baker, *Canadian Entomologist,* 1922) über einen Zug von Riesenschwärmern in Texas, der »mit gleichbleibender Intensität 18 Tage lang« andauerte. Nach Schätzungen passierten auf einer rund 400 Kilometer breiten Front eineinviertel Millionen Schmetterlinge pro Minute eine gedachte Beobachtungslinie. Auch der prächtige nordamerikanische Monarchfalter tritt in ähnlichen Massen auf. Im Herbst fliegt er von der nördlichen Grenze seines Verbreitungsgebiets in

Ein seltener Gast in Großbritannien ist der amerikanische Monarchfalter. Dieses Weibchen wurde am 27. 8. 1981 von Jeff Saward als erstes in Essex bekanntes Exemplar bei Thundersley gefangen (J. Saward).

161

Kanada nach Süden, um in Südkalifornien und Florida zu überwintern. Die sich für den Flug zusammenfindenden Schwärme erreichen ungeheure Größen und waren früher noch imposanter. Der einzige bekannte Augenzeugenbericht über die Versammlung eines Schwarms Monarchfalter stammt von J. Hamilton. Auf einer Insel in New Jersey stieß er auf einen etwa 350 Meter breiten und 4 Kilometer langen Wald aus Myrtenbüschen, die dicht an dicht mit Monarchfaltern besetzt waren. Ihre Zahl war »beinahe unglaublich. Millionen ist nur ein schwacher Ausdruck dafür. Meilen von Faltern ist keine Übertreibung!« begeisterte Hamilton sich (*Canadian Entomology*, 1885). Ein anderer bekannter Wanderer, der Distelfalter, zieht von Nordafrika nach Großbritannien und sogar bis nach Finnland und Island; auch in anderen Erdteilen legt er ähnlich weite Flugstrecken von über 3000 Kilometern zurück. Augenzeugen haben schon mehrmals über die Größe von Distelfalterschwärmen gestaunt. Im Jahre 1924 wurde ein in Kalifornien beobachteter Schwarm auf mehr als drei Billionen Distelfalter geschätzt, und in Frankreich verfinsterte im Jahre 1897 ein Distelfalterzug buchstäblich die Sonne und warf Schatten übers Land.

So ist es nicht verwunderlich, daß solche phantastischen Ereignisse in aller Welt ihren Niederschlag im Volksglauben und in Sagen gefunden haben. In vielen Kulturen gilt der Schmetterling als Symbol und Schrein toter Seelen – sein Auftreten in Schwärmen muß als schlimmes Omen gedeutet werden. Als im Jahre 935 während des Taira-no-Masakado-Aufstands in der Nähe der japanischen Stadt Kioto Massen von Zitronenfaltern auftraten, herrschte allgemeine Trauer, weil nun viele Menschen würden sterben müssen. Der Adam's Peak, der heiligste Berg Sri Lankas, ist bei den Einheimischen als »Schmetterlingshügel« bekannt, und die dortigen Schwärme gelten als Pilgerfahrten von Seelen, die gelb kommen und weiß – oder geläutert – gehen, nachdem sie Buddhas Fußabdruck angebetet haben. Im Dezember 1883 erschraken die Javaner vor einem riesigen Schmetterlingsschwarm, den sie für die Seelen der beim Krakatau-Ausbruch im August ums Lebens Gekommenen hielten.

Wetterkundige Bauern haben schon immer bestimmte Schlüsse aus dem Auftreten von Insektenschwärmen gezogen. Von W. H. Hudson erfahren wir, daß in Argentinien Libellenschwärme als unmittelbare Vorboten des sturmartigen Pamperos gelten. Sie fliegen mit großer Geschwindigkeit »wie Distelwolle« vor dem Wind dahin, und von den ungezählten Millionen »kehrt niemals auch nur ein einziger Flieger zurück«. (*A Hind in Richmond Park,* 1922.) An der polnischen Ostseeküste waren es die Bauern seit jeher gewöhnt, beim ersten Anzeichen eines Libellenschwarms ihre Hühner einzusperren, weil sie glaubten, diese Insekten verbreiteten eine Hühnerkrankheit. Ihr Aberglaube belustigte aufgeklärte Städter – aber die Krankheitsursache wurde 1880 entdeckt und 1930 bestätigt. Die Erreger waren Tremtoden (Saugwürmer), die von Libellen verschleppt wurden und die Hühner befielen, die diese Insekten fraßen.

Insektenregen

In obskuren Zeitschriften finden sich zahlreiche Berichte über Insektenschwärme, die womöglich darauf schließen ließen, daß sie – vor kurzem vom Himmel gefallen – auf dem Erdboden oder einer Schneedecke angetroffen wurden. Entomologen, deren Spezialgebiet die Verbreitung von Insekten ist, halten nicht viel von angeblichen Insektenregen ohne Augenzeugen. Der kanadische Forstwissenschaftler W. R. Henson hatte mit Kollegen oft die Theorie diskutiert, Insekten könnten durch starke Aufwinde in größere Höhen gelangen und mit Regen oder Schnee auf die Erde zurückkommen. Im Jahre 1951 erlebte er dann im Banff National Park, Alberta, einen überraschenden Eiskristallregen. Zumindest einer der von ihm untersuchten Kristalle enthielt eine tote kleine Mücke. Der vollständig entwickelte Kristall umschloß das Insekt ganz, so daß es einige Zeit in Eiswolken geschwebt haben mußte (*Nature*, 5. Januar 1952). Wir kennen jedoch keinen weiteren Fall dieser Art.

Andere Entomologen und Meteorologen stimmen dem von Waldo McAtee in der *Monthly Weather Review* (Mai 1917) erstmals verfaßten Detailbericht über organische Regen zu: »Die untersuchten Regen von Insektenlarven haben gezeigt, daß lediglich große Mengen von Soldatenkäferlarven – manchmal auch Raupen –, die durch starke Regenfälle oder schmelzenden Schnee, der den Boden aufgeweicht hat, aus ihren Winterquartieren vertrieben worden sind, auf dem Erdboden oder auf Schnee auftreten.« Die scheinbare Sicherheit seines Urteils braucht uns nicht zu beeindrucken, denn McAtee präsentiert schon wenige Seiten später Fälle, in denen Insektenregen von Augenzeugen beobachtet worden waren. So muß er leicht verblüfft eingestehen: »Aber es scheint tatsächlich einige wenige echte Insektenregen gegeben zu haben.«

Nicht jede Entdeckung von Insektenmassen auf einer Schneedecke läßt sich mit der Hypothese erklären, die Tiere seien durch Schmelzwasser an die Oberfläche getrieben worden. Im Dezember 1855 fiel in Alexandria, Virginia, ein »seltsamer Regen«, der zu Schnee wurde. Am nächsten Morgen zeigte sich, daß weite Schneeflächen mit winzigen schwarzen Käfern in unvorstellbarer Zahl bedeckt waren. Die vor Kälte starren Käfer hätten sich nicht zur Oberfläche durcharbeiten können. Keiner der Einheimischen kannte diese winzigen Insekten, die üblicherweise recht lebhaft waren. Henry Splitter, der diesen Fall in seiner Sammlung merkwürdiger nordamerikanischer Regen zitiert (*Fate*, Oktober 1953), erwähnt auch einen Regenwurmregen vom April 1879 über Virginia City, Nevada. Nach einem nächtlichen Unwetter war die ganze Stadt am nächsten Morgen mit einem Gewimmel von Würmern bedeckt. Die Tiere waren nicht einheimisch und konnten nicht aus dem Winterschlaf gekommen sein, weil sie auf Gehsteigen, Straßen und Dächern gefunden wurden.

Im Jahre 1946 brachte ein Butler in Philadelphia während

eines Wolkenbruchs Müll nach draußen und entdeckte zu seiner Überraschung »Tausende von winzigen Würmern, keiner größer als ein Zentimeter, die Garten, Zaun und Straße bedeckten«. Wie in *Doubt* (Nr. 16) nachzulesen ist, passierte das im Juli, so daß man schlecht Schnee dafür verantwortlich machen konnte. Die Würmer waren allen Augenzeugen ein Rätsel, denn sie hatten »angedeutete Beinchen und bewegten sich wie Raupen fort«.

Der Londoner *Evening Standard* (3. Januar 1924) meldete, im schwedischen Halmstadt habe es rote Würmer geschneit. Sie maßen 2½ bis 10 Zentimeter und waren mit Schneeflokken vom Himmel gefallen. Im russischen Pakroff fielen 1827 während eines Schneesturms unzählige nicht identifizierbare schwarze Insekten vom Himmel (*Scientific American,* Jhrg. 30). Ebenfalls in Rußland war im Dezember 1830 ein Schneesturm mit zahlreichen mückenähnlichen Insekten durchsetzt (*American Journal of Science,* Jhrg. 1, Nr. 22). In Bramford Speke, Devon, fielen zahllose 2 Zentimeter lange Würmer mit Schnee vom Himmel (*The Times,* 14. April 1837). Im Mai 1955 erschraken die Einwohner von Kinomäki in Finnland über einen heftigen Wurmregen ohne Regen oder Schnee. Nach einer Meldung der Nachrichtenagentur Reuter sollten sie »von einem starken Wind von einer feuchten Wiese hochgerissen« worden sein. Charles Forts *Complete Books* enthalten weitere Beispiele: Schlesien, 1806, »vom Himmel schneiende Larven«; Eifel, 1847, Schnee und Larven »fielen vermischt«; Schweiz, 1890, ein Regen aus »unzähligen« Exemplaren zweier verschiedener Insektenlarvenarten.

Wir besitzen jedoch auch Unterlagen über einige detailliertere Beobachtungen. Im Jahre 1869 erstattete der französische Naturforscher der Association Scientifique de France Bericht über zwei bemerkenswerte Fälle. Im ersten wurden im November 1854 bei Turin mehrere Tausend lebender Insekten beobachtet, die »von einem Sturm herabgeschleudert wurden«. Dabei handelte es sich um Larven und ausgewachsene Tiere »einer außerhalb Sardiniens noch nie angetroffenen Art von Hemipteren«. Morande selbst hatte einen

Regen aus Insektenlarven und Spinnen untersucht, der in Arache in den französischen Alpen niedergegangen war. Zu diesem Tierregen war es in den Morgenstunden des 30. Januar 1869 gekommen (d. h. in dem Jahr, in dem in England riesige Insektenschwärme auftraten). Zuvor war es tagelang sehr kalt gewesen, so daß die Tiere kaum frisch geschlüpft sein konnten. Die Spinnen gehörten zu einer Art, die häufiger auf alten Bäumen in südfranzösischen Wäldern anzutreffen ist, und obwohl Rey de Morande den Verdacht äußerte, sie seien von einem »Sturmwind« in die Berge getragen worden, stellte er keine Vermutungen darüber an, warum der Wind nur zwei Insektenarten mitreißen und alle übrigen sowie alle Holzstückchen gleichen Gewichts zurücklassen konnte. Die bekannte Eigenart mancher Spinnen, ein Netz zu weben und damit bei Wind davonzusegeln, gilt nicht für Insektenlarven; außerdem gehörten die in Arache gefundenen Spinnen nicht zu einer der »fliegenden« Arten. Wir erwähnen in diesem Buch viele eigenartige Tieransammlungen – vielleicht kommen manche Arten gelegentlich im Freien zusammen, um auf ihren Abtransport durch Wind zu warten, wie im Fall der erwähnten finnischen Würmer.

Ein ganz ähnlicher Fall wurde am 21. März 1922 aus Genf gemeldet: »Während eines heftigen Schneesturms in den Alpen fielen vor kurzem Tausende von exotischen Insekten, die Spinnen, Raupen und Riesenameisen glichen, auf die Hänge und gingen rasch ein. Einheimische Naturforscher konnten dieses Phänomen nicht erklären, aber eine Theorie lautet, die Insekten seien vom Wind aus wärmeren Zonen herbeigetragen worden.« Unklar ist, was der Reporter mit »glichen« gemeint haben kann – waren es nun Spinnen, Raupen und Riesenameisen oder nicht? Für Fort ist dieses Ereignis nicht wichtig, weil es unbekannte Insekten geschneit habe (dafür gibt es zahlreiche Beispiele), sondern die Annahme – wenn herkömmliche Erklärungen versagten –, ein Sturmwind könne leichte Objekte aus großen Entfernungen herantragen, sie unterwegs in der Luft zusammenhalten und trotzdem dafür sorgen, daß viele verschiedene Insekten mit unterschiedlichen spezifischen Gewichten gemeinsam am gleichen Ort vom Himmel fielen.

Es hat auch schon genau beobachtete Tierregen aus eigenartigen, unheimlichen Wolken gegeben. Die *Meteorologische Zeitschrift* (1901) beschreibt eine tiefschwarze Wolke, die am Abend des 14. August 1901 über Szentes in Ungarn erschien. Um 22 Uhr setzte ein Wolkenbruch ein, aber es regnete »geflügelte Insekten, die den Boden innerhalb weniger Minuten einen Viertelmeter hoch bedeckten«. Um welche Insekten es sich handelte, wurde nicht angegeben, aber erst am 10. und 11. August hatte das Dorf St. Katherina a. d. Lamming ähnliche Regen aus geflügelten Ameisen und Netzflüglern. Am 25. Juli 1872 wurde die rumänische Hauptstadt Bukarest von einer kleinen schwarzen Wolke bedroht, die an einem sonst wolkenlosen und sehr heißen Tag am Horizont aufzog. Um 21.15 Uhr ergoß die bedrohliche Wolke ihren Inhalt über die Stadt. Wie *Nature* (1872) berichtete, waren die Bukarester entsetzt, als es kleine, dicke schwarze Würmer oder Maden regnete. Auch Paderborn erlebte einen Tierregen – am 9. August 1892. Nach der Zeitschrift *Das Wetter* (Dezember 1892) habe es sich bei den Tieren um lebende Teichmuscheln gehandelt. Ein Wetterbeobachter schrieb über diesen Tierregen, eine merkwürdige gelbliche Wolke habe »wegen ihrer Färbung und ihrer raschen Geschwindigkeit« die Aufmerksamkeit vieler Beobachter auf sich gezogen: »Als es plötzlich zu einem Wolkenbruch kam, fiel mit klapperndem Geräusch sturzflutartiger Regen, und unmittelbar darauf war zu sehen, daß das Straßenpflaster mit Hunderten von Muscheln bedeckt war.«

Aus einigen unserer Unterlagen ergibt sich ein deutlicher Zusammenhang zwischen Regenfällen und dem Schlüpfen von Insekten, der den Schluß nahelegt, plötzliche Insektenplagen könnten durch Regen von Insekteneiern verursacht worden sein. In seinen *Chronicles* (1577) erwähnt Holinshed eine Art Blutregen in England »während der Herrschaft Rinalls, die fünfzehn Jahre vor der Erbauung Roms begann«. Dieser schlimme Regen hielt drei Tage lang an und brachte unglaublich viele Fliegen hervor, daß zahlreiche Menschen Opfer dieser ekligen und ansteckenden Plage wurden. Holinshed und seine Quellen waren sich zumindest darüber im klaren, daß ein Zusammenhang zwischen der Plage, den Fliegen und dem schlimmen Regen bestand. Bei vielen der berühmteren »roten Regen« hat sich herausgestellt, daß sie aus Insektenexkrementen, Infusorien oder Algen bestanden (von Saharasand ganz zu schweigen), so daß wir uns fragen, ob einige der historischen Blutregen nicht aus Insekteneiern bestanden haben könnten.

Moreau de St. Mérys *Déscription de St. Domingue* (1796) enthält eine Schilderung eines der wenigen bekannten Froschlaichregen, der am 5. Mai 1786 während einer Trokkenperiode über ganz San Domingo niederging. St. Méry schrieb: »Bei starkem Ostwind fielen in mehreren Bezirken der Stadt Port au Prince ... große Mengen schwarzer Eier, aus denen am nächsten Tag Lebewesen ausschlüpften ... Sie häuteten sich mehrmals (und) erinnerten an Kaulquappen.« In Bath (Somerset) kam es am 22. April 1871 zu einer Erscheinung, die als »Sturm von Insekten« beschrieben wurde. Während eines schweren Sturms regnete es in der Nähe des Bahnhofs klebrige Tropfen, die zuerst von einem Jungen wahrgenommen wurden, der sie auf seinem Mantel sah. Wenig später war der ganze Bahnsteig mit einer gelatineartigen Schicht überzogen. Wie Symons' *Meteorological Magazine* (1871) berichtete, seien aus den Eiern wenig später zahllose Ringelwürmer geschlüpft. Der Reverend L. Jenyns untersuchte dieses Phänomen und teilte seine Schlußfolgerungen dem *Zoologist* und der Entomological Society of London mit: Ein Wirbelwind mußte die Eier aus einem seichten oder fast ausgetrockneten Teich mitgerissen haben. Damit schien das Problem für die Gelehrten gelöst zu sein, die einige der sich aufdrängenden Fragen ignorierten. Eigenartigerweise erlebte Bath im August 1894 einen weiteren Gelatineregen, der in *Notes and Queries* (8. September 1894) als ein Regen von Tausenden von shillinggroßen Quallen beschrieben wurde. Fort warf die Frage auf, ob hier eine Verwechslung mit Froschlaich vorgelegen habe, denn am gleichen Tag regnete es bei Wigan in Lancashire kleine Frösche.

Später war Eton in Buckinghamshire mit einem Gelatineregen an der Reihe. Am 24. Juli 1911 war dort der Boden nach starken Regenfällen mit unzähligen erbsengroßen Gelatineklumpen bedeckt, die sich als Klumpen von Insekteneiern erwiesen. Auch sie schienen nach irgendeinem kosmischen Besatzplan genau rechtzeitig zum Schlüpfen eingetroffen zu sein, und *Nature* (6. Juli 1911) berichtete, aus ihnen seien Larven einer kleinen Mückenart geschlüpft.

Lebend begrabene Tiere

Im Jahre 1927 untersuchte Fort Berichte, nach denen im Februar dieses Jahres in einem Klassenzimmer der Mädchenschule Whittlesey ein Tagpfauenauge aufgetaucht sein sollte. An sich nicht weiter ungewöhnlich, wenn Schmetterlinge im englischen Winter nicht äußerst selten wären – und wenn nicht seit sechzehn Jahren etwa zur gleichen Zeit ein Tagpfauenauge aufgetaucht wäre. Die eingefangenen Tiere gingen jeweils nach rund einem Monat ein. In *Lo!* erzählte Fort, er habe im Februar 1928 an die Schule geschrieben und die Antwort erhalten, der erwartete Schmetterling sei vor wenigen Tagen aufgetreten. Eine weitere Anfrage im Jahre 1929 blieb jedoch unbeantwortet.

Das Tagpfauenauge konnte von Glück sagen, daß es durch ein Zimmer flattern konnte; wir wissen von einem Kohlweißling, der es in einer Gasuhr erheblich enger hatte. Joe Castle aus Sheffield hat in *The Countryman* (Sommer 1976) von diesem rätselhaften Fall berichtet und hinzugefügt, auch die Inspektoren des Gaswerks hätten sich nicht erklären können, wie der Kohlweißling dort hineingekommen sei. Die Gasuhren wurden in der Fabrik versiegelt; daß das Tier vom Brenner aus hineingelangt sein könnte, war sehr unwahrscheinlich, aber vom Hauptrohr aus war der Zugang geradezu unmöglich.

*Im August 1975 wurde bei Bauarbeiten in Fort Worth, Texas, diese Dosen-schildkröte entdeckt, die offenbar versehentlich einbetoniert worden war. Sie sollte mindestens ein Jahr lang in diesem Hohlraum überlebt haben, starb jedoch eineinhalb Tage nach ihrer Rettung (*Fort Worth Star Telegram, *21. 8. 1975).*

Eine noch merkwürdigere Geschichte hat Bryon Harvey in einem Leserbrief im *Morgan Sports Car Club Magazine* (August 1977) erzählt. Im Sommer 1977 kam Harvey mit einem Autoreifen zu einem Reifendienst, um den geplatzten Schlauch wechseln zu lassen. Er sah zu, wie der Monteur sich abmühte, den Schlauch aus dem Spalt zwischen Felge und Decke zu ziehen. Dann passierte es: »Zu unserer Überraschung kam ein lebender Vogel aus dem Reifen und begann zu zwitschern ... Sein Kopf war beinahe kahl, und in seinen Flügeln fehlten viele Federn. Er hatte kleine Gummiteile an den Füßen und war ziemlich schwarz eingefärbt.« Die beiden verblüfften Augenzeugen fanden keine Öffnung, durch die der Vogel in den Reifen gelangt sein konnte; trotzdem waren sie davon überzeugt, daß er sich wirklich im Reifeninneren befunden hatte. Sollte das zutreffen, wäre sein Überleben fast so wunderbar wie seine Gefangenschaft. Harvey hatte vor drei Tagen eine Reifenpanne auf einer Autobahn in den Midlands gehabt, das Rad gewechselt und die Felge mit dem defekten Schlauch auf den Heckträger geschraubt, auf dem der Reifen unter einer Spezialabdeckung verschwand.

»Der Vogel muß ausgerechnet in dem Augenblick, in dem der Schlauch geplatzt ist, unter den Wagen geflogen sein, wo ihn der sich verwindende Reifen angesaugt hat«, vermutete Harvey. Aber wie konnte er in dem beengten Raum zwischen dem Schlauch und der glühendheißen Reifendecke überleben, in dem er außerdem ersticken oder von dem noch rollenden Rad erdrückt werden konnte? Eine lange Reihe von Beispielen, in denen Kröten, Würmer, Frösche, ein Käfer und sogar ein Wespennest von Stein oder anderen festen Stoffen umgeben waren, hat Henry Splitter in *Fate* (Januar 1954) genannt.

Er berichtete unter anderem von einer Kröte, die im Oktober 1893 in Acton, Ontario, im Sägewerk Brown & Hall aus einem riesigen Kiefernstamm befreit wurde. Nachdem von dem 200 Jahre alten Baum einige Bretter abgesägt worden waren, fiel den Sägewerksarbeitern eine dunkle Stelle im

Holz auf, die sie näher untersuchten. Hinter einer dünnen Holzschicht entdeckten sie einen runden, nahezu völlig glatten Hohlraum mit 10 Zentimeter Durchmesser, aus dem eine große, schwach ins Licht blinzelnde Kröte zum Vorschein kam. Ein modernerer Fall wurde der *Fortean Times* (Nr. 36, Herbst 1981) von dem jungen Deutschen Jörg Ehring mitgeteilt, der im Mai 1975 mit Freunden nahe der Schloßruine Sporkenburg bei Bad Ems kampiert hatte. Nachdem Ehring einen Baum als Brennholz gefällt hatte, machte er sich daran, den Stumpf zu spalten, und entdeckte darin zu seiner Überraschung eine ebenso überraschte Kröte, die einen Hohlraum ausfüllte. Das leicht verletzte Tier hüpfte davon – und wurde prompt von Ehrings Hund zurückgebracht. Bevor es endgültig entkam, stellten die jungen Leute fest, daß es schwarz und größer als gewöhnliche Kröten war.

Ähnliche Geschichten sind Wissenschaftlern und der Landbevölkerung vertraut und waren schon früher bekannt. Im Jahre 1686 nahm Dr. Robert Plot mehrere Berichte in seine *Natural History of Staffordshire* auf, z. B. den Fall einer großen Kröte, die in Lapley aus einer gewaltigen Eiche herausgesägt worden war, in der sie in 3 ½ bis 4 Meter Höhe in einem von festem Holz umgebenen Hohlraum gesessen hatte. Plot, einer der großen Denker seiner Zeit, stellte eine Theorie auf und bat alle anderen Philosophen um Verbesserungsvorschläge: Eine Kröte überwintert in einem Baumloch mit engem Zugang, der sich schließt, während der Baum weiterwächst. Bis die Kröte aus ihrem Winterschlaf aufwacht, ist die Öffnung zu klein für sie, aber Wasser und Insekten gelangen weiterhin zu ihr. Nach einiger Zeit schließt das Loch sich ganz, und die arme Kröte muß vom Saft des Baumes leben. In ihrem geschützten, feuchten, dunklen Hohlraum verbringt sie vermutlich die meiste Zeit in einer Art Winterschlaf. Diese Auffassung vertrat auch der Naturforscher W. H. Maxwell, der in *The Field Book* (1833) über eine in der Rinde eines Maulbeerbaums gefangene Kröte berichtete. Obwohl er sich nicht dazu äußerte, wie das Tier dorthin gelangt sein könnte, sah er keinen Grund, »weshalb die Kröte nicht im

Der ungewöhnliche Fall eines mumifizierten Krallenaffen, der bei Bosham Mill, Sussex, in einem Birkenstamm entdeckt wurde (G. White: Natural History of Selborne, *London 1875).*

Lauf der Zeit in den Baum selbst eingebettet werden sollte«. Dr. Plot hielt es jedoch für unwahrscheinlich, daß die von ihm aufgestellte Theorie auf die in Lapley entdeckte Kröte zutreffen könnte, weil sie in einem völlig von Holz umschlossenen Hohlraum in größerer Höhe aufgefunden worden war, und stellte deshalb eine zweite Theorie auf. Seiner Vorstellung nach sollte vom Wind fortgetragener Krötenlaich – eine Annahme, die auch zur Erklärung von Froschregen benützt worden ist – in einen Hohlraum hoch im Eichenstamm gelangt sein. Die ausgeschlüpfte Kröte hätte ihre Höhle dann nicht verlassen können und wäre wie zuvor langsam eingewachsen. Die gleiche Theorie wurde der französischen Akademie der Wissenschaften in den Jahren 1719 und 1731 allen Ernstes vorgetragen, als es um eine Erklärung für zwei Fälle von in Bäumen eingeschlossenen Kröten ging.

Der Bauer Heino Seppi mit dem vertrockneten Fisch, den er 1969 im westfinnischen Sikasalo in einer Esche gefunden hatte. Er war etwa 40 Zentimeter lang und erinnerte an einen Barsch (Vaasa, Helsinki, 17.11.1969/Fortean Times Archives).

In einem anderen Teil seines Buchs berichtet Dr. Plot, in einem Baum bei Biddulph seien Feldmäuse gefunden worden. Plot, der Augenzeugen befragen konnte, dachte zuerst, dabei habe es sich um einen »Mäusebaum« gehandelt. Bei der Landbevölkerung Staffordshires war es Brauch, eine alte Eiche, Esche oder Ulme anzubohren, eine lebende Feldmaus in das Loch zu setzen und die Öffnung mit einem Pflock »aus dem gleichen Holz« zu verschließen. Die Zweige solcher Bäume sollten Schwellungen bei Rindern, die angeblich durch nächtliche Feldmausbisse entstanden, zurückgehen lassen, wenn die Tiere mit ihnen geschlagen wurden. Die näheren Umstände des bei Biddulph gemachten Mäusefundes suggerieren unserer Ansicht nach jedoch, daß das Bedürfnis nach »Mäusebäumen« durch die Entdeckung eines spontan entstandenen befriedigt wurde:

»Zwei Arbeiter zersägten den Stamm einer massiven Eiche; einem fiel schließlich auf, daß das Sägeblatt blutig war, was sie nicht wenig verblüffte, aber sie beschlossen, weiterzuarbeiten und der Sache auf den Grund zu gehen; als sie durchgesägt hatten, spalteten sie den Stumpf und stellten fest, daß die Säge den Leib einer Feldmaus durchschnitten hatte, während zwei andere, die daneben lagen, lebend entkamen, sobald der Baum, der sich bei näherer Untersuchung als in allen Teilen als gesund erwies, gespalten wurde.«

In seiner *Natural History* schreibt Gilbert White über eine »Spitzmausesche«, die in Selborne an der Kirche stand, bis »der jüngst verstorbene Pfarrer sie rodete und verbrannte« – trotz der Bitten der Dorfbewohner, die vor langer Zeit feierlich eine Spitzmaus auf die von Plot geschilderte Weise in den Eschenstamm gesperrt hatten. Tiere, die Schmerzen litten, weil nachts Spitzmäuse über sie hinweggelaufen waren, konnten durch Berühren mit einem Zweig dieser Spitzmausesche geheilt werden.

Möglicherweise imitierten die ländlichen Magier, die Mäuse in Bäume sperrten, die mystische Kraft in der Natur, die lebende Tiere in abgeschlossene Baum- oder Felshöhlen versetzt.

175

Tiere auf See

Die meisten Tierregen haben sich über Land ereignet, aber wir fragen uns, wie es damit auf See steht, wo es weniger Augenzeugen gibt und das Beweismaterial rasch und spurlos untergehen kann. Eine verteilend wirkende Kraft wie Forts Teleportation müßte selektiv oder intelligent funktionieren, um Landtiere nicht unsinnigerweise auf See niedergehen zu lassen. Obwohl wir noch von keinem Wal gehört haben, der bei einem Unwetter im Dartmoor aufgetaucht wäre, haben wir – hier und in *Die Welt steckt voller Wunder* – zahlreiche Fälle angeführt, in denen Wassertiere in Gewässern oder an ihren Ufern erschienen sind, was darauf hinzuweisen scheint, daß die Teleportation sehr zielsicher arbeitet. Andererseits scheint es bei unserer hypothetischen Transportkraft gelegentlich Pannen zu geben, die dazu führen, daß völlig ungeeignete Tiere herangebracht werden. Nach Forts Auffassung war die Teleportation möglicherweise am nützlichsten, als es darum ging, unsere Erde im Entstehungsstadium zu bevölkern; heutzutage würde sie nur noch zur Auffrischung nach Naturkatastrophen und dergleichen gebraucht. Fort hielt irrtümliche Tiertransporte für ein Anzeichen terrestrischer Senilität oder wollte sie als Beweis für eher symbolische Aktivität gedeutet wissen – als konzentriere diese Kraft sich auf wichtigere Transporte anderswo. Wir haben uns nach Meldungen über mögliche Opfer dieser himmlischen Geistesabwesenheit umgesehen und Informationen über große Landtiere auf See gesammelt.

Fielen Tiere von Erscheinungspunkten ins Meer und kämen heil genug an, um sich durch Schwimmen zu retten, müßte es Berichte über im Meer schwimmende Landtiere geben. Die einfachste Erklärung wäre dann, die Tiere seien von der nächsten Küste gekommen, was gelegentlich passiert. Man stelle sich beispielsweise die Überraschung eines Fischers vor, der im November 1974 mehrere Kilometer vor der australischen Küste ein Känguruh auf sich zuschwimmen sah. Das Tier schien so entschlossen zu sein, nach Neusee-

*1950 sichteten Passa-
giere eines Kreuz-
fahrtschiffes einen
vermeintlichen
Schiffbrüchigen. Ein
Rettungsboot wurde
zu Wasser gelassen,
aber der erschöpfte
Schwimmer erwies
sich als großer Nasen-
affe, der hier weit
von seiner Heimat
Borneo entfernt war.
Nachdem der Affe
sich im Boot ausge-
ruht hatte, sprang er
wieder ins Wasser
und schwamm davon
(Paris Match, Archiv
Dr. B. Heuvelmans).*

land weiterzuschwimmen, daß er große Mühe hatte, es zu überwältigen und in sein kleines Boot zu holen (Londoner *Daily Mirror,* 23. November 1974).

Oft wird behauptet, Schweine könnten nicht schwimmen, ohne sich die Kehle mit ihren Vorderklauen aufzureißen. Im Gegensatz zu dieser unbewiesenen Auffassung machen Schweine oft lange Seereisen, selbst wenn der Grund dafür nicht klar ist. Im Sommer 1905 wurde ein Schwein beobachtet, das bei hochgehender See in Southend an Land kam. Es sollte – wofür es allerdings kaum Beweise gab – von Canvey Island aus 6,5 Kilometer weit die Themse hinaufgeschwommen sein. Wesentlich geheimnisvoller war das Schwein, das Fischer im Juni 1973 etwa 25 Kilometer vor Miami Beach auf See entdeckten. Wohin es unterwegs war, dürfte sein Geheimnis bleiben, aber wir freuen uns, daß es nicht ebenfalls im Bermudadreieck verschollen ist. Anscheinend erwachte es beim Anblick von Menschen aus seiner Trance, denn es schwamm auf das Boot zu, wurde an Bord gehievt, fraß und trank herzhaft und schlief dann ein, wie die *Birmingham Evening Mail* (19. Juni 1973) berichtete.

Zumindest einige Fälle, in denen Landtiere auf See angetroffen wurden, lassen sich wohl damit erklären, daß sie zu ihnen bekannten Gebieten oder ihren Besitzern zurückschwimmen wollten. Letzteres Motiv ergibt sich aus einem Fall, den Sir John Junor, der Chefredakteur des *Sunday Express,* selbst beobachtet und geschildert hat (21. Juni 1981): Am Sonntag zuvor war ein Spaniel in Cowes auf der Insel Wight vom Landungssteg gesprungen und in Richtung Shoreham – fast 75 Kilometer entfernt – davongeschwommen. Sir John und andere Bootsbesitzer nahmen die Verfolgung auf und konnten den völlig erschöpften Hund schließlich retten. Der Spanielbesitzer wohnte offenbar in Shoreham und hatte seinen Hund in eine Tierpension auf der Insel gegeben, während er Urlaub machte. Hätte der Hund tatsächlich versucht, den Solent zu durchschwimmen, um zu seinem Herrn zu kommen, würden wir ihn unter »Tiere mit Heimkehrvermögen« einordnen, aber wir sind uns unserer

Sache so wenig sicher wie Sir John, der mit der Feststellung schließt, daß »wir Menschen … nicht die einzigen Geschöpfe Gottes sind, die Gefühle haben«.

Den eigenartigen Fall eines seegehenden Flußpferdes meldete die in Chicago erscheinende *Tribune* (8. April 1970). Wie Urlauber auf Paradise Island, 13 Kilometer vor Mosambik, berichteten, war das Tier drei Tage um die Insel geschwommen, bevor es von einem Wildhüter erlegt wurde. Da es auf Paradise Island keine Flußpferde gibt, mußte es vom Festland herübergeschwommen sein. Schwimmende Flußpferde – oder vermeintliche Flußpferde – scheinen zu den Besonderheiten dieses Küstenabschnitts zu gehören. 1947 stellte ein gewisser Aleko Lilius Nachforschungen wegen drachenartiger Tiere an, die an Stränden zwischen den Flüssen ›Mzuki und Umfolozi aufgetaucht sein sollten. Lilius bekam sie sogar zu Gesicht und behauptete, die Tiere und ihre Fährten fotografiert zu haben. Der Fall interessierte Ivan Sanderson, der in *More Things* (1969) über seine Ermittlungen berichtete und die Tatsache akzeptierte, »daß an dieser Küste irgendein großes, dreizehiges, zweibeiniges, schuppiges Meeresungeheuer« hauste, das möglicherweise zum Eierlegen an Land kam. Die gesichteten Tiere waren damals für Flußpferde gehalten worden, die sich bei einem Bad im Meer verirrt haben sollten. Aber wie ein pflanzenfressendes Flußpferd sich im Meer von Fischen ernähren, auf den Hinterbeinen 6 Meter hohe Dünen hinaufhüpfen oder 45 Zentimeter lange dreizehige Fußabdrücke hinterlassen können soll, übersteigt unser Vorstellungsvermögen! Andererseits ist es doch wieder merkwürdig, daß ganz in der Nähe mit 23 Jahren Verspätung ein seegehendes Flußpferd aufgetaucht ist …

In dem von Lilius geschilderten Fall gibt es eine weitere phänomenale Verbindung zu unserem Thema: Der dortige Medizinmann kannte das Ungeheuer offenbar und nutzte die Angst der Eingeborenen vor diesem Wesen, um von ihm verübte Ritualmorde zu tarnen. Bei seinen Nachforschungen entdeckte Lilius mehrere verstümmelte Leichen entlang einer von dem Medizinmann angelegten dreizehigen Fährte.

In der Zeitschrift New Scientist *(2. August 1979) wurde scherzhaft die Vermutung geäußert, Seeschlangen und -ungeheuer könnten in Wirklichkeit schwimmende Elefanten sein. Als Beweis diente diese bemerkenswerte Aufnahme eines schwimmenden Elefanten, die Admiral R. Kadirgama vor der Küste Sri Lankas gemacht hatte. Die Ähnlichkeit mit dem berühmten Nessie-Foto (Seite 41), das der Londoner Chirurg Kenneth Wilson im April 1934 aufgenommen hat, ist allerdings verblüffend.*

Über unseren seegehenden Säugetieren scheint ein Unstern zu schweben. Ende April 1977 brach ein Ochse aus dem Schlachthof in Skegness, Lincolnshire, aus, rannte durch die Straßen und stürzte sich ins Meer. Er wurde zwei Stunden später – von einem *Rettungs*boot! – eingefangen, nach Winthorpe geschleppt und erschossen. In der gleichen Woche barg die Küstenwache eine Kuh aus der Crouch-Mündung bei Burnham, Essex. Solche Meldungen sind häufig, aber sie sollen hier nur zu einem größeren Rätsel überleiten, vor das uns die Überreste großer Landtiere stellen, die weit von ihrer Heimat entfernt auf See oder an Stränden angetroffen werden.

Aufs Meer hinausschwimmende Tiere können selbstverständlich ertrinken und von Meeresströmungen angetrieben

Daß Kopf und Hals des Ungeheuers von Loch Ness tatsächlich der erhobene Rüssel eines schwimmenden Elefanten sind, ist wohl unwahrscheinlich. Aber die angebliche Verbindung zwischen Elefanten und dem Ungeheuer scheint schon sehr alt zu sein, denn unter den naturalistischen Tiergestalten auf alten Piktensteinen, die Lachse, Adler, Wildschweine und dergleichen zeigen, befindet sich dieses seltsame stilisierte Wesen auf dem Maiden Stone in Meigle, Aberdeenshire. Das unbekannte Tier wird als piktisches Tier bezeichnet – aber auch als »schwimmender Elefant«! (National Monuments Record: Crown copyright reserved).

werden. Aber diese Erklärung klingt bei den exotischeren der angeschwemmten Kadaver reichlich fadenscheinig. Woher kam beispielsweise die Löwin, die im August 1953 an einem Strand bei Neapel angetrieben wurde? Wie Bill Hornadge in *A Squint at the World* (1971) berichtet, wurde schon im Mai 1953 in Cornwall in der Widemouth Bay südlich von Bude ein toter Elefant angeschwemmt. Eine weitere uns vorliegende Meldung betrifft einen 500 Kilogramm schweren Elefantenkadaver, der am Strand in der Nähe des japanischen Dorfs Senzu-mura auf Oschima entdeckt wurde. Amtliche Nachforschungen ergaben, daß kein Elefant als vermißt gemeldet oder (soweit sich das feststellen ließ) auf einem Schiff über Bord gegangen war. Der Elefant hatte sich nur eine Woche lang im Wasser befunden und konnte in diesem Zeitraum unmöglich aus seiner Heimat bis nach Japan geschwommen sein. Dies ist einer der Fälle, in denen Teleportation nicht unwahrscheinlicher als jede andere Erklärung zu sein scheint. Hier noch drei weitere Fälle:

Im April 1955 wurden bei Wellington, Neuseeland, zwei tote Elefanten angetrieben.

Die Netze des Fischkutters *Ampulla* aus Grimsby wurden Mitte März 1960 von einem Elefanten zerrissen, der wieder verschwand. Aus der AP-Meldung vom 20. März geht nicht hervor, ob das Tier tot oder lebendig war.

Die Londoner *Sun* (8. April 1982) meldete einen weiteren Fund in der Nordsee 50 Kilometer vor Aberdeenshire, wo die Besatzung eines Trawlers einen toten Elefanten entdeckte, den sie zunächst für ein Wrack hielt. »Das war das Verrückteste, was ich je gesehen habe«, meinte Kapitän Andrew Strechan.

III. Wundertiere

Sprechende Katzen und Hunde

Im Juli 1966 brachte das Magazin *Fate* ein Interview mit einem sprechenden Hund. Er hieß Pepe und war ein winziger Chihuahua in Torrence, Kalifornien. Clare Lambert, die Pepe und seine Besitzerin, Mrs. Genova, interviewte, hatte aus der Fachzeitschrift *Gas News* von dem sprechenden Hund erfahren. Das Titelfoto hatte Pepe im Gespräch mit einem Installateur gezeigt, der den Gasboiler der Familie Genova repariert hatte. Der Mann hatte im Keller gearbeitet, als Pepe plötzlich »Ich liebe dich!« sagte. Der Installateur wollte zunächst seinen Ohren nicht trauen, hob dann das Hündchen hoch und beobachtete, wie sein Maul sich bewegte, während er mit hoher, singender Stimme »Ich liebe dich!« wiederholte. Der Mann war so begeistert, daß er Pepe ins Gaswerk einlud, wo er als Gesprächspartner sehr beliebt wurde.

Pepe empfing Clare Lambert zu Hause und unterhielt sie mit weiteren Sätzen aus seinem Vokabular wie »Ich will dich«, »Wie geht's Ihnen?«, »Jetzt nicht«, »Hallo!« und »Ed Sullivan«. Danach erzählte Mrs. Genova seine Geschichte. Pepe stammte aus einheimischer Zucht, war knapp zwei Jahre alt und mäkelte gern an seinem Fressen herum. Sie hatte ihn zum erstenmal im Garten sprechen gehört. »Er hat mit seiner Freundin Ranie durch den Drahtzaun gesprochen. Ich habe deutlich die Worte ›Ich liebe di-ich, ich liebe di-ich, ich brauche di-ich‹ gehört, die mit hoher Singstimme gesprochen und mehrmals wiederholt wurden.« Diese und andere Redewendungen hatte Pepe von seiner Besitzerin gelernt.

Clare Lambert beschrieb, was sich ereignete, als Mrs. Genova ihn zu einem Schwätzchen auf den Schoß nahm: »In Pepes Kehle entsteht ein halblauter singender Ton, während seine Muskeln sich zu bewegen beginnen. Nach etwa sechs Sekunden hebt er den Kopf, öffnet das Maul weit und singt die vorgesprochenen Wörter nach, wobei er jeden Ausdruck mehrmals wiederholt. Pepe hat eine laute Stimme für ein so kleines Tier.

Ich habe ihn aus der Nähe beobachtet, um zu sehen, wie seine Halsmuskeln sich bewegen, und festgestellt, daß er die Zunge zum Gaumen hebt, um Wörter zu bilden. Diese Zungenbewegung ist höchst ungewöhnlich. Hunde lassen ihre Zunge sonst auf dem Unterkiefer liegen, wenn sie Geräusche von sich geben.

Pepe spricht nicht monoton. Er singt mehr, als er redet ... Bei jedem Satz steigt oder fällt seine Stimme um etwa drei Töne. Das ist schwer zu beschreiben. Man muß es selbst gehört haben! Pepe ist kein Angeber. Er ist ein bescheidener kleiner Hund, der nur selten ungefragt spricht.«

In Dallas, Texas, lebt ein weiterer sprechender Hund, ein Dobermann namens Lancer. Bei seinem Interview durch den *National Enquirer* (12. Juli 1977) war Lancer zwei Jahre alt und hatte einen großen Wortschatz, zu dem das bei Haustieren wohl unvermeidliche »Ich liebe dich« gehörte. Nach Auskunft seines Besitzers Gerald Wright konnte Lancer »fast alles binnen weniger Minuten lernen«, was Mr. Wright als Präsident einer Kosmetikfirma in Dallas ausnützte, indem er Lancer seine Mitarbeiterinnen dadurch bezaubern ließ, daß er ihre Namen lernte und aussprach. Bud Gordon schrieb im *Enquirer,* Lancer spreche zweifelsohne wie ein Mensch, aber seine Stimme klinge dumpf, »als habe er das Maul voller Watte«.

Ein glatthaariger Foxterrier namens Ben, der dem Ehepaar Brissenden in Royston, Hertfordshire, gehörte, wurde am 11. und 12. August 1946 in zwei Artikeln im *Daily Mirror* vorgestellt. Am Vortag war ein Reporter bei seinen Besitzern gewesen und hatte gehört, wie Ben mehrmals laut und deutlich

»Ich will einen« gesagt hatte, um Tee, Kekse und andere Leckerbissen zu bekommen. Seine Stimme wurde als »ein volltönender Bariton« geschildert, und der Reporter fand es geradezu unheimlich, wie Ben seinen Tonfall verändern konnte, um seinen Wünschen Nachdruck zu verleihen – »vom schmeichlerischen bis hin zum barschen, fordernden Ton«.

Auf Veranlassung des *Daily Mirror* fuhren Professor W. C. Miller und Dr. W. Wooldridge, zwei berühmte Tierchirurgen, nach Royston, um den sprechenden Hund zu untersuchen. Sie hörten Ben prompt sagen: »Ich will einen... ohhh... ich will einen.« Professor Miller stellte fest: »Ich habe noch nie einen Hund gehört, der die menschliche Stimme so gut imitieren konnte.« Dr. Wooldridge fügte hinzu: »Das Erstaunlichste ist, daß Ben tatsächlich sein Maul und bis zu gewissem Grade auch seine Zunge benützt, um die Wörter zu bilden und auszusprechen. Er trennt die Wörter deutlich und scheint seine Zunge zu gebrauchen, um von einem Wort zum nächsten überzugehen.« Während die beiden Fachleute in Mrs. Brissendens Wohnzimmer über ihre Beobachtungen diskutierten, spielte Ben vor ihnen mit einem Ball.

Vor einigen Jahren war ein anderer Hund, der »Bier, bitte« und weitere einschlägige Redewendungen beherrschte, dem ehemaligen Schauspieler Ronald Shiner behilflich, das Lokal »Porter Inn« in Templecombe, Somerset, zu führen. Und aus Australien hören wir von einem bemerkenswerten Hund, der unter anderem »Hallo, Mami!« und »Hier bin ich, Mami« sowie »ein Wort, das oft in Männergesellschaft, aber nicht in Gegenwart von Damen gebraucht wird«, sagen konnte. Wie der Londoner *Evening Standard* (17. Januar 1953) berichtete, war seine Aussprache »glockenhell und im Akzent viel eher englisch als australisch«.

Eine Eigenart dieses sprechenden australischen Foxterriers war seine sozusagen kirchliche Abstammung: Sein Besitzer war der Standesbeamte der Diözese Newcastle in Neu-Südwales. Deshalb brach allgemeines Gelächter aus, als australische Wissenschaftler die konventionelle Erklärung vorbrachten, die Sprechfähigkeit des Hundes basiere auf einem »konditionierten Reflex«, was heißen sollte, der Hund habe seinen Wortschatz in seiner näheren Umgebung aufgeschnappt. Auch der *Evening Standard* kommentierte diese Diagnose belustigt, weil sie zeigte, »wie dumm Wissenschaftler sein können«, obwohl die Zeitung zugeben mußte, es sei denkbar, daß selbst ein hoher Kirchenbeamter in Streßsituationen einen für die Ohren von Damen ungeeigneten Ausdruck gebrauche.

Bedeutungsvolles Miauen

1963 nahm das Ehepaar Deem in Hillside Acres, Florida, einen zugelaufenen jungen Kater auf. Sie fütterten ihn, nahmen das Tier bei sich auf und nannten es wegen seiner Färbung Whitey. Sie hatten bereits einen Kater – Blackie –, mit dem Whitey nicht immer gut auskam. Einige Monate später, als Whitey ungefähr ein halbes Jahr alt war, sprang er aufs Doppelbett und sagte: »Mama, ich hab' Hunger.« »Was hast du gesagt?« fragte Ruth Deem, worauf Whitey erwiderte: »Ich hab' Hunger.« Mrs. Deem erzählte ihrem Mann nichts davon, sondern stand auf und fütterte den Kater.

Einige Tage später streichelte James Deem Whitey und nannte ihn im Scherz eine böse Katze. »Ich bin *keine* böse Katze«, widersprach Whitey. »Ich will ins Freie.«

Danach sprach der Kater häufig mit den Deems – mindestens einmal pro Tag, häufig in weinerlichem Ton, als leide er noch unter seiner schlimmen Kindheit. Zu seinem Repertoire gehörten Sätze wie »Warum liebt mich keiner?«, »Ich will heim«, »Ich liebe Mama« und »Er ist bös«, womit Blackie gemeint war.

Im Januar 1965 wurde Whitey von Suzy Smith interviewt, deren Artikel »Auf der Suche nach der sprechenden Katze« in dem Magazin *Fate* (November 1965) erschien. Bedauerlicherweise war Whitey krank gewesen und hatte seit einiger Zeit nicht mehr gesprochen. Sonst war er ein ganz normaler Kater, der gern auf Streifzüge ging, von denen er vor kurzem eine Vergiftung mitgebracht hatte, die seine Sprechfähigkeit beeinträchtigte. Suzy Smith bemühte sich natürlich, weitere Zeugen für Whiteys behauptete Fähigkeit zu finden. Mehrere Nachbarn bestätigten, den Kater reden gehört zu haben, und zwei gaben ihr diese Aussage sogar schriftlich. Ein Nachbar hatte während Deems Urlaub die Katzen versorgt und einmal mit einer Zeitung nach den sich balgenden Katern geschlagen. Als Ruth Deem zurückkam, sagte Whitey: »Mama, er hat mich geschlagen.« »Womit hat er dich geschlagen, Schatz?« fragte sie. »Zeitung«, antwortete er.

Suzy Smith besprach den Fall Whitey mit dem Parapsychologen und Soziologieprofessor Dr. Hornell Hart vom Florida Southern College. Hart nannte drei mögliche Erklärungen: Bauchreden, falsch gedeutetes Miauen und »eine sich entwickelnde Mode, nach der es als schick gilt, in der Öffentlichkeit zu behaupten, man habe alle möglichen Bemerkungen von einer Katze gehört«.

Die »modische« Erklärung hat ziemliche Ähnlichkeit mit den Theorien über Massenhysterie, -psychose oder -hypnose, die im allgemeinen herangezogen werden, wenn anomale Ereignisse mehr als eine Person betreffen. Sie ist vage genug, um plausibel zu sein, aber Suzy Smith, die mehrere Zeugen kennengelernt hatte, glaubte nicht an eine »Mode« und hielt auch die beiden anderen Erklärungen – Bauchreden und falsch gedeutetes Miauen – für ziemlich unwahrscheinlich. Etwa ein Jahr nach ihrem Besuch sprach Whitey im Freien, ohne daß die Deems in der Nähe gewesen wären. »Du kannst mich nicht fangen«, erklärte er Joe Rhodes, einem Nachbarn, der ihn einfangen und zu den Deems bringen wollte. Tatsächlich gelang Rhodes das nicht.

Der Reverend Bennett Palmer, der sich mit Whitey befaßt hat, obwohl er ihn nie sprechen gehört hat, vergleicht ihn mit einem anderen sprechenden Tier, das Mitte der dreißiger Jahre die Psychologen faszinierte (siehe Harry Price und R. S. Lambert: *The Haunting of Cashen's Gap*, 1936). Dabei handelte es sich um einen sprechenden Mungo oder vielmehr um eine körperlose Stimme, die ein Mungo namens Gef zu sein behauptete, der in einem Haus in Cashen's Gap auf der Insel Man umging. Rascheln und andere Hinweise schienen auf die Existenz eines Wesens auf dem Dachboden oder in den Wänden hinzudeuten, das allerdings nie richtig zu sehen war. Gef ist als seltener sprechender Poltergeist klassifiziert worden, und bei der aus Whitey sprechenden Stimme könnte es sich um ein ähnliches Phänomen gehandelt haben.

Das erinnert uns an eine frühere Erklärung für sprechende Tiere: Sie seien von Geistern besessen oder fungierten als Medien. In *Peculiar People* (1950) hat Dr. E. J. Dingwall einen unvorteilhaften Vergleich zwischen Ben, dem sprechenden Hund aus Royston, und dem schwarzen Hund des mittelalterlichen deutschen Zauberers H. C. Agrippa angestellt. Dieses allwissende Tier konnte nicht nur sprechen, sondern flüsterte seinem Herrn die Geheimnisse aller Ereignisse auf der ganzen Welt ins Ohr.

Kluge Hunde

Nach menschlichen Begriffen – und mit wissenschaftlichen Methoden gemessen – sind Tiere nicht sonderlich intelligent. Vögel verlassen oft ihr Gelege, wenn zwei oder drei ihrer vier Eier gestohlen werden, aber der Verlust eines einzelnen Eis fällt ihnen nicht auf, und Versuche haben gezeigt, daß andere Tiere ähnlich schlecht zählen können. Tiere schätzen Mengen offenbar nur, ohne normal zu zählen.

Andererseits sind zahlreiche Fälle bekannt, in denen bestimmte Tiere unter peinlichster Überwachung eine Intelligenz bewiesen zu haben scheinen, die der menschlicher Ermittler gleichwertig oder sogar überlegen war. Bei diesen »Intelligenzbestien« hat es sich in der Hauptsache um Hunde oder Pferde gehandelt.

Wie Alan McElwaine in der *Washington Post* (3. April 1966) berichtete, lebte in einer Villa im italienischen Fiesole ein Setter namens Arli. Seine Besitzerin war Elisabeth Mann-Borghese, eine Tochter Thomas Manns, die sich mit

at deat dear dear near fear gear see sear bear der dear bad a aad fa famt fad mad afrli
ne sgg sg se so ne and band amse san d a sand arli go a car ad and ser see a n bad dg deg
bad g dog dbe m goed dg dog gget ball and go bee beeb bed

Der maschinenschreibende Setter Arli, den Elisabeth Mann-Borghese gelehrt hatte, auf einer Spezialmaschine Texte zu schreiben (Jim Doll). In der Textprobe sind die Wörter unterstrichen, mit denen der Hund seine Wünsche auszudrücken scheint (The Washington Post, 3. 4. 1966/Fortean Times Archives).

der Kommunikation zwischen Mensch und Tier befaßte. Um sich mit Arli verständigen zu können, konstruierte sie eine Spezialschreibmaschine, deren Tasten er mit der Schnauze herabdrücken konnte.

Im ersten Stadium seiner Ausbildung zum Maschinenschreiber mußte Arli lernen, gedruckte Symbole voneinander zu unterscheiden. Als nächstes lehrte seine Besitzerin ihn, Laute mit Symbolen in Verbindung zu bringen, bis er auf Befehl eine Karte mit einem einfachen Wort wie »Cat« oder »Dog« heraussuchen konnte. Danach wurden die Wörter in Buchstaben zergliedert, und Arli lernte, Laute zu unterscheiden und beispielsweise die Buchstaben D, O und G richtig anzuordnen. An der Schreibmaschine konnte er seinen einfachen Wünschen dann schriftlich Ausdruck verleihen, wobei er z. B. »go car« schrieb, wenn er als leidenschaftlicher Autofahrer ausfahren wollte. In dem hier abgebildeten Text bewies Arli genügend Intelligenz, um eine Mitteilung zu Papier zu bringen, wie sie wohl die meisten Besitzer von ihren Hunden hören möchten.

Elisabeth Mann-Borghese ist Wissenschaftlerin, und Arlis Schreibleistungen – einige Wörter mit bis zu vier Buchstaben – widersprechen wissenschaftlicher Auffassung von richtigem Hundeverhalten nicht allzusehr. Andere Hunde sind mehr aus sich herausgegangen: Sie haben gelernt, sich in alphabetischer Zeichensprache auszudrücken, verblüffend schnell komplizierte Rechnungen durchzuführen und zukünftige Ereignisse richtig vorauszusagen.

Anfang unseres Jahrhunderts gab es in Deutschland eine Welle gebildeter Pferde, kluger Hunde und anderer Intelligenzbestien. Zu ihnen stieß im Jahre 1913 der bemerkenswerte Rolf, ein Bedlington- (oder Airedale-)Terrier, der Paula Möckel in Mannheim gehörte.

Eines Tages half Frau Möckel ihrer kleinen Tochter bei den Hausaufgaben. Die Kleine hatte Schwierigkeiten mit einer einfachen Addition, so daß ihre Mutter sich aufgebracht an Rolf wandte, der unter dem Tisch lag. Robert Tocquet läßt sie die weiteren Ereignisse in *The Magic of Numbers* (1957) selbst schildern: »Rolf kam zu mir, setzte sich neben mich und sah mich mit seinen großen Augen an. Ich sagte: ›Rolf, was willst du? Weißt du, was zwei und zwei ist?‹ Zu meiner großen Überraschung berührte er daraufhin meinen Arm viermal mit seiner Pfote. Unser Ältester schlug sofort vor, den Hund zu fragen, wieviel fünf und fünf macht. Die Antwort kam augenblicklich: zehn Stupser mit der Pfote. Als wir diese Versuche abends fortsetzten, zeigte sich, daß das Tier einfache Additionen, Subtraktionen und Multiplikationen richtig lösen konnte.«

Später legte Rolf sich ein eigenes Alphabet zurecht. Frau Möckel las ihm die Buchstaben von A bis Z vor, und Rolf zeigte durch Berühren ihres Arms an, welche Zahl er dem jeweiligen Buchstaben zuordnen wollte. Eindrucksvoll war dabei, daß die am häufigsten gebrauchten Buchstaben die niedrigsten Zahlen erhielten. Auch für nützliche Wörter wie »ja«, »nein«, »müde«, »spazierengehen« und »Bett« wurden Zeichen vereinbart.

Mit Hilfe dieses Alphabets konnte Rolf fast alle Fragen beantworten, die ihm von Mathematikern, Zoologen und Psychologen gestellt wurden. Dr. Oshausen aus Hamburg, der ihn im Jahre 1913 untersuchte, war davon überzeugt, daß der Hund tatsächlich imstande sei, schwierige Rechenaufgaben wie die Addition der Kubikwurzeln aus 2 und 1331 zu lösen. Weitere Beweise für Rolfs Intelligenz zitieren Vincent und Margaret Gaddis in *The Strange World of Animals and Pets* (1970). Zeigte man ihm verschiedenfarbige Gegenstände, konnte er angeben, wie viele von jeder Farbe vorhanden waren; Rolf konnte die verschiedenen Blumenarten eines Straußes bezeichnen und war so höflich, lebhafte Dankesbriefe für von Bewunderern zugesandte Geschenke zu diktieren. Er sah sich gern Bilderbücher an – vor allem Bücher mit Abbildungen von Tieren. Die ihm bekannten Tiere konnte er auf Zeichnungen identifizieren, und zu seinen Kommentaren gehörte »Seltsames Tier!«, als ihm ein Krokodil gezeigt wurde. Und als Dr. Mackenzie aus Genua ihn einmal fragte, was er unter Herbst verstehe, antwortete Rolf prompt: »Äpfelzeit.«

Paula Möckel starb im Jahre 1915; Rolf verständigte sich weiter mit Menschen und ließ noch viele wissenschaftliche Untersuchungen über sich ergehen, bis er vier Jahre später ebenfalls starb.

Von Rolfs vier Nachkommen wurde die Hündin Lola sogar noch berühmter als ihr Vater, weil Henny Kindermann, ihre Besitzerin, ihr mit *Lola oder Das Denken und Sprechen von Tieren* (1923) eine Art literarisches Denkmal setzte. Paula Möckel und andere hatten bei dem Versuch, Lola Zahlen beizubringen, wenig Erfolg gehabt, aber als Frau Kindermann sich der jungen Terrierhündin annahm, erzielte sie erstaunliche Ergebnisse. Sie machte sich als erstes daran, Lolas Vertrauen zu gewinnen, indem sie ihre eigene Persönlichkeit der der Hündin anpaßte. »Außerdem versuchte ich«, schrieb sie, »ihr begreiflich zu machen, daß sie anderen Hunden helfen könne, indem sie fleißig sei und den Menschen beweise, was ein Hund alles könne.«

Bei einer so einfühlsamen Lehrerin wurde Lola bald eine gute Rechnerin. Sie lernte, einfache Aufgaben zu lösen, und gab die Lösungen an, indem sie mit der rechten Pfote die Einerzahlen und mit der linken die Zehnerzahlen klopfte. Ein einmaliges Klopfen mit beiden Pfoten hätte also die Zahl 11 bezeichnet.

Nach dem Rechnen kam das Schreiben. Frau Kindermann entwickelte ein Alphabet aus bis zu vierzig Klopfzeichen, die verschiedenen Buchstaben oder Lauten entsprachen. Lola beherrschte es bald und konnte mit Klopfzeichen viele Wörter phonetisch wiedergeben. Sie verstand diese Wörter offenbar auch. Zeigte ihre Lehrerin beispielsweise auf ihr Auge, ohne es zu bezeichnen, klopfte Lola neunmal, was »au« entsprach, und danach noch 23mal, was »g« bedeutete.

Lola war eine so gute Schülerin, daß Henny Kindermann ihr zutraute, lesen lernen zu können. Sie begann mit Zahlen. Lola wurde ein Blatt gezeigt, auf dem die zehn Zahlen von 0 bis 9 mit Punkten bezeichnet waren. Sobald die Hündin begriffen hatte, worum es dabei ging, legte Frau Kindermann ihr das Blatt neben ihren gewohnten Platz, damit sie es in Ruhe studieren konnte. Am nächsten Tag kannte Lola dieses System fast auswendig und klopfte wenig später die Lösungen *schriftlich* gestellter Additionsaufgaben. Danach wurde sie aufgefordert, sich mit einem Blatt zu beschäftigen, auf

Rita, die rechnende Schäferhündin, die ihre Lösungen bellte, wenn ihr Additionsaufgaben auf eine Tafel geschrieben wurden (Popperfoto).

dem die von ihr bereits beherrschten Buchstaben und Laute mit den entsprechenden Klopfzeichen angegeben waren. Lola behielt das Blatt bei sich, um nachsehen zu können, aber nach einigen Tagen brauchte sie es nicht mehr und konnte aus Büchern vorlesen, indem sie die einzelnen Buchstaben klopfte.

In allen diesen Fällen wurde niemals ein Betrugsverdacht geäußert. Der am häufigsten von Skeptikern – meistens Leute, die weder Rolf noch Lola kannten – vorgebrachte Ein-

Chris, der Bastard aus Rhode Island, der die Lösungen schwieriger Rechen-aufgaben mit der Pfote klopfte, bevor sein Prüfer sie mit dem Rechenschieber lösen konnte (Providence Journal Compagny, Rhode Island).

wand besagte, die Antworten würden den Tieren bewußt oder unbewußt von ihren Besitzern suggeriert. Daß diese Vermutung irrig war, geht daraus hervor, daß alle Wissen-schaftler, die diese Hunde untersuchten, ihnen Aufgaben stellten, während ihre Besitzer abwesend waren, oder ihnen welche stellten, deren richtige Lösung keinem der Anwesen-den bekannt war. Andere Zweifler sprachen von Telepathie oder stellten Theorien über die Intervention von Geistern auf. Jedenfalls gingen Lolas Fähigkeiten weit über das durch bloße Dressur Erlernbare hinaus. Sie konnte zukünftige Ereignisse wie Wetterveränderungen vorhersagen, und ihr Vater Rolf war ähnlich befähigt gewesen: Er sollte das Mannheimer Erdbeben des Jahres 1912 vorausgesagt haben. Professor Ziegler aus Stuttgart, Anfang unseres Jahrhunderts der führende Experte für Wundertiere, der mit Rolf gearbeitet hatte, nachdem er die im nächsten Kapitel beschriebenen Elberfelder Pferde studiert hatte, kam zu dem Schluß, diese Tiere bewiesen eine menschenähnliche Intelligenz. In einem seiner Bücher stellte er fest:

»Nachdem ich mich nunmehr davon überzeugt habe, daß die Elberfelder Pferde und der Mannheimer Hund tatsächlich *auf Grund eigener Verstandeskräfte* des Lesens und Schreibens mächtig sind, halte ich es für meine Pflicht als Wissenschaftler, die Ergebnisse dieser Versuche in Wort und Schrift zu verteidigen, obwohl ich mich keinen Illusionen darüber hingebe, wie schwierig es ist, die Wissenschaft mit Entdeckungen vertraut zu machen, die im Gegensatz zur bisherigen Lehrmeinung stehen.«

Nachdem Lola im Jahre 1920 eingegangen war, lernte ihr Sohn Awa einige ihrer einfacheren Rechen- und Buchstabierkunststücke, aber seine mathematischen Kenntnisse blieben schwach, und er konnte kaum dividieren oder Wurzeln ziehen. Aber es gab viele andere deutsche Hundebesitzer und Hunde, die es auf sich nahmen, sich gegenseitig zu erziehen. In *Magic of Numbers* hat Robert Tocquet zwei lange Listen kluger deutscher und französischer Hunde zusammengestellt. Einen dieser französischen Hunde kannte er persönlich: Zou, eine Mischung aus Foxterrier und Schäferhund, gehörte Carita Borderieux, der Herausgeberin der Zeitschrift *Psychica*. Madame Borderieux hatte die gesamte Literatur über kluge Hunde und Pferde gelesen und daraus eine eigene Ausbildungsmethode entwickelt. Zou lernte daher fast so gut lesen und rechnen wie seine deutschen Vorbilder. Er war noch keine zwei Jahre alt, als er seine Fähigkeiten öffentlich und vor Wissenschaftlern auch privat unter Beweis stellte. Tocquet erlebte Zou in beiden Situationen und bekam von ihm richtige Antworten auf Fragen wie »Wie viele Menschen sind in diesem Zimmer?«, »Wieviel ist acht und drei?« und »Wieviel ist neun minus vier?«

Kluger Chris

Ein neuerer Fall eines intelligenten Hundes – zugleich eines der eindrucksvollsten Beispiele – war der Beagle-Mischling Chris, der von 1950 bis 1962 George und Marion Wood in East Greenwich, Rhode Island, gehörte. Die Woods hatten ihn als Zweijährigen bekommen, und Chris blieb weitere drei Jahre lang ein gewöhnlicher, lebhafter Hund, der keine besonderen Tricks beherrschte. Im Jahre 1953 veränderte sich sein Leben, als ein Freund der Woods seinen Hund mitbrachte, der durch Klopfzeichen Fragen beantworten und einfache Rechenaufgaben lösen konnte. Dieser andere Hund schien Chris zu faszinieren, und wie Joseph Wylder in *Psychic Pets* (1978) berichtet, forderte Mrs. Wood ihn auf, zwei und zwei zu addieren. Als Antwort tippte er ihren Arm viermal mit der Pfote an.

Danach war Chris nicht mehr zu bremsen. Unter Anleitung des Chemikers Wood und seiner als Kunsterzieherin tätigen Frau beherrschte Chris bald schwierige Rechenaufgaben und das Alphabet. John E. Malloy, einer seiner ersten Interviewer, schrieb in *Fate* (November 1955):

»Er kann zählen, addieren, subtrahieren, multiplizieren, dividieren, buchstabieren, Quadrat- und Kubikwurzeln ziehen und Gleichungen mit einer Unbekannten lösen. Seine Antworten sind klar und richtig. Er gibt sie, indem er den herabhängenden Arm des Fragenden mit der Pfote antippt. Ist die Lösungszahl mehrstellig, macht er eine angemessene Pause zwischen den Stellen. Er wendet seine mathematischen Kenntnisse aufs Alphabet an und buchstabiert Wörter, indem er bei A einmal, bei B zweimal usw. klopft.«

Wissenschaftler mehrerer amerikanischer Universitäten fanden sich bei den Woods ein, um Chris mit mathematischen und anderen Aufgaben auf die Probe zu stellen. Charakteristisch für ihre Reaktionen war die Feststellung des Psychologen Dr. Nugent vom Rhode Island College of Education, er sei »begeistert, aber verblüfft«. Bei einer Gelegenheit stellten zwei Ingenieure der Firma Du Pont dem Hund eine schwierige Rechenaufgabe, die sie sich spontan ausgedacht hatten, ohne die Lösung zu kennen. Während sie sich gemeinsam damit befaßten, dachte auch Chris darüber nach. Er brauchte vier Minuten, um die Rechenaufgabe zu lösen. Die Ingenieure notierten sich sein Ergebnis und rechneten weiter. Als sie nach insgesamt zehn Minuten das Ergebnis hatten, entsprach es genau dem von Chris diktierten.

Chris mußte sein Leben lang von den Woods gegen lediglich neugierige oder sogar feindselige Besucher abgeschirmt werden, von denen einige nur kamen, um ihn als Werkzeug des Teufels zu beschimpfen. Wirkliche Forscher wurden jedoch stets zu ihm vorgelassen, und Chris lernte, auf viele unterschiedliche Fragesteller einzugehen. Er trat mehrmals zugunsten von Tierschutzvereinen im Fernsehen und auf der Bühne auf, aber er wurde nie ausgenützt oder zur Arbeit gezwungen. Chris führte die meiste Zeit ein ganz normales Hundeleben: Er streunte mit anderen Hunden, bellte Katzen an und jagte Autos.

Selbst nachdem Chris auf Bitte eines Nachbarn die Sieger zweier Pferderennen richtig vorausgesagt und weitere Proben seiner Wahrsagefähigkeit gegeben hatte, weigerten die Woods sich standhaft, von ihrem Wunderhund materiell zu profitieren. Schließlich hörte sogar der durch seine ESP-Experimente (d.h. mit extrasensorischer Perzeption) bekannte Dr. J. B. Rhine von der Duke University in North Carolina von ihm und beauftragte Dr. Cadoret und Dr. Pratt, Chris untersuchen zu lassen. Dazu wurde Chris ein Satz Karten gezeigt, die mit einem von fünf Symbolen gekennzeichnet waren; er lernte, sie durch ein- oder mehrmaliges Klopfen mit der Pfote zu bezeichnen. Dann wurde er aufgefordert, das Symbol der nächsten Karte zu nennen oder anzugeben, an welches Symbol die Wissenschaftler gerade dachten. Die Ergebnisse wurden von Dr. Pratt folgendermaßen zusammengefaßt, wie der *National Enquirer* (4. April 1978) berichtete:

»Bei einer Serie, in der 55 das wahrscheinlichste Zufallsergebnis war, erzielte Chris 104 Punkte. Ein Ergebnis von 104 oder mehr Punkten bei elf Durchgängen mit ESP-Karten wäre als Zufallsergebnis nur einmal bei über 100 Milliarden Serien zu erwarten gewesen. Wie Hunderte vor mir, die Chris in Aktion erlebt hatten, war ich von seinen Leistungen bei der Beantwortung vorgelegter Fragen beeindruckt.«

Zu Chris' Voraussagen gehörte auch sein Todestag, der 10. Juni 1962. Tatsächlich starb er jedoch schon einen Tag früher.

Viele Besucher fragten Chris, wie er zu seinen Voraussagen und Rechenergebnissen gelange, ob er ein wiedergeborenes Wesen oder ein spirituelles Medium sei. Für solche und ähnliche Fragen Neugieriger hatte Chris eine verblüffend einfache Antwort parat: »Kluger Hund!«

Kluge und rechnende Pferde

Wie aus einem Leserbrief in *Nature* (20. Oktober 1904) hervorging, war 1658 in London ein Pferd aufgetreten, das »zählen, Fragen beantworten und eine kleine Kanone abfeuern« konnte. Seither haben viele Dompteure Tieren beigebracht, mit Huf oder Pfote zu klopfen oder zu scharren, bis sie durch ein Zeichen den Befehl zum Aufhören erhalten. Auf diese Weise scheinen die Tiere zu zählen oder Fragen zu beantworten. Josef Meehan, Verfasser des oben erwähnten Leserbriefs, erwähnte ein Pferd und einen Hund, die er um 1891 im Londoner Royal Aquarium auf der Bühne gesehen hatte. Die beiden hatten Rechenaufgaben gelöst, die Uhrzeit angegeben und das Alter von Zuschauern erraten. Von ihrem Trainer hatte Meehan erfahren, welcher Trick dahintersteckte: Das Pferd scharrte so lange mit dem Huf, wie sein Besitzer es ansah, und hörte auf, sobald er es nicht mehr fixierte; der Hund reagierte auf eine kurze Bewegung des ausgezogenen Handschuhs in der Hand seines Besitzers. In seinem Leserbrief warf Meehan die Frage auf, ob Kluger Hans, ein rechnendes Pferd, das damals in Deutschland Furore machte, seine scheinbare Begabung ähnlichen Tricks verdanke.

Hans war ein junger russischer Hengst, den der damals 62jährige Wilhelm von Osten 1900 gekauft hatte. Seit langem war er von dem Gedanken besessen, richtig ausgebildete Tiere könnten einen nahezu menschlichen Intelligenzgrad

Kluger Hans und seine Rechenkünste werden von Professor C. G. Schillings einer »wissenschaftlichen Untersuchung« unterzogen (K. Krall: Denkende Tiere, *Leipzig 1912).*

erreichen. Mit einem ältlichen, mürrischen Bären hatte er bereits experimentiert, doch war dieser außerstande, auch nur die einfachsten Zahlen und Rechenvorgänge zu erlernen; und mit einem Kutschpferd hatte er ähnliche Enttäuschungen erlebt. In Hans fand er nun einen intelligenten Schüler.

Von Osten begann mit Reihen bis zu neun Kegeln, deren Anzahl er laut nannte, so daß das Pferd die Mengen erfaßte und mit den Worten eins, zwei, drei usw. in Verbindung brachte. Danach ersetzte er die Kegel durch auf eine Tafel geschriebene Zahlen. Als Hans auch damit vertraut war, begann von Osten mit einfachen Rechenübungen, denen dann schwierigere Aufgaben mit Quadrat- und Kubikwurzeln folgten. Professor Claparède hatte sich als einer der ersten Wissenschaftler mit den mathematischen Fähigkeiten des Wunderpferdes befaßt und schrieb in den *Archives de psychologie de Genève:* »Hans konnte nicht nur addieren; er konnte auch lesen und in der Musik Harmonien von Dissonanzen unterscheiden. Außerdem besaß er ein ungewöhnlich gutes Gedächtnis; er konnte das Datum jedes Wochentags angeben. Kurz gesagt: Seine Leistungen entsprachen denen eines intelligenten Schülers von 14 Jahren.«

Wilhelm von Osten, der hochintelligente und originelle Trainer, der Hans zu Beginn unseres Jahrhunderts ausbildete (K. Krall: Denkende Tiere, *Leipzig 1912).*

Auf allgemeinen Wunsch seiner zahlreichen Anhängerschaft wurde Kluger Hans von einem eigens für diesen Zweck gebildeten Ausschuß geprüft, dem Psychologie-, Physiologie- und Zoologieprofessoren, einige Kavallerieoffiziere, ein Arzt, mehrere Tierärzte und ein Zirkusdirektor angehörten. Diese Männer beobachteten und befragten das Pferd fünf Wochen lang und taten ihr Bestes, um Wilhelm von Osten bei irgendeinem Betrugsmanöver zu ertappen. Aber Kluger Hans rechnete auch in Abwesenheit seines Besitzers richtig weiter und beantwortete ihm gestellte Fragen. Die Ausschußmitglieder zogen sich dann zurück, um Einzelberichte zu schreiben, in denen sie ohne Ausnahme bestätigten, Kluger Hans habe das Erwartete geleistet, ohne daß Anzeichen für irgendwelche Betrügereien zu erkennen gewesen seien. Die Berichterstatter konnten sich das Gesehene nicht erklären.

Die wissenschaftlichen Gegner von Ostens und seines Pferdes waren mit diesem Ergebnis keineswegs zufrieden, denn sie hatten zum Teil schriftlich behauptet, die beiden seien Schwindler, und mußten jetzt mit einer Klage wegen Verleumdung rechnen. Zu ihnen gehörte der berühmte Berliner Psychologe Oskar Pfungst, der mit einer neuerlichen Untersuchung des Wunderpferdes beauftragt wurde, obwohl sein ausgeprägtes Vorurteil bekannt war. In seinem Buch *Der kluge Hans* (1908) widersprach Pfungst nachdrücklich allen Behauptungen Wilhelm von Ostens. Er erklärte, Hans kenne keine Buchstaben oder Zahlen, sei völlig außerstande, zu zählen, zu lesen und zu rechnen, und besitze lediglich die Fähigkeit, auf kaum wahrnehmbare Laute oder Zeichen seines Ausbilders oder anderer Personen zu reagieren.

Oskar Pfungsts Bericht entsprach genau den Erwartungen vieler Zeitgenossen. Sein Verfasser wurde mit Lob überschüttet, während Hans und sein Besitzer der Lächerlichkeit preisgegeben waren. Wilhelm von Osten protestierte vergebens. Er wurde nur noch von wenigen ernst genommen und starb im Jahr darauf einsam und verbittert.

Hans überlebte ihn jedoch und tat viel, um Osten zu reha-

bilitieren. Sein Besitzer hatte ihn dem Elberfelder Geschäfts-
mann Karl Krall vermacht, der eigene Theorien über Tiererziehung entwickelt hatte. Im Gegensatz zu von Osten, der impulsiv und reizbar gewesen war, erwies Krall sich als vorbildlich geduldiger Lehrer, unter dessen Anleitung Hans erhebliche Fortschritte machte. Krall kaufte dann die beiden Araberhengste Mohammed und Zarif dazu und begann sie auszubilden. Vor allem Mohammed kam rasch voran. Innerhalb von vierzehn Tagen lernte er addieren und subtrahieren und kannte die Bedeutung von Plus- und Minuszeichen. Zarif war nicht viel langsamer, und die beiden Pferde brauchten nur wenige Monate, um sich gute mathematische Kenntnisse anzueignen, wonach sie buchstabieren lernten. Sie gaben Zahlen an, indem sie die Einerstellen mit dem rechten und die Zehnerstellen mit dem linken Huf klopften. Krall entwickelte einen Kode, der Buchstaben und Laute durch ähnliche Klopfzeichen wiedergab. Eine vollständige Beschreibung seines Systems enthält Karl Kralls Buch *Denkende Tiere* (1912). Die Pferde waren bald imstande, Wörter zu erkennen, zu buchstabieren und richtig zu verwenden.

Nachdem Krall mehrere weitere Pferde – darunter das Shetlandpony Hänschen und ein blindes Pferd namens Berto – erworben und ausgebildet hatte, war er bereit, sie Wissenschaftlern vorzuführen. Einzeln und in Gruppen kamen Professoren aus ganz Europa nach Elberfeld. Krall und seine Mitarbeiter hielten sich bewußt fern, ließen die Besucher mit den Pferden arbeiten und gaben ihnen reichlich Gelegenheit, sich davon zu überzeugen, ob es sich dabei um Tricks handelte. Alle Fachleute stimmten darin überein, daß die von Pfungst gegen von Osten vorgebrachte Kritik nicht auf Kralls Pferde zutreffen könne. Um ganz sicherzugehen, daß die Tiere keine bewußt oder unbewußt gegebenen Zeichen erhielten, arrangierten die Wissenschaftler Gucklochversuche, bei denen sie den Stall verließen und die Pferde durch verglaste Gucklöcher beobachteten. Auch unter diesen Bedingungen waren die Ergebnisse unverändert gut.

Charakteristischerweise stellten die Professoren Mackenzie (Genua) und Assagioli (Florenz) Mohammed als Aufgabe die Frage nach der Quadratwurzel aus 1 874 161. Mit Kreide wurde diese an eine Tafel geschrieben; dann verließen die Professoren den Stall und beobachteten durch Türritzen, wie das Pferd durch Klopfzeichen die richtige Antwort – 1369 – gab. Andere Prüfungen bestand er ebenfalls. Selbst das blinde Pferd Berto, das bestimmt keine visuellen Signale

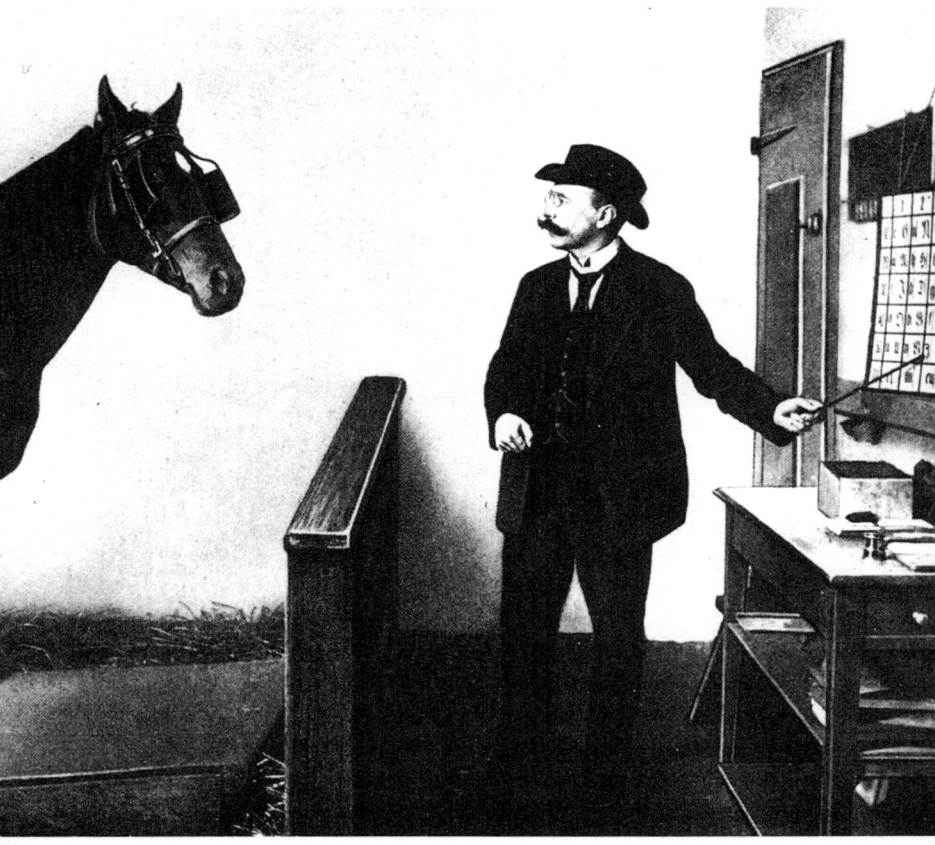

Zarif, eines der rechnenden Pferde aus Elberfeld, mit seinem Lehrer Karl Krall
(K. Krall: Denkende Tiere, Leipzig 1912).

empfangen konnte, war imstande, einfache Rechenaufgaben zu lösen.

Da die Pferde eine Zeichensprache gelernt hatten, waren sie zu gelegentlichen spontanen Kommentaren imstande. Beispielsweise klopfte Zarif während einer längeren Befragung durch Professor Claparède plötzlich das Wort »müde«, dem er die Erklärung »Schmerz im Bein« folgen ließ. Er signalisierte Krall auch, daß Hänschen von einem Pferdeknecht geschlagen worden war.

In *Strangest of All* (1956) schildert Frank Edwards eine rührende Episode, über die Dr. Schöller und Dr. Gehrke aus ihrer Arbeit mit den Elberfelder Pferden in den Jahren 1912 und 1913 berichteten. Sie fragten Mohammed, weshalb er nicht zu sprechen versuche, anstatt sich durch Klopfzeichen zu verständigen. Das Tier schien sich zu bemühen, Laute zu formen. Dann klopfte es: »Ich habe keine gute Stimme.«

Dr. Gehrke versuchte Mohammed zu zeigen, daß er das Maul öffnen müsse, und das Pferd bestätigte seine Anweisung mit »Maul öffnen«. Aber es konnte keine Wörter bilden.

Daraufhin wurde Zarif gefragt, wie er sich mit Mohammed verständige. »Mit Maul«, klopfte er.

»Warum erzählst du uns das nicht mit Worten, Zarif?« fragten die Wissenschaftler. »Weil ich keine Stimme habe«, klopfte der Hengst.

Ein tragisches Schicksal wollte es, daß die Elberfelder Pferde im Ersten Weltkrieg requiriert wurden. Keines von ihnen überlebte.

Lady Wonder

Karl Kralls Ausbildungsmethode hat viele Anhänger gefunden. Wissenschaftler interessieren sich heutzutage jedoch weniger für dieses Phänomen, für das sie keine rechte Erklärung wissen, so daß die Beschäftigung mit intelligenten Tieren in letzter Zeit vor allem ESP-Forschern überlassen bleibt. Im Fall des berühmtesten aller modernen Wunderpferde –

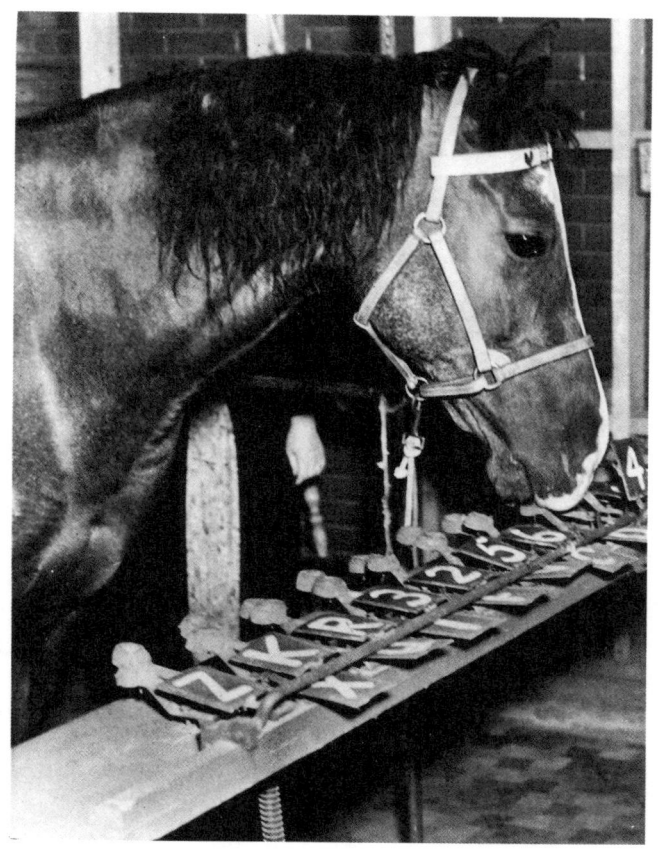

Lady Wonder, das sprechende Pferd aus Richmond, Virginia. Indem sie die entsprechenden Tasten ihrer »Schreibmaschine« niederdrückte, beantwortete sie Fragen, schrieb Mitteilungen und sagte zukünftige Ereignisse voraus (UPI).

Lady aus Richmond, Virginia – stammen unsere Informationen aus Zeitungen und Zeitschriften statt aus wissenschaftlichen Abhandlungen.

Lady, auch Lady Wonder genannt, war eine klapprige Stute, die bis zu ihrem Tode 1957 rund 33 Jahre in einem baufälligen Stall an der Straße Richmond-Petersburg lebte. Ihre Besitzer, das Ehepaar C. D. Fonda, waren einfache Leute, die Lady nicht ausbeuten wollten und trotz ihrer

Armut lukrative Angebote von Zirkusdirektoren und Hollywoodagenten ausschlugen. Ihrer Überzeugung nach konnten die meisten Tiere Ähnliches wie Lady leisten, wenn man sich nur die Mühe machte, sie zu unterrichten.

In Ladys Stall stand eine Art hölzerner Schreibmaschine mit beschrifteten Tasten. Sobald Lady sie mit der Nase anstupste, klappte der Buchstabe nach oben. Auf diese Weise gab sie auf Fragen von Besuchern Antwort.

Anstatt Lady mit Rechenaufgaben zu belästigen, nutzten die Fondas und ihre Nachbarn ihre Fähigkeiten als Orakel oder Wahrsagerin. Lady wurde aufgefordert, das Wetter, die Ergebnisse von Sportveranstaltungen und Wahlergebnisse vorauszusagen, verlorene Gegenstände wiederzufinden und Mittel gegen Krankheiten zu nennen. Auch die Polizei engagierte sie mehrmals (*National Enquirer,* 31. Oktober 1978), wenn Vermißte aufzuspüren waren. Bei allen diesen Aufgaben war Lady so erfolgreich, daß sich unweigerlich teilweise nicht belegbare Legenden um sie rankten. Aber sie wurde im Laufe ihres langen Lebens auch von Wissenschaftlern verschiedener Fachrichtungen untersucht. Dr. J. B. Rhine von der Duke University beschreibt in seinem Buch *New World of the Mind* (1953), wie Lady 1927 bis 1929 von seiner Frau und ihm sowie 1952 bis 1953 von anderen Wissenschaftlern beobachtet wurde. Daraufhin stellte er fest, Lady sei eine erstaunlich gute Gedankenleserin.

In Ladys Fall bestand niemals auch nur der geringste Betrugsverdacht. Besucher sahen mit eigenen Augen, wie sie selbständig ihre Tastatur bediente; ihre Antworten waren vernünftig, und die von ihr gemachten Voraussagen trafen oft ein. Lady soll richtig vorhergesagt haben, daß Roosevelt und Truman zu Präsidenten gewählt werden würden. Rennbahnbeamte sollen Ladys Besitzer überredet haben, Besucher daran zu hindern, Lady nach zukünftigen Rennergebnissen zu fragen.

Fragen über das Privatleben beantwortete Lady wie viele Sibyllen vor ihr zu genau und allzu wahrheitsliebend. Stellten ihr Besucher mit Ehefrauen oder Verwandten Fragen über ihre Vergangenheit, erwähnte Lady Skandale oder Tragödien, die diese längst vergessen geglaubt hatten. Viele verließen daher ihren Stall mit rotem Gesicht oder tränenüberströmt und warfen den Fondas womöglich vor, sie seien mit dem Teufel im Bunde – ohne daran zu denken, daß sie sich unaufgefordert an Lady gewandt hatten.

Jack Woodford, der Lady etwa 24 Jahre lang gekannt hat, verdanken wir eine in *Fate* (Februar 1963) veröffentlichte gute Schilderung des Wunderpferdes. Er hatte Ladys unheilvolle Wirkung auf Besucher mehrmals miterlebt und gestand ein, er habe das Pferd und seinen Besitzer nicht leiden können – was übrigens auf Gegenseitigkeit beruhte.

Bei seinem ersten Besuch bei Lady, etwa 1933, wurde Woodford von Mrs. Fonda zu ihrem abbruchreifen Stall begleitet, in dem ihn das »widerwärtige« Pferd unfreundlich anstarrte. Mrs. Fonda forderte ihn auf, der Stute eine Frage zu stellen. Woodford verlangte, das Pferd solle seinen Vornamen erraten, woraufhin Lady auf ihrer Tastatur JACK drückte. Das überraschte ihn, weil er seinen Vornamen nicht genannt hatte, aber er beschloß, das Tier auf die Probe zu stellen, indem er behauptete, nicht Jack zu heißen. Mrs. Fonda forderte Lady zu einem zweiten Versuch auf. Das Pferd warf Woodford einen verächtlichen Blick zu und drückte die Buchstaben JOSH. So hatte seine Großmutter ihn einst genannt, und niemand außer ihm kannte diesen Kosenamen. Woodford verließ den Stall in begreiflicher Verwirrung.

Erklärungsversuche

Es gibt keine Theorie über intelligente Tiere, die als Erklärung für alle klugen Hunde und Pferde dienen könnte. Die Haupttheorien lauten kurz zusammengefaßt: Die Tiere denken tatsächlich selbständig; sie reagieren auf Zeichen ihrer Ausbilder oder unbewußte Signale anderer; sie lesen die Gedanken der Fragenden; sie besitzen wie Orakel mediumistische Fähigkeiten und übermitteln Botschaften und Informationen aus der Geisterwelt.

Die Schlußfolgerung, kluge Tiere gebrauchten ihren eigenen Verstand, um Fragen zu beantworten, hat sich vielen Wissenschaftlern angesichts dieses sonst unerklärlichen Phänomens aufgedrängt. Aber selbst die Anhänger dieser Theorie haben wegen bestimmter wiederholter Anomalien im Verhalten der Tiere Zweifel eingestanden.

Bei mehreren der getesteten Tiere zeigte sich, daß sie schwierige Rechenaufgaben besser lösen konnten als einfache. Außerdem stellten deutsche Wissenschaftler fest, daß die Tiere um so besser rechneten, je intelligenter oder gebildeter der Fragende war. Dazu kam wiederholt die Tendenz, Zahlen zu verwechseln, so daß aus 15 plötzlich 51 wurde. Die Elberfelder Pferde beantworteten manchmal eine Frage falsch und gaben dann als Lösung der nächsten die richtige Antwort der ersten an. Solche Exzentrizitäten sind von vielen Autoren als Beweise dafür zitiert worden, daß die Tiere nicht selbständig handelten und den Sinn ihrer eigenen Antworten offenbar gar nicht verstanden.

Pfungsts Beschuldigung, Wilhelm von Osten habe seinen Klugen Hans heimlich durch Zeichen dirigiert, hat alle späteren Forschungen entscheidend beeinflußt. Sie ist die liebste Erklärung aller jener geblieben, die für jedes Rätsel eine vernünftig klingende Lösung präsentiert bekommen wollen. Die Tatsache, daß Pfungsts Schlußfolgerungen später durch Versuche mit den Elberfelder Pferden und anderen Tieren weitgehend widerlegt wurden, hat seiner Autorität nicht geschadet, und der »Kluger-Hans-Effekt« wird noch heute als allgemeine Erklärung für alle angeblichen Wundertiere zitiert. Psychologen und Verhaltensforscher greifen regelmäßig auf dieses Argument zurück, wenn sie Versuchsanordnungen kritisieren, die dem Untersuchenden die Möglichkeit geben, dem betreffenden Tier Ideen oder Informationen zu suggerieren. Aus nicht recht erklärlichen Gründen ist der Name Kluger Hans zu einem Synonym für Tierbetrug geworden. Als Tier kann man seinen Ruf anscheinend ruinieren, indem man zu schlau ist.

Da die Zeichentheorie im Falle des blinden Pferdes Berto

und bei »Guckloch«-Versuchen unhaltbar ist, sind die Neo-Pfungstianer auf schwache, unbewußte Laute wie Veränderungen von Atemrhythmus oder Puls verfallen, die ausgebildeten Tieren signalisieren sollen, wann sie zu zählen aufzuhören haben. Daß Tiere schärfere Sinne als die meisten Menschen haben, steht außer Zweifel, aber auch diese mit »kaum wahrnehmbaren Zeichen« arbeitende Theorie hat den entscheidenden Fehler, daß sie keine Erklärung dafür liefert, wie Tiere spontan gestellte Fragen richtig beantworten können. Und sobald die angeblichen Signale so schwach wie Herztöne sind, nähert die Zeichentheorie sich sehr stark der von Anhängern der Telepathie vertretenen an.

In einem seiner Bücher schreibt Professor Edinger (zitiert nach Tocquet):

»Es steht fest, daß die Elberfelder Pferde tatsächlich lesen, rechnen und schreiben konnten und daß ihr Besitzer es vermied, irgend etwas zu tun oder zu sagen, was als Hinweis hätte dienen können. Hier handelt es sich um etwas Bedeutendes: Entweder wird dadurch die Tierseele enthüllt oder, was wahrscheinlicher ist, es kommt zu einer rätselhaften Gedankenübertragung.«

Dompteure kluger Tiere haben sie häufig als »Gedankenleser« vorgestellt und die eigentliche Problematik dadurch weiter vernebelt. Die meisten Zoologen (und fast alle Tierbesitzer) geben zu, daß es eine Art Telepathie zwischen Tieren sowie zwischen Tieren und Menschen gibt. In den hier geschilderten Fällen wäre eine telepathische Steuerung die attraktivste Universallösung. Aber auch sie versagt bei spontanen Fragen, deren Antworten nicht im voraus bekannt sind. Der Vorteil liegt hier bei den Spiritualisten, denn falls ein Tier als spirituelles Medium fungiert, spielt es keine Rolle, ob der Fragesteller die richtige Antwort kennt oder nicht. Spiritualisten vergleichen das Scharren oder Klopfen, mit dem die Versuchstiere sich verständigen, sogar mit dem Pendeln oder Tischerücken bei Séancen. Sie weisen auch auf den tranceartigen Zustand hin, in dem sich viele dieser Tiere befinden sollen, während sie zählen und rechnen.

Wir selbst bevorzugen keine dieser Theorien, obwohl alle etwas für sich haben. Die tatsächliche Funktion vieler intelligenter Tiere wie Lady Wonder hat Ähnlichkeit mit der von Orakeln, die ebenfalls nie erklärt worden ist, obwohl die oben aufgezählten Theorien auch auf Orakel angewandt worden sind. Wo moderne Wissenschaftler ebenso vor einem Rätsel stehen wie die Gelehrten früherer Zeiten, möchten wir keine eigenen Ansichten äußern. Es ist jedoch interessant, zum Vergleich ein weiteres, möglicherweise verwandtes Phänomen zu streifen: das Phänomen menschlicher »Schnellrechner« oder »schwachsinniger Mathematiker«.

Wie es bestimmte Tiere mit der Fähigkeit gegeben hat, höchst komplizierte Rechenaufgaben fast augenblicklich zu lösen, hat es solche Talente auch bei Menschen gegeben (und es gibt sie noch heute). Thomas Fuller, der im vorigen Jahrhundert als »Negro Calculator of Virginia« berühmt wurde, war ein ehemaliger Sklave, der weder lesen noch schreiben konnte; als er jedoch im Alter von 70 Jahren, 17 Tagen und 12 Stunden gefragt wurde, wie viele Sekunden er bisher gelebt habe, gab Fuller rasch die richtige Antwort: 2 210 800 800 Sekunden – eine Zahl, die Schaltjahre berücksichtigt. Jacques Inaudi, ein piemontesischer Hirtenjunge, konnte schon als Siebenjähriger große Zahlen im Kopf multiplizieren, obwohl er nie Rechenunterricht gehabt hatte. Manche dieser Zahlengenies sind nicht nur Analpabeten, sondern offenkundig beschränkt bis hin zur Schwachsinnigkeit gewesen. Andere – wie der große Physiker André Marie Ampère – haben diese Fähigkeit als Kinder besessen und erst später im Laufe ihrer Ausbildung eingebüßt. Forscher haben solche Naturtalente gefragt, wie sie im Kopf rechnen, und eine Vielzahl unterschiedlicher Antworten erhalten: Manche behaupteten, Stimmen zu hören oder die Zahlen, mit denen gerechnet werden sollte, vor ihrem inneren Auge zu sehen, während andere unerklärliche Einsichten mit eigenen Rechentricks und einem erstaunlichen Zahlengedächtnis kombinierten. Viele gaben jedoch an, selbst nicht zu wissen, wie sie zu den richtigen Lösungen gelangten.

Einer der wenigen Schnellrechner, die es zu wissenschaftlichen Ehren brachten, war der 1824 geborene Deutsche Zacharias Dase, der seine Fähigkeiten dazu benützte, die natürlichen Logarithmen der Zahlen 1 bis 100 500 zu berechnen und eine ähnlich gigantische Primzahlentabelle aufzustellen. Inaudi schlichtete als Junge Streitigkeiten auf dem Wochenmarkt, indem er die Ansprüche aller Beteiligten blitzschnell gegeneinander aufrechnete. Das könnte Besitzern kluger Tiere eine Lehre sein. Da es noch nicht gelungen ist, das Geheimnis tierischer Intelligenz zu enträtseln, wäre es Zeitvergeudung, sie weiterhin für neugierige Pedanten rechnen zu lassen. Vielleicht gibt es lohnendere Aufgaben für sie.

Geflügelte Katzen

Wir kennen nur einen Bericht über ein fliegendes Schwein – so wurde es jedenfalls von Augenzeugen beschrieben, die dieses phantastische Lebewesen oder Objekt am 2. September 1905 im Flug über der Schule in Pontcysyllte, Nordwales, beobachtet hatten. *The Cambrian Natural Observer* (Nr. 35, 1905), die walisische astronomische Zeitschrift, berichtete darüber. Das UFO flog in etwa 3 Kilometer Höhe, war pechschwarz, hatte Stummelflügel und vier Beine und war schätzungsweise 3 Meter lang. Die Augenzeugen schätzten seine Geschwindigkeit auf über 30 Stundenkilometer und beschrieben es als riesiges geflügeltes Schwein mit Schwimmhäuten.

Da wir keine weiteren Tiere dieser Art kennen, überlassen wir das fliegende Schwein den walisischen Ufologen und wenden uns geflügelten Katzen zu. Hier haben wir es ausnahmsweise mit einem »unmöglichen« Tier zu tun, das gefangen, untersucht, fotografiert und sogar Objekt eines Rechtsstreits geworden ist. In den dreißiger Jahren gab es im alten Oxforder Zoo eine geflügelte Katze zu bestaunen. Der *Daily Mirror* schickte einen Spezialberichterstatter hin, um die Katze besichtigen zu lassen, und brachte folgenden Bericht (9. Juni 1933):

»Vor einigen Tagen beobachteten die Nachbarn von Mrs. Hughes Griffiths in Summerstown, Oxford, eine merkwürdige schwarz-weiße Katze, die durch ihre Gärten strich.

Gestern abend sah Mrs. Hughes Griffiths das Tier in einem Nebenraum ihres Pferdestalls.

›Ich habe gesehen, wie es vom Boden auf einen Balken gesprungen ist – eine beträchtliche Entfernung, die allein im Sprung nicht zu überwinden gewesen wäre – und dabei seine Flügel wie ein Vogel benützt hat‹, erklärte sie mir.

Mrs. Hughes Griffiths rief sofort den Oxforder Zoo an, und Mr. Frank Owen, der Geschäftsführer, und Mr. W. E. Sawyer, der Kustos, fuhren zu ihrem Haus und fingen das Tier mit einem Netz.

Ich habe die Katze heute abend sorgfältig untersucht und kann bestätigen, daß sie Flügel hat, die unmittelbar vor den Hinterbeinen sitzen.«

Der Oxforder Zoo besteht längst nicht mehr, und wir sind bei unseren Nachforschungen lediglich auf das Foto seiner geflügelten Katze gestoßen.

»Geflügelte Katzen sind weniger selten, als man vermuten könnte«, schreibt John Keel. In *Strange Creatures from Time and Space* erwähnt er drei, die 1966 in Kanada auftauchten. Zwei von ihnen wurden bei Montreal und Ottawa erlegt, und im Juni 1966 sollte sich eine große, schwarze, fliegende Katze in Alfred, Ontario, auf Haustiere einer Farm gestürzt haben. Sie wurde am 24. Juni von Jean J. Revers aus Alfred geschossen, als sie jaulend und kreischend über eine gewöhnliche Katze herfiel und dabei »mit ausgebreiteten Flügeln 15 bis 20 Meter weit segelte«. Die Polizei wurde verständigt, und folgender Bericht wurde später veröffentlicht: »Sein Kopf hatte Ähnlichkeit mit dem einer Katze, aber aus der Schnauze ragten zwei 1,5 Zentimeter lange nadelspitze Fangzähne. Es hatte Schnurrbart, Ohren und Schwanz einer Katze und dazu dunkle glasig-grüne Augen. So was hab' ich mein Leben lang noch nie gesehen!«

Die Flügel der Katze hatten 35 Zentimeter Spannweite. Das Tier wurde in Revers' Garten begraben, aber nach einigen Tagen exhumiert, um in der Kemptville Agricultural School untersucht zu werden. Das dortige tierärztliche Labor stellte fest, daß es sich um eine gewöhnliche schwarze Katze mit langen flügelartigen Fellauswüchsen auf dem Rücken gehandelt hatte.

Unabhängig von der Art ihrer Flügel war die Raubkatze von vielen Einwohnern Alfreds dabei beobachtet worden, wie sie nach Sprüngen in etwa ½ Meter Höhe dahinschwebte; auch die Oxforder Katze scheint ihre Sprungweite mit Hilfe ihrer »Fellflügel« vergrößert zu haben. Nachrichten über andere fliegende Katzen gibt es nicht.

Daß die Haare fliegen

In *Animal Fakes and Frauds* (1976) erzählt Peter Dance eine merkwürdige Geschichte. Anfang der sechziger Jahre sah er eine Verkaufsanzeige, in der »Thomas Bessy, die berühmte geflügelte Katze«, ausgestopft in einem Glaskasten angeboten wurde. Das Tier stammte angeblich aus dem 19. Jahrhundert und sollte einem Zirkusdirektor gehört haben, der es ausgestellt hatte. Dann war es zu einem Streit um die Eigentumsrechte gekommen, den der ursprüngliche Besitzer vor Gericht gewonnen hatte. Der Zirkusdirektor schickte die Katze in einer Kiste zurück, aber sie kam tot an und war möglicherweise vergiftet worden.

Dance schreibt, er habe an die in der Anzeige genannte Londoner Adresse geschrieben, aber keine Antwort bekommen.

Thomas Bessy ist ein ungewöhnlicher Name, und die Tatsache, daß dieses Tier etwa zur gleichen Zeit auftauchte, als eine ähnlich benannte geflügelte Katze verschwand, läßt einen Zusammenhang vermuten. Die zweite Katze hieß Thomas/Mitzi, wie John Keel in *Strange Creatures from Time and Space* berichtet. Im Mai 1959 ging der fünfzehnjährige Douglas Shelton auf den Hügeln in der Nähe seiner Heimatstadt Pinesville, Westvirginia, auf die Jagd. Sein Hund stöberte eine Katze auf, die sich auf einen Baum flüchtete. Dou-

»Geflügelte Katze, die auf dem Fabrikgelände von Banister Walton & Co. in Trafford Park aufgetaucht war und dort einige Jahre lang gelebt hatte.« Mit *dieser Aufnahme widerlegte im Dezember 1975 die* Manchester Evening News *aufgekommene Zweifel über geflügelte Katzen (J. Morris).*

glas folgte ihr, fing sie ein und entdeckte, daß sie Flügel hatte. Sie waren knochenlos und pelzig, schienen aber einen Knorpelkern zu haben, der nach unten fester wurde. Das Tier war eine große Perserkatze mit einem buschigen Eichhörnchenschwanz. Douglas nannte sie Thomas; bei diesem Namen blieb es auch, als sich herausstellte, daß der vermeintliche Kater eine Katze war. Thomas wurde berühmt. Viele Zeitungen brachten ihr Bild, und sie trat am 8. Juni

1959 mit ihrem jungen Besitzer in der New Yorker Fernsehshow »Today« auf. Nach ihrer Rückkehr nach Pinesville pilgerten zahllose Touristen durch das Städtchen, um Thomas zu sehen und zu fotografieren, wofür Douglas und seine Mutter eine kleine Gebühr erhielten. Noch berühmter wurde Pinesville, als Thomas in einen Prozeß verwickelt wurde: Eine Mrs. Hicks behauptete, Thomas gehöre ihr und heiße in Wirklichkeit Mitzi; sie sei ihr von einer Freundin geschenkt worden, die sie in einem kalifornischen Tiergeschäft gekauft habe. Nach Mrs. Hicks' Darstellung erinnerten ihre Nachbarn sich gut an Mitzi und ihre Pelzflügel.

Am 5. Oktober 1959 wurde Thomas/Mitzi vor Gericht vorgeführt – ohne Flügel! Douglas Shelton klappte einen Karton auf und zeigte zwei große Fellkugeln vor. Er sagte aus, Thomas habe ihre Flügel im Juli abgeworfen. Mrs. Hicks bestritt, daß dies ihre Katze sei; der verwirrte Richter sprach das Tier Douglas zu und fand Mrs. Hicks mit einem Dollar Schadenersatz ab.

John Keel berichtet, er sei 1966 durch Pinesville gekommen und habe sich erfolglos nach Thomas/Mitzi erkundigt. Die Katze und ihre verschiedenen Besitzer waren verschwunden. Erst vor einiger Zeit hatte Peter Dance die Verkaufsanzeige für Thomas Bessy gelesen – eine berühmte geflügelte Katze, die ebenfalls Gegenstand eines Prozesses gewesen war. Waren diese beiden Katzen identisch? Und was ist aus ihr oder ihnen geworden? Sollte ein Leser von einer zum Verkauf stehenden geflügelten Katze hören, bitten wir um eine kurze Mitteilung.

Eine weitere geflügelte Katze haben wir in der Zeitschrift *Weekend* (12. November 1980) entdeckt. Bei dieser Schildpattkatze namens Sandy entwickelten sich die Flügel erst, als sie ausgewachsen war. Sandy wurde in den fünfziger Jahren auf einem Jahrmarkt in Sutton-in-Ashfield, Nottinghamshire, zur Schau gestellt und erlangte lokale Berühmtheit.

Wildtiere als Menschenfreunde, Haustiere als Lebensretter

Eine Kindheitserinnerung aus nicht mehr feststellbarer Quelle: Ein Araberhengst hebt seinen verletzten Herrn mit den Zähnen auf und trägt ihn durch die Wüste in Sicherheit. Darin erkennen wir ein weiteres archetypisches Thema – die gelegentliche Bereitschaft von Tieren, zugunsten hilfsbedürftiger oder gefährdeter Menschen altruistische Taten zu vollbringen, die bis zur Selbstaufopferung gehen können.

Eine Leistung wie der Araberhengst vollbrachten drei normannische Hunde im Jahre 1977. Wie der *Sunday Express* (4. April 1977) berichtete, waren die Helden ein Neufundländer, ein Jagdhund und ein Cockerspaniel. Sie kehrten in einer Winternacht mit Alphonse Marie, ihrem 74jährigen Herrn, nach Hause zurück, als Marie etwa 70 Meter vor seiner Tür mit einem Gehirnschlag bewußtlos zusammenbrach. Er wäre erfroren, hätten die Hunde den Zweizentnermann nicht an der Kleidung ins Haus, zwölf Stufen hinauf und in sein Wohnzimmer geschleppt. Dort fand ihn am nächsten Morgen sein von der Nachtschicht heimkehrender Sohn. Einer der Hunde leckte dem alten Mann das Gesicht, während die beiden anderen an der Haustür heulten. Die Hunde hatten Marie bei ihrer Schlepperei fast die Kleidung vom Leib gerissen, aber er lebte und war unverletzt. Alphonse Marie wurde ins Krankenhaus Grandeville eingeliefert, wo er sich erholte und von seinem Sohn und den drei treuen Hunden besucht wurde. Dieser Besuch erforderte eine Sondergenehmigung des Gesundheitsministeriums; nach Darstellung eines Krankenhaussprechers war dies »das erste Mal in der modernen Geschichte der französischen Medizin, daß auf einer Station eines staatlichen Krankenhauses Hunde gewesen sind«.

Solche Geschichten gefallen natürlich Tierliebhabern als Beweis dafür, daß die Liebe und Treue, mit der sie an ihren Lieblingen hängen, ihnen möglicherweise einmal vergolten wird. Und diese Beliebtheit ist zweifellos der Grund dafür, daß unser Archiv so viele Berichte dieser Art enthält. Drei weitere Beispiele sollen die allgemeine Tendenz dieser Sparte Tiergeschichten illustrieren.

Am 8. Mai 1976 stellte Bruce Morris aus Harvester, Missouri, bei einem Blick aus dem Verkaufsraum eines Autohändlers erschrocken fest, daß sein draußen geparkter Wagen brannte. In dem Auto befanden sich seine zweijährige Tochter Margaret und Red, sein irischer Setter. Als Morris hinausrannte, sah er Red aus dem offenen linken Fenster klettern. Aber der Hund lief nicht etwa davon, sondern drehte sich nach dem brennenden Wagen um, steckte den Kopf durchs Fenster, packte die kleine Margaret am Kragen und zog sie ins Freie. Auch dort ließ Red nicht von ihr ab, sondern schob sie weiter von den Flammen fort. »Das war das Erstaunlichste, was ich je gesehen habe«, sagte Morris. »Ich hätte's nicht geglaubt, wenn ich's nicht mit eigenen Augen gesehen hätte.« Der *National Enquirer* (10. August 1976) berichtete eine interessante Einzelheit, auf die man in solchen Fällen oft stößt und die sie um so geheimnisvoller oder als Werk der Vorsehung wirken läßt: Red war der Familie Morris erst vor drei Wochen zugelaufen.

Den gleichen Aspekt – daß ein Tier eine Dankesschuld zurückzuzahlen scheint – finden wir in einem Bericht in *Weekend* (6. Juli 1977). In diesem Fall war die Heldin eine alte Ponystute namens Freya. Ihr Besitzer, der 68jährige Josef Öltscher, hatte sie vor kurzem dem Schlachthof abgekauft. Sie hatte ihren Stall neben seinem in der Nähe von Passau an der Donau liegenden Bungalow. Als der Fluß in einer Frühjahrsnacht über die Ufer trat, witterte Freya Gefahr. Die Zeitschrift berichtete darüber:

»Freya ergriff die Initiative, öffnete den Riegel der Stalltür mit den Zähnen und galoppierte zu dem Bungalow. Als der alte Mann nicht aufwachte, als sie mit den Vorderhufen an die Haustür schlug, drehte Freya sich um, trat einfach die Tür ein und kam wiehernd ins Haus getrabt. Josef wachte gerade noch rechtzeitig auf, um ... Freya und sich im nächsten Dorf vor den Fluten in Sicherheit zu bringen.«

Das dritte Beispiel handelt von einem Schäferhund, der

die kleine Tochter seines Herrn von einem Mauervorsprung in halber Höhe eines Mietshauses gerettet hat. Der *Sunday Express* (22. Mai 1977) berichtete aus der schwedischen Stadt Malmö, das kleine Mädchen sei irgendwie aus dem Wohnzimmerfenster auf den Sims geklettert. Als Leif Rongemo zu seinem Entsetzen sah, wo seine Tochter war, war die Kleine schon ein Stück weit vom Fenster weggekrabbelt, aber der Schäferhund Roy folgte ihr. Während Rongemo und ein Nachbar auf der Straße ein improvisiertes Sprungtuch aufspannten, bekam Roy die Kleine an der Windel zu fassen und zog sie langsam zum Fenster zurück. Es dauerte drei Minuten, bis Frau Rongemo ihre Tochter in die Arme schließen konnte. Das Eigenartige dabei war, daß die Rongemos vorgehabt hatten, Roy an einen Freund zu verkaufen. »Ich würde Roy für keinen Preis der Welt mehr hergeben«, sagte der Vater nach dieser Rettungsaktion.

Selbst wenn wir Abstriche machen, weil solche Berichte der Boulevardpresse häufig übertrieben sind, scheint es zu stimmen, daß Haustiere manchmal ihren Besitzern drohende Gefahren wittern und etwas dagegen unternehmen. Noch erstaunlicher sind Fälle, in denen Wildtiere Menschen geholfen haben sollen.

Treten Wildtiere als Lebensretter auf, indem sie beispielsweise verirrte oder ausgesetzte Kinder annehmen (in *Die Welt steckt voller Wunder* geschildert), vermuten wir dahinter im allgemeinen einen ausnehmend starken Muttertrieb, aber nicht unbedingt neutrale Menschenfreundlichkeit. Uns interessieren hier vor allem Fälle, in denen wir – selbst wenn wir uns bemühen, Tiere nicht zu vermenschlichen – zugeben müssen, daß Wildtiere sich geradezu humanitär verhalten haben.

Ein Beispiel dafür war der in der Zeitschrift *Weekend* (6. Februar 1974) veröffentlichte Erlebnisbericht eines Mannes, der auf der australischen Farm seines Onkels hüfttief in Treibsand geraten war. Er rief vergeblich um Hilfe, aber sein Rufen und Winken lockte einige Rinder von benachbarten Weiden an. Eines der Tiere, eine alte scheckige Kuh, kam mit

Fälle wie dieser aus Deutschland gemeldete, in dem eine Katze sich verwaister Igel annahm und darüber offenbar die eigenen Jungen vernachlässigte, lösen Diskussionen zwischen Vertretern unterschiedlicher Auffassungen aus, die darin lediglich instinktives Verhalten oder einen weiteren Beweis für Nächstenliebe unter Tieren sehen (UPI/Popperfoto).

Der Bastard Pat mit seinem alten blinden Freund Victory, einem Spaniel (Popperfoto).

gesenktem Kopf vorsichtig auf ihn zu. Der Mann packte ihre Hörner, und die Kuh zog ihn rückwärts gehend aus dem Treibsand. Als er wieder festen Boden unter den Füßen hatte, trottete sie zu ihrer Herde zurück.

In zahlreichen Fällen sollen Menschen von freundlichen Meerestieren vor dem Ertrinken gerettet worden sein. Die eigenartige Geschichte des St. Martinian, der im Jahre 830 von einem Delphin von seiner Einsiedelei im Meer zum Fest-

220

land geleitet wurde, berichtete sein Freund Metaphrastes. Eine ähnliche Geschichte war in den *Western Morning News* (18. April 1979) zu lesen: Ein Junge war bei Land's End in Cornwall durch eine Woge von einem Felsen ins Meer gerissen worden. Während er bei schwerem Seegang, der eine Rettung unmöglich machte, um sein Leben kämpfte, beobachtete sein Freund, der fünfzehnjährige Michael Wood, einen Seehund, der ihn umkreiste und offenbar versuchte, den Jungen an Land zu schieben. Das Tier mühte sich allerdings vergeblich ab, denn der Verunglückte ertrank. Am bemerkenswertesten ist der durch die Presse gegangene Fall von Candelaria Villanueva und der Meeresschildkröte. Mrs. Villanueva war an Bord des Schiffs *Aloha* gewesen, das am 2. Juni 1974 rund 1000 Kilometer südlich von Manila in Brand geraten und gesunken war. Nachdem sie mit ihrer Schwimmweste zwölf Stunden lang im Wasser getrieben war, tauchte eine riesige Meeresschildkröte »mit einem Kopf so groß wie ein Hund« (*News of the World,* 28. Juli 1974) unter ihr auf und trug sie. Nach 36 Stunden wurde die Schiffbrüchige von der Besatzung des philippinischen Kriegsschiffs *Kalantia* gesichtet, die zunächst glaubte, Mrs. Villanueva klammere sich an ein Ölfaß. »Jemand warf ihr einen Rettungsring zu«, berichtete ein Besatzungsmitglied. »Sobald sie ihn zu fassen bekam, sank das Faß. Daß es eine riesige Meeresschildkröte war, merkten wir erst, als wir die Frau an Bord holten, denn die Schildkröte befand sich unter ihr und stützte sie offenbar. Bevor sie tauchte, schwamm sie sogar noch zweimal im Kreis, als wolle sie sich vergewissern, daß ihr Schützling in guten Händen sei« (*Knoxville News-Sentinel,* 24. Juni 1974). Die *News of the World* brachten als Ergänzung das fast unglaubliche Detail, eine weitere, sehr kleine Schildkröte sei Mrs. Villanueva auf den Rücken geklettert und habe sie sanft gebissen, wenn sie schläfrig geworden sei. »Vielleicht wollte sie verhindern, daß mein Kopf ins Wasser rutschte und ich ertrank«, meinte die Gerettete.

Dies ist übrigens nicht der einzige Fall einer Rettung durch eine Meeresschildkröte. Die Zeitung *Star Ledger* in Newark,

New Jersey, meldete am 25. August 1969, am Vortag habe das schwedische Schiff *Citadel* den koreanischen Seemann Chung Nam Kim gerettet, der 180 Kilometer vor der Küste Mittelamerikas über Bord gefallen war und dadurch überlebt hatte, daß er sich fünfzehn Stunden an den Rücken einer riesigen Meeresschildkröte geklammert hatte.

Angesichts der allgemein bekannten Klugheit und Gutmütigkeit von Delphinen überrascht es nicht, daß diesen Tieren viele »humanitäre« Akte zugeschrieben werden. In seinem Buch *Just Like an Animal* (1978) widmet Maurice Burton ein ganzes Kapitel Delphinen, die ihre Intelligenz gebraucht und ihr Leben riskiert haben, um Artgenossen zu helfen. So sind zahlreiche Fälle bekannt, in denen ein verletzter Delphin von zwei anderen gestützt und über Wasser gehalten wurde, damit er atmen konnte. Burton zitiert auch zwei Beispiele für Delphine als Lebensretter von Menschen. In einem Fall war eine Schwimmerin vor der Küste Floridas in Lebensgefahr, als ein Delphin auftauchte und sie vor sich her zum Strand trieb. Hier hatten die Zweifler ihren großen Auftritt, indem sie behaupteten, der Delphin habe mit der Frau lediglich wie

Zahlreiche griechische Sagen erzählen von hilfreichen Delphinen. Auf dieser Münze aus dem 3. Jahrhundert v. Chr. ist die Rettung des dichtenden Königs Arion durch einen Delphin dargestellt (British Museum).

222

mit einer alten Matratze gespielt und sie nur aus Zufall in Richtung Strand geschoben.

Trotzdem besitzen wiederholte Vorkommnisse dieser Art eine gewisse Beweiskraft. Abgesehen von der oben erwähnten St.-Martinians-Legende gibt es griechische Sagen, in denen Delphine Ertrinkende retten, und Darstellungen von auf Delphinen reitenden Menschen. Dr. Burton ergänzt sie durch einen Augenzeugenbericht aus Cornwall, der von Bob und Hazel Carswell, den Eignern eines Fischkutters, stammte.

»Ein Taucher kam vorzeitig herauf, weil er offenbar Schwierigkeiten hatte, woraufhin ein Delphin, der zuvor eine Rettungsübung gestört hatte, auf den Mann zuschwamm und ihn an der Oberfläche zu halten versuchte, bis Hazel ihn erreichte. Der Delphin schien ihr auch helfen zu wollen, als sie den Taucher zur *Aquanaut* zurückschleppte.«

Manchen dieser Erzählungen scheint etwas Magisches anzuhaften, als würde der Rettungswunsch eines Ertrinkenden von der Natur erhört oder als gäbe es Affinitäten zwischen bestimmten Menschen und bestimmten Tierarten. Letzteres Phänomen scheint hinter einem der Fälle in Max Freedom Longs *Recovering the Ancient Magic* (1936) zu stehen. Dabei ging es um einen polynesischen Fischer, dessen Boot im Sturm unterging. Die Polynesier glauben, daß die Seelen bei der Geburt sterbender Kinder in Tiere übergehen. Dieser Fischer war der Vater eines totgeborenen Sohnes, der als Hai wiedergeboren worden war, und bat in seiner Verzweiflung sein Hai-Kind um Hilfe. Tatsächlich erschien sofort ein Hai und trug ihn auf seinem Rücken an Land.

Aus diesen und anderen Geschichten – über Jonas, der von einem Wal gerettet wurde, über Elia, der von Raben ernährt wurde, und über Tiere als Babysitter – scheint hervorzugehen, daß Tiere in Not geratenen Menschen aus Gutmütigkeit oder Instinkt helfen – oder daß ein leidenschaftlicher Hilferuf automatisch eine Naturreaktion auslöst. Möglicherweise haben aber auch die Gläubigen recht, wenn sie uns erklären, wilde Tiere würden durch die Gnade Gottes oder den Geist eines toten Säuglings dazu veranlaßt, Menschenleben zu retten.

Elias Raben und andere Tiere als Ernährer

In der Bibel (1. Könige 17,6) lesen wir, der Prophet Elia sei am Bach Krith, an dem er sich auf Befehl Gottes verborgen hielt, morgens und abends von Raben mit Fleisch und Brot versorgt worden.

Gott hatte zuvor versprochen, er »habe den Raben geboten, daß sie dich daselbst sollen versorgen«, so daß dieser Fall im allgemeinen mit göttlicher Intervention erklärt wird. Aber Elia gehörte zu den Mystikern (weitere Beispiele in *Die Welt steckt voller Wunder,* Kapitel »Wunderbare Speisungen«), denen »Vervielfältigungswunder« nachgesagt werden – sie sollen mit einigen wenigen Lebensmitteln große Menschenansammlungen gespeist oder dafür gesorgt haben, daß Getreidevorräte während einer Hungersnot endlos lange reichten. Nachdem Elia sein Versteck am Krith verlassen hatte, quartierte er sich in Zarpath bei einer Witwe ein. Sie besaß »nur eine Handvoll Mehl im Kad und ein wenig Öl im Krug«, aber der Mann Gottes sorgte durch seine Gegenwart dafür, daß diese Vorräte reichten, solange sie gebraucht wurden. All diesen Geschichten ist gemeinsam, daß das dringende Bedürfnis nach Nahrung die entsprechende Antwort findet – durch den Willen Gottes, den Einfluß menschlichen Wollens auf die Natur oder die von Tieren bewiesene Menschenfreundlichkeit.

Fast alle frühen Aufzeichnungen über Tiere als Ernährer betreffen Heilige oder für ihre Frömmigkeit bekannte Menschen. Einige dieser Legenden hat der Reverend E. C. Brewer in seinem *Dictionary of Miracles* (1884) zusammengestellt. In vielen Fällen sind Vögel – auf Befehl Gottes oder aus altruistischen Motiven – als Ernährer notleidender Menschen aufgetreten. Im 7. Jahrhundert war St. Cuthbert auf

Wie Olaus Magnus berichtet, wurden in Skandinavien früher Otter und bestimmte Vogelarten dazu abgerichtet, Fische aus Teichen zu holen und dem Koch zu bringen, der ihnen die gewünschte Anzahl und Größe angab (O. Magnus: Historia de gentibus septentrionalibus, *Rom 1555).*

der einsamen Insel Farne vor Northumberland dem Hungertod nahe. Einige Saatkrähen begriffen seine Not und brachten ihm täglich Nahrung, bis er die ausgesäte Gerste ernten konnte. Auch St. Erasmus wurde im Libanongebirge von einer Krähe ernährt, und St. Paul, dem ägyptischen Einsiedler, brachte eine Krähe sechzig Jahre lang täglich einen halben Laib Brot. Im Alter von 113 Jahren besuchte ihn St. Antonius; bei dieser Gelegenheit brachte die Krähe einen ganzen Laib Brot – genug für beide Heiligen.

Zu den Fabeln, Legenden, Allegorien oder Tatsachenberichten dieser Art gehört die Geschichte von der Taube, die im 5. Jahrhundert St. Auxentius täglich versorgte; von der heiligen Katharina von Alexandrien, die ebenfalls von einer Taube ernährt wurde; von dem Löwen, der jeden Morgen mit einem Büschel Datteln vor der Höhle eines alten Eremiten auf dem Sinai erschien, wie es St. Simeon im 4. Jahrhundert erlebte; von den beiden Bären, die St. Marinus in seiner italienischen Felsklause mit Brot und Honig beschenkten; und von dem heiligen Simon Stock (1164–1265), zu dessen hohlem Baum im Forest of Toubersville, Kent, ein Hund täglich ein Stück Brot brachte.

In allen diesen Fällen war der Ernährte ein Heiliger, und den ursprünglichen Chronisten ging es bei ihrer Berichterstattung vor allem um die Illustration der Auswirkungen großer Frömmigkeit in Verbindung mit dem aktiven Prinzip göttlicher Barmherzigkeit. Wir haben nichts gegen diese Auslegung, aber dieses Thema wäre nicht erschöpfend behandelt, wenn die vergleichbaren Fälle ausgelassen würden, in denen Tiere offenbar aus eigenem Antrieb heraus Menschen ernährt haben.

Auf allen späten Porträts von Sir Henry Wyat (1460–1537) soll seine Katze mit abgebildet sein. In *English Legends* (1950) erwähnt Henry Brett eines dieser Porträts, das zugleich den Grund dafür erklärt. Es zeigt Sir Henry, der als Gefangener Richards III. im Tower schmachtete, wie er von einer Katze eine Taube gebracht bekommt. Wie aus der Familienchronik hervorgeht, brach die treue Katze jeden Tag in einen benachbarten Taubenschlag ein und ließ eine erbeutete Taube durch das vergitterte Zellenfenster Wyats fallen. Danach soll Wyat bis an sein Lebensende soviel Aufhebens von Katzen gemacht haben wie andere Männer von ihren Hunden.

Eine weitere treue Katze als Ernährerin wurde in einem Leserbrief an *Nature* am 3. Juli 1879 vorgestellt (zitiert nach W. R. Corliss' *Strange Life*):

»Folgendes Beispiel für die Klugheit einer Katze ist mir soeben von einem Freund berichtet worden, der die Katze und ihre Besitzerin gut kannte. Letztere, die in Ragusa Vecchia in Dalmatien lebte, war zu arm, als daß sie die Katze hätte füttern können; das Tier war deshalb auf sich allein gestellt und in der Nachbarschaft als Diebin bekannt. Eines Tages wurde eines der Kinder ohne Frühstück in die Schule geschickt; als die Katze es vor Hunger schluchzen hörte, lief sie fort und kam mit einem Stück Brot für das Kind zurück, das sie bei einem Bäcker in der Nähe gestohlen hatte. Das gleiche passierte ein andermal, als sie ein Stück Fleisch heranschleppte, das größer als sie selbst war . . . Diese Katze, die auf dem Dach ständig Vögel fing, schlief mit einigen zahmen Vögeln in einem Käfig, ohne jemals zu versuchen, sie zu fressen.«

Glaubwürdiger werden solche Geschichten durch die vielen Augenzeugenberichte über Säugetiere und Vögel, die notleidende Tiere – keineswegs immer nur Artgenossen – gefüttert haben. Zu diesen Fällen, die Maurice Burton in *Just Like an Animal* (1978) gesammelt hat, gehörte der eines Hundes, der einem Farmer Karotten für ein Pferd stahl, mit dem er befreundet war, und der eines weiteren Hundes, der jeden Tag im Haus Brot stiebitzte, um es Schwänen zu bringen. Es gibt viele Fälle, in denen Katzen ihr Futter mit hungernden Tieren geteilt oder Artgenossen, die nicht selbst jagen konnten, mit Mäusen oder Vögeln versorgt haben. Von gezähmten Vögeln ist bekannt, daß sie häufig junge oder verletzte Vögel anderer Arten geatzt haben.

Theologen neigen heutzutage dazu, biblische Geschichten wie die von Elia und den Raben als Allegorien zu deuten; das akzeptieren wir, um nicht in einen theologischen Disput verwickelt zu werden. Trotzdem haben wir keinen Grund, daran zu zweifeln, daß Elia von geflügelten Kellnern bedient worden ist, die auf Befehl Gottes oder aus reiner Menschenliebe gehandelt haben können.

Treue über den Tod hinaus: der Mythos hündischer Loyalität

Zahllose Geschichten erzählen von Tieren – im allgemeinen von Hunden –, die aus Treue nicht von der Seite ihrer toten Besitzer gewichen sind. Solche Vorkommnisse gehen rasch in die populäre Mythologie ein. Denkmäler werden errichtet. Zu den bekanntesten gehört ein Granitblock am Derwent-Stausee in Derbyshire, auf dem eingemeißelt steht:

ZUM GEDENKEN AN DIE TREUE DES SCHÄFERHUNDES TIP, DER BEI SEINEM TOTEN HERRN, MR. JOSEPH TAGG, 15 WOCHEN IM MOOR WACHE HIELT –
vom 12. Dezember 1953 bis zum 27. März 1954

Tip, an dessen Treue – er hielt im Winter 1953/54 fünfzehn Wochen in einem Moor in Derbyshire neben der Leiche seines Herrn Wache – ein dort errichteter Gedenkstein erinnert (Popperfoto).

Der Gedenkstein – durch eine Sammlung finanziert – wurde ein Jahr nach diesem Ereignis anläßlich des Todes der Schäferhündin Tip errichtet, die in der Zwischenzeit zu einer Nationalheldin geworden war. Tips Herr, ein 81jähriger pensionierter Förster, brach wie gewohnt mit seiner Hündin zu einem Streifzug über die Derwent Hills auf, die einst zu seinem Revier gehört hatten. Fünfzehn Wochen, nachdem er sein Haus in Bamford verlassen hatte, war er in einem der Hochmoore Derbyshires tot aufgefunden worden. Suchmannschaften hatten vergeblich nach den beiden gefahndet; Herr und Hund galten seit langem als tot, als einige Männer, die Schafe zusammentrieben, auf Joseph Taggs Leiche stießen, neben der seine fast verhungerte Hündin lag. Irgendwie hatte Tip es geschafft, dreieinhalb Monate lang im winterlichen Moor zu überleben.

Tip verbrachte ihr letztes Lebensjahr in Luxus und Ruhm im Hause der Nichte ihres alten Herrn, der es nur mit Mühe gelang, ganze Horden von Bewunderern von ihr fernzuhalten. Damals erhielt sie die höchste für Hunde geschaffene Tapferkeitsauszeichnung. Nach ihrem Tode nahmen zahlreiche Trauergäste an der Denkmalsenthüllung teil. Seither sind Zehntausende zum Gedenkstein der treuen Schäferhündin am Derwent-Stausee gewandert.

In aller Welt gibt es zahlreiche Gedenkstätten zu Ehren von Hunden wie Tip. Auf dem englischen Friedhof der Insel Kephallenia vor der Westküste Griechenlands befindet sich das Grab Captain Parkers, der im Jahre 1848 von einheimischen Freischärlern erschossen wurde, die die Insel wieder unter griechische Herrschaft zu bringen versuchten. Der kleine Hund des Captains weigerte sich, von der Leiche seines Herrn zu weichen, und wurde so zu einer legendären Gestalt. Abgebildet auf dem Grabstein hält der Hund noch immer treu neben dem Toten Wache.

Im April 1805 wanderte der junge Charles Gough mit seinem Hund durch den Lake District. Hoch oben auf dem Helvellyn rutschte er auf einer Eisplatte aus oder erfror erschöpft oder starb als Märtyrer der Kunst, während er ein

Dieses Denkmal vor dem Schibuja-Bahnhof in Tokio erinnert an die Treue eines japanischen Hundes namens Hatschi, der noch lange nach dem Tod seines Herrn allabendlich an den gewohnten Zug kam. Das Foto von 1957 zeigt Hatschis Standbild mit Blumenkränzen geschmückt, davor Opfergaben (Popperfoto).

Aquarell zu malen versuchte, wie manche behaupten. In der Zeitschrift *North West Monthly* (Januar 1950) hat Frank Haley die verschiedenen Versionen zusammengefaßt, ohne sich für eine bestimmte zu entscheiden. Ein Vierteljahr später wurde Goughs Skelett von einem Schäfer entdeckt, der auf einen umherlaufenden abgemagerten Hund – vermutlich ein Terrier – aufmerksam geworden war. Um den armen Gough schien niemand sonderlich zu trauern, aber sein Hund war geradezu eine Sensation: William Wordsworth schrieb über

Goughs Hund ein Gedicht mit dem Titel »Treue«; Sir Walter Scott verewigte diese Treue in einem weiteren Gedicht; Sir Edwin Landseer hielt sie auf einem Gemälde fest, und Dutzende von weniger bedeutenden Dichtern und Malern schufen ähnliche Denkmäler. 1890 wurde dann ein Monument in Form einer Schrifttafel an dem Felsen angebracht, unter dem Gough gestorben war. Sie wird als »Gough Memorial« bezeichnet, aber der Held ist natürlich Goughs treuer kleiner Hund.

Maurice Burton hat aus Zeitungen und der Trivialliteratur zahlreiche Geschichten über Hunde zusammengetragen, die ihren Besitzern bis über den Tod hinaus treu waren, und eine Auswahl in seinem Buch *Just Like an Animal* (1978) veröffentlicht. Dazu gehörte ein Artikel aus der *Komsomolskaja Prawda* (Januar 1977) über eine Schäferhündin, die auf dem

Lieblingsthema des viktorianischen Malers Sir Edward Landseer waren treue Tiere (E. Landseer: The Old Shepherd's Chief Mourner, 1837, Ölgemälde – Detail; Victoria and Albert Museum, London).

Moskauer Flughafen Wnukowo zwei Jahre lang auf die Rückkehr ihres nach Sibirien abgeflogenen Herrn gewartet hatte. Sie war zu jedem gelandeten Flugzeug gelaufen und hatte sich von niemandem anfassen lassen. Die Zeitung spürte schließlich ihren Besitzer auf, der die Schäferhündin einfach auf dem Flughafen zurückgelassen hatte, weil er kein Gesundheitszeugnis für sie gehabt hatte. Auf diesen Artikel hin meldeten sich mehrere tausend russische Hundeliebhaber, die die Hündin aufnehmen wollten.

Lokale Berühmtheit erlangte ein Hund, der nach allgemeiner Überzeugung an gebrochenem Herzen starb, nachdem er fünf Jahre auf einem Kai in Quebec verbracht hatte, von dem das Schiff seines Besitzers abgelegt hatte.

Ähnliche Geschichten werden aus fast allen Ländern berichtet und häufig durch Gedenksteine verewigt. Geradezu archetypisch war der Fall eines Hundes namens Greyfriars Bobby. Dieses treue Tier hatte John Gray oder Auld Jock gehört, einem armen alten Schafhirten, der 1858 in Edinburgh gestorben war. Seine Identität war nur bekannt, weil vorn in seiner Bibel sein Name stand, und der Mann, der ihn identifiziert hatte, war außer dem Totengräber der einzige Trauergast bei seiner Beisetzung auf dem Greyfriars Churchyard in Edinburgh. Auch Bobby war anwesend, und obwohl der Totengräber sich alle Mühe gab, ihn zu verjagen, blieb das treue Tier nach der Beerdigung vierzehn Jahre lang bis zu seinem eigenen Tod in der Nähe von Auld Jocks Grab. Ein benachbarter Grabstein gewährte ihm etwas Schutz, und zum Mittagessen lief er jeden Tag um 13 Uhr zum Greyfriars Dining Room, dem Stammlokal seines früheren Besitzers; John Traill, der Wirt, kannte Bobby und hielt täglich einen Teller Fleischbrühe für ihn bereit.

Im neunten Jahr von Bobbys Totenwache kam es zu einer Krise, als er von der Polizei als Streuner ohne Hundemarke eingefangen wurde, was mit seiner Tötung von Amts wegen hätte enden können. Auch John Traill drohte ein Verfahren, weil er ihm »Zuflucht gewährt« hatte. Gerettet wurde die Situation durch das Eingreifen Lord William Chambers', des

Oberbürgermeisters von Edinburgh, der Bobbys Hunde-
steuer zahlte und ihm ein Halsband schenkte, auf dessen
Messingplatte eingraviert war: »Greyfriars Bobby vom Ober-
bürgermeister. 1867. Steuer entrichtet.«

Als Bobby starb, widmete *The Scotsman* (17. Januar 1872)
dem einzigen Hunde-Ehrenbürger der Stadt Edinburgh einen
achtungsvollen Nachruf. John Traill bestattete ihn in einem
Blumentrog in der Nähe von Auld Jocks Grab und löste
damit einen regelrechten Bobby-Kult aus. Baronin Burdett-
Coutts ließ in der Candlemakers' Row in Friedhofsnähe
einen Trinkwasserbrunnen aus rotem Granit errichten, der
von einer Bronzestatue Bobbys gekrönt wurde. Seither haben
viele Tausende das Grab besucht, an dem er Wache gehalten
hat und das 1924 von den American Lovers of Bobby mit
einer Grabplatte versehen worden ist.

Auch aus Frankreich ist eine Geschichte bekannt, die von
Hundetreue über den Tod hinaus berichtet. Henri Coupin
hat sie in seine Sammlung *Les animaux excentriques* (1913)
aufgenommen:

»Ganz Paris ... hat sich aufgemacht, um einen Hund zu
sehen, der seit mehreren Jahren auf dem Friedhof Les Innocents auf dem Grab seines Herrn liegt und sich allen Bemü-
hungen widersetzt, ihn von dort zu entfernen. Schon mehrmals haben Leute versucht, ihn zu verschleppen und am

Der treue Hund auf dem Pariser Friedhof Les Innocents jault am Grab seines Herrn (Fortean Picture Library).

anderen Ende der Stadt einzusperren; sobald er von dort flüchten konnte, kehrte er auf den Posten zurück, den seine unerschütterliche Zuneigung ihm angewiesen hatte ... Die von seiner Ausdauer gerührten Nachbarn brachten ihm Nahrung, aber das arme Tier schien nur zu fressen, um seinen Kummer zu verlängern und ein Beispiel für heroische Treue zu geben.«

Wir wollen die Verehrer treuer Hundehelden wie Tip, Greyfriars Bobby und ihrer Artgenossen auf keinen Fall leichtfertig kränken, aber gelegentlich befallen uns doch gewisse Zweifel. Schließlich gibt es genügend schlaue Hunde. Uns fällt auf, daß die treuen Tiere oft regelmäßige Mahlzeiten erhielten, und ein neuerer Fall aus Wiltshire legt den ketzerischen Gedanken nahe, einige dieser um Herrchen trauernden Hunde könnten zugleich erfolgreiche Schnorrer gewesen sein und sich auf diese Weise mühelos ihre Mahlzeiten gesichert haben.

Im Mittelpunkt der Geschichte aus Wiltshire stand der Neufundländer Winston – ein erfolgreicher Hochstapler. Winston erschien 1971 in der Kleinstadt Bradford-on-Avon und bezog an einer vielbefahrenen Kreuzung gegenüber dem Bezirkskrankenhaus am Stadtrand Posten, wo die Leute bald auf ihn aufmerksam wurden. Er ließ sich nicht anfassen und harrte eisern auf seinem Posten am Straßenrand aus. Indem er vorbeifahrenden Autos sehnsüchtig nachstarrte, gelang es ihm, das Märchen in die Welt zu setzen, seine Besitzer seien bei einem Verkehrsunfall an dieser Kreuzung umgekommen. Seine schamlose Ausbeutung des von Greyfriars Bobby geschaffenen Images war so erfolgreich, daß er sieben Jahre lang höchst behaglich und völlig unabhängig lebte. Winston erschien jeden Tag im Krankenhaus, von dessen Personal er sein Mittagessen bekam. Auf dem Krankenhausgelände stand auch eine für ihn errichtete warme Hundehütte, und eine zweite, von unbekannten Bewunderern gestiftete, stand eines Tages in der Hecke an der Kreuzung. Zu Weihnachten wurde Winston dort mit Glückwunschkarten, Freßpaketen und anderen Aufmerksamkeiten überhäuft. Zu anderen Zei-

Vor einer warmen, mit Stroh gedeckten Hundehütte und weiteren Geschenken der Einwohner von Bradford-on-Avon, Wiltshire, steht der Neufundländer Winston, von dem in den siebziger Jahren fälschlicherweise angenommen wurde, er halte an einer Straßenkreuzung Wache, weil seine Besitzer dort tödlich verunglückt seien (Bath Evening Chronicle).

ten brachten ihm Kinder und immer zahlreichere Bewunderer aus aller Welt Knochen und andere Leckerbissen. Als lokale Berühmtheit stand er unter dem Schutz der Polizei, und seine behäbige, würdevolle Gestalt erschien mehrmals im Fernsehen.

Winston starb am 17. Oktober 1978 an Altersschwäche – und am nächsten Tag entlarvte die *Bath Evening Chronicle* ihn als Betrüger. Die rührselige Geschichte vom Unfalltod seiner Besitzer war reine Erfindung. In Wirklichkeit war Winston von seinem ursprünglichen Posten auf einem Jagdhof abgelöst worden und zu Alex Moulton, einem einheimischen Erfinder, nach Bradford gekommen. Danach hatte er eine Zeitlang bei dem Farmer Mike Singer gelebt, bevor er sich an seiner Straßenkreuzung selbständig gemacht hatte.

Trotz dieser Enthüllungsstory war Winstons Beisetzung auf dem Hundefriedhof Claverton ein aufwendiges Ereignis mit einem Sarg, Blumen, Sargträgern, Reportern, Fernsehkameras und zahlreichen Trauergästen. Sein Grabkreuz wurde von einem einheimischen blinden Tischler geschreinert. Geldspenden aus nah und fern gingen auf einem Gedächtnisfonds ein, der schon bald, wie die *Bath Chronicle* (23. Oktober 1978) berichtete, die vorgesehenen 1000 Pfund enthielt. Damit sollte einem Blinden ein Blindenhund gekauft werden, der den Namen Winston II. erhalten würde.

Als Postskriptum folgt hier die seltene Geschichte einer ähnlich treuen Katze. Wie die Reporterin Barbara Jeffery in der Zeitschrift *Sunday People* (20. Oktober 1974) schilderte, versorgte Mrs. Bridget Wastie aus Charlbury, Oxfordshire, die Katze Moggie, deren alte Herrin im Krankenhaus lag. Dann starb die alte Dame, und Moggie war am nächsten Abend verschwunden. Zwei Tage später fuhren Mrs. Wastie und ihre Mutter 25 Kilometer weit mit dem Bus zur Beerdigung in ein anderes Dorf. »Als der Sarg eben in die Tiefe gelassen wurde, griff ich überrascht nach dem Arm meiner Mutter«, erzählte Mrs. Wastie der Reporterin, »denn neben uns saß Moggie auf einem Grabstein und beobachtete alles. Sie hatte es irgendwie geschafft, 25 Kilometer weit in ein Dorf zu kommen, in dem sie noch nie gewesen war, um von ihrer alten Herrin Abschied zu nehmen.«

Babysitter als Märtyrer

Immer wieder faszinieren uns Ereignisse, die sich auf unerklärliche Weise in weit voneinander entfernten Ländern und zu ganz verschiedenen Zeiten wiederholen. Man könnte glauben, sie besäßen irgendwelche archetypischen Eigenschaften, die entweder bewirken, daß sie sich ständig wiederholen, oder die Menschen dazu bringen, sie zu wiederholen, zu erfinden oder auszuschmücken. Zu diesen Geschichten gehören: der Mann, der von einem Wal verschluckt wurde, sowie der Mann, den Raben ernährt haben – beides häufig variierte Themen in Mythologie, Volkskunde und moderner Berichterstattung. Eines der merkwürdigsten und am weitesten verbreiteten Themen hat Stith Thompson in seinem *Motif-index of Folk Literature* (1955) charakterisiert: »Hund verteidigt Kind seines Herrn gegen angreifendes Wildtier.« Grundthema ist stets: Ein Tier leistet einem Menschen einen uneigennützigen Dienst; der Mensch mißversteht die Situation und tötet seinen Wohltäter, um diese Tat später zu bereuen, wenn die Wahrheit ans Tageslicht kommt.

Die bekannteste britische Version dieser Geschichte erzählt von Llewelyns treuem Windhund Gelert, dem Namenspatron des nordwalisischen Dorfes Beddgelert, wo sein Grab noch heute zu besichtigen ist. Seit wann es das Grab (und die Legende) gibt, ist ungewiß, aber die heute übliche Version spielt im 13. Jahrhundert, als Nordwales ein selbständiges Fürstentum war, in dem Llewelyn herrschte. Eines Tages ging er auf die Jagd und ließ seinen kleinen Sohn unter Gelerts Bewachung zurück. Während seiner Abwesenheit versuchte ein Wolf, den Säugling aus der Wiege zu rauben, aber Gelert fiel ihn an und tötete ihn nach erbittertem Kampf. Der blutbedeckte Windhund lief seinem Herrn bei dessen Rückkehr entgegen, aber Llewelyn zog aus dem Blut und der umgestürzten Wiege den voreiligen Schluß, Gelert habe seinen Sohn angefallen. Er tötete den Windhund mit seinem Schwert – und sah erst dann den toten Wolf und erkannte, was vorgefallen war.

In seinen *Curious Myths of the Middle Ages* (1866–1868) wandte Reverend Sabine Baring-Gould sich gegen diese Story. Um zu beweisen, daß es sich dabei um einen importierten Mythos handele, führte er eine erstaunliche Sammlung ähnlicher Geschichten vor. Sein ältestes Beispiel – aus dem Sanskrit, der altindischen Literatur- und Gelehrtensprache – betraf das tragische Los eines Ichneumons, einer Schleichkatze, der in diesem Fall merkwürdigerweise ein Halbbruder des Säuglings war. In Abwesenheit der Mutter wurde das kleine Kind von einer Schlange angefallen, die der Ichneumon tötete – um danach das ungerechte Schicksal Gelerts zu erleiden, als die Mutter zurückkehrte und das blutbedeckte Tier mit einem Wassergefäß erschlug.

Baring-Gould konnte weitere Versionen dieser Geschichte aus der alten griechischen, persischen, chinesischen, arabischen und hebräischen Literatur zitieren und hatte sie außerdem in der Mongolei, Rußland, Ägypten und verschiedenen europäischen Ländern gefunden. Seiner Ansicht nach stammte sie von indischen Ariern und hatte sich über die ganze Welt verbreitet – und zuletzt auch in Wales. Laut Baring-Gould wurde der Windhund erst später zu diesen Geschichten gezählt, deren tragische Helden in verschiedenen Ländern ein Falke, ein Adler, ein Wiesel, ein Iltis, ein Otter, eine Katze, eine Schlange und eine Stechmücke gewe-

Der Holzschnitt aus dem 16. Jahrhundert illustriert die Geschichte von dem zu Unrecht getöteten Windhund. Der Ritter, der hier seinen Hund erschlägt, hat die von dem Windhund totgebissene Schlange unter der Wiege noch nicht bemerkt (J. Pauli: Schimpf und Ernst, Straßburg 1535).

sen waren. Der Fall der Mücke ist besonders interessant: Ein Mann, der durch ihren Stich geweckt worden war, schrak auf und erschlug sie. Dann sah er eine Giftschlange auf seinem Kopfkissen und begriff, daß die Mücke versucht hatte, ihn vor dieser Gefahr zu warnen. Auch Schlangen, die meist Bösewichte zu spielen haben, sind schon in der Rolle des Verteidigers aufgetreten. Pausanias erzählt in seiner *Beschreibung Griechenlands* (2. Jahrhundert) die Geschichte eines früheren Herrschers Amphikleas, dessen kleiner Sohn in seiner Wiege von einem Wolf angefallen wurde. Eine Schlange kam ihm zu Hilfe, wand sich um die Wiege und schreckte den Angreifer ab. Der zurückkehrende Vater durchbohrte die Schlange mit seinem Wurfspieß und tötete dabei auch seinen kleinen Sohn. Von einem Hirten erfuhr er, was wirklich geschehen war, und ehrte daraufhin die Schlange, indem er einen Scheiterhaufen für sie und seinen Sohn errichten ließ. Die Stadt hieß seither Ophitea oder Schlangenstadt.

Eine französische Version der Gelert-Legende enthalten die *Gesta Romanorum,* eine im 14. Jahrhundert zusammengestellte Sammlung von Vorlesegeschichten für Mönche. Ein Ritter namens Folliculus besuchte mit seiner Sippe ein Turnier, ließ aber seinen kleinen Sohn in der Obhut seines Falken und seines Windhundes zurück. Der Falke sah eine Schlange, die den Säugling bedrohte, und alarmierte den Hund, der sie nach großem Blutvergießen tötete. Bei seiner Rückkehr verdächtigte Folliculus den treuen Hund, seinen Sohn getötet zu haben, und durchbohrte ihn mit dem Schwert. Als er sah, was er angerichtet hatte, war er so bekümmert, daß er als Sühne zu einer Pilgerfahrt ins Heilige Land aufbrach, wo er dann seinen Seelenfrieden wiederfand.

In Wales gibt es zahlreiche prähistorische Grabhügel, die traditionellerweise als Windhundgräber bekannt sind, um die sich möglicherweise Gelert-Legenden gerankt haben. Zu diesen gehörten ursprünglich Kulte, in deren Mittelpunkt Wunderheilungen kranker Kinder standen. Die oben erwähnte Geschichte aus den *Gesta Romanorum* war in ähnlicher Form schon hundert Jahre früher in einer Sammlung erbaulicher Geschichten des Dominikanerpaters Stephan von Bourbon enthalten. Viele von ihnen gingen auf eigene Erlebnisse zurück – darunter ein Bericht über einen bemerkenswerten Kult, von dem er um 1250 erfuhr, als er im Auftrag der Inquisition im abgelegenen Dombes-Gebiet nördlich von Lyon tätig gewesen war.

Mittelpunkt dieses Kults war ein Grabhügel in einem heiligen Hain: das Grab eines lokalen Heiligen namens St. Guinefort. Als der Inquisitor sich näher nach diesem Heiligen erkundigte, hörte er zu seinem Entsetzen, daß dieser ein Hund sei. Das Grab war von dem Herrn der nahegelegenen Burg Neuville für seinen Windhund gestiftet worden; der Hund hatte den kleinen Sohn des Burgherrn gegen eine Schlange verteidigt, und sein Besitzer hatte den bekannten Fehler gemacht, den Hund zu erschlagen. Aus seinem Grab heraus wirkte der Hundeheilige Wunder – vor allem in bezug auf Kinder. Mütter brachten ihre kranken Kinder dorthin und ließen sich von einer Priesterin unterweisen. Zu den vorgeschriebenen Ritualen gehörte es, das Kind in einen Bach zu tauchen, es gegen Bäume des heiligen Hains zu werfen, auf das Grab zu legen und es dort für die Kobolde liegenzulassen, wenn es verdächtigt wurde, ein Wechselbalg zu sein. St. Guinefort war offenbar nicht immer erfolgreich, aber Kinder, die diese Prozedur überstanden, waren garantiert gesund und widerstandsfähig.

Sobald Stephan von Bourbon diese Einzelheiten erfahren hatte, unternahm er alles um den Kult auszumerzen. Er ließ St. Guineforts Knochen ausgraben, verbrannte sie und die Bäume des Hains und verfügte, daß jeder, der diesen Ort zu heidnischen Ritualen aufsuche, sein gesamtes Vermögen verlieren solle.

Trotzdem war der St.-Guinefort-Kult damit keineswegs beseitigt. Interessanterweise ist er sogar bis in unsere Tage hinein lebendig geblieben. Den Beweis dafür bringt der französische Wissenschaftler Jean-Claude Schmitt in seinem Buch *Le saint lévrier: Guinefort, guérisseur d'enfants depuis le XIIIe siècle* (1980). Die schlauen Bauern hatten lediglich eine

*St. Guinefort, der
heilig gesprochene
Hund (Ikone,
Byzantinisches
Museum, Athen).*

kleine Namensänderung vorgenommen, so daß eine Urkunde aus dem Jahre 1632 von einer Kapelle des St. Guy le
Fort am gleichen Platz sprach. Im 19. Jahrhundert waren der
alte Name und der frühere Kult wiederhergestellt, denn der
zuständige Bischof klagte 1826 in einem Brief über den fal-
schen St. Guinefort und seine angeblichen Heilerfolge bei
kranken Kindern. Um die Jahrhundertwende befaßten
Volkskundler sich mit der Guinefort-Legende, und in den
siebziger Jahren besuchte Schmitt dieses Gebiet selbst und

241

ließ sich von einer vor etwa vierzig Jahren gestorbenen Frau erzählen, die die letzte Priesterin des Hundeheiligen gewesen sein sollte.

Durch wissenschaftliche Detektivarbeit entdeckte Schmitt das frühere Zentrum des Kults von Sanctus Guinifortus im italienischen Pavia, wo er seit dem 11. Jahrhundert floriert hatte. Aufgrund von Indizien wie dem Namen, dem Festtag und der Verbindung mit kranken Kindern identifizierte er acht weitere Schreine dieses Heiligen in Italien und 51 in Frankreich. Vermutlich gelangte er mit wandernden Mönchen als St. Guinefort ins Dombes-Gebiet, wo seine Legende sich mit einer prähistorischen Legende von einem Windhundmärtyrer vermengte. Rätselhaft bleibt allerdings, wie der Name Gelert – offenbar eine Verballhornung von Guinefort auf dem Umweg über Guy le Fort – nach Wales und in eine dortige Legende gelangt ist. Ebenso ungeklärt ist der tatsächliche Ursprung aller dieser Legenden: Baring Gould glaubte, ihn in Indien entdeckt zu haben, und behauptete, ihr Weg lasse sich über Jahrhunderte hinweg nach Europa verfolgen. Aber seine Theorie läßt sich nicht beweisen, so daß die wirklich interessanten Fragen in bezug auf die Gelert-Legende und ihre erstaunliche Verbreitung unbeantwortet bleiben. Basiert die Legende auf einem tatsächlichen Vorfall? Ist es irgendwann wirklich vorgekommen, daß ein treues Tier ein Kind gegen einen Angreifer verteidigt hat und dafür irrtümlich getötet worden ist? Und kann dieser Vorfall einen so tiefen Eindruck gemacht haben, daß der Ruhm des Tieres sich über die Welt ausbreitete und zahlreiche Kulte begründete? Als Alternative können wir annehmen, dieser Vorfall habe sich mehrmals wiederholt und die Menschen jedesmal dazu veranlaßt, am Grab des Tiermärtyrers einen Schrein zu errichten und einen Kult zu gründen. Wir vermuten einen Zusammenhang zwischen der Wiederholung solcher Vorfälle, Legenden und Kulte und dem wiederholten Auftreten von Formen und Verhaltensweisen in der Natur, wie wir sie im ersten Abschnitt dieses Buchs diskutiert haben. Falls Dr. Sheldrake recht hat, wenn er in seinem Buch *New*

Science of Life (1981) alle Wiederholungen von Formen und Verhaltensweisen auf Resonanzen der Summe aller vergangenen Formen und Handlungen zurückführt, ist diese Wiederholungstheorie vielleicht auch auf die Gelert-Legende anwendbar. Vielleicht hat es einst ein Tier gegeben, das wie Gelert heroisch gekämpft und tragisch geendet hat, woraufhin dankbare Menschen sein Grab zum Heiligtum erklärten und ihm Wunderheilkräfte bei Erkrankungen von Kindern zuschrieben. Vielleicht sind Tiere seither eher bereit, Menschenkinder zu verteidigen, Menschen eher bereit, solche Vorfälle zu würdigen, und Wunder wahrscheinlicher. Alle diese Erklärungsversuche wecken in uns das forteanische Gefühl, daß in Wirklichkeit gar nichts erklärt wird. So bleiben wir unaufgeklärt und müssen uns mit dem zu Anfang dieses Kapitels erwähnten Phänomen auseinandersetzen: daß bestimmte verblüffende, höchst ungewöhnliche Ereignisse sich ständig an allen Orten und zu allen Zeiten wiederholen.

Heimfindende Tiere und Haustiere auf der Suche nach ihren Besitzern

Die »unglaubliche Odyssee« zweier Hunde und einer Katze, die auf der Suche nach ihrem Besitzer weite Strecken zurückgelegt haben, wiederholt sich alljährlich, wenn ähnliche Vorfälle erneut beweisen, daß bestimmte Tiere imstande sind, aus großen Entfernungen und durch unbekanntes Gelände heimzufinden. Manche Geschichten klingen so unwahrscheinlich, daß wir Charles Fort zustimmen möchten, der sie als Beispiel für die Magie bezeichnet hat, von der wir im Alltag umgeben sind.

Ein neuerer Fall, über den der *Sunday Express* (22. Juli 1979) berichtete, betraf die Doug Simpson in Selah, Washington, gehörende Schäferhündin Nick. Die fünfjährige Hündin hatte sich auf einer Campingtour mit Simpson in Südarizona in der Wüste verlaufen. Ihr Besitzer suchte sie noch zwei

Wochen lang, bevor er über 3000 Kilometer weit heimfuhr. Vier Monate später tauchte Nick blutend, mitgenommen und ausgehungert bei den Simpsons in Selah auf. Sie hatte es irgendwie geschafft, allein »einige der unwirtlichsten Landstriche der Erde« zu durchqueren: Hunderte von Kilometern durch die glutheiße, wasserlose Wüste, über den Grand Canyon, durch Schneestürme und eisige Flüsse und über schneebedeckte, bis zu 3500 Meter hohe Gebirgszüge in Nevada und Oregon. Doug Simpson war damals nicht zu Hause, aber seine Eltern erkannten Nick und riefen ihn an seiner Arbeitsstätte in Pennsylvanien an. Er kam mit dem nächsten Flugzeug. Als er das Haus betrat, starrte Nick ihn sekundenlang an, als mache sie ihm Vorwürfe, weil er sie zurückgelassen habe; dann sprang sie auf, um ihn freudig kläffend zu begrüßen.

Geschichten über heimfindende Tiere sind in mehreren Sammelbänden veröffentlicht worden. In Frank Edwards' einschlägigen Werken findet sich der Fall des Collies Bobby, der eine Rekordentfernung von fast 5000 Kilometern zurücklegte, um wieder zu seiner Familie zu gelangen. In *Understanding Your Dog* (1972) schildert Dr. Michael W. Fox (»Amerikas bekanntester Tierpsychologe«) unter anderem das Abenteuer des Schäferhundes Barry, der aus Süditalien 2000 Kilometer weit zu seinem früheren Herrn in Solingen heimkehrte. Unser Lieblingshund aus neuerer Zeit ist der Terrier Micky, von dem *Sunday People* (29. April 1979) berichtete. Micky legte lediglich 8 Kilometer zurück, um zu seinem früheren Haus zu gelangen – aber er war fünfzehn Jahre alt, blind und fast taub und hatte seit dem Tode seines alten Herrn in King's Langley, Hertfordshire, drei Jahre lang bei Mr. und Mrs. Philips, seinen neuen Besitzern, in Hemel Hempstead gelebt. Über Ostern verschwand Micky. Die alarmierte Polizei entdeckte ihn vor seinem inzwischen abbruchreifen ehemaligen Heim. Micky mußte wegen einer gequetschten Pfote zum Tierarzt; offenbar war er auf seinem langen Marsch, der über mehrere Hauptstraßen und durch dichten Verkehr geführt hatte, angefahren worden.

In seinem Buch *The Soul of the Beast* (1960) schildert Edwin Arnold einige merkwürdige Fälle, in denen Hunde mit öffentlichen Verkehrsmitteln heimgekehrt sind. Zu ihnen gehörte ein Terrier, dem es gelang, aus London mit dem Zug in seinen früheren Heimatort Staines, Middlesex, zurückzukehren, wo er gefaßt und am selben Tag zu seinem Besitzer zurückgebracht wurde. Der Hund war auf dem Bahnhof Bishop's Road eingestiegen und hatte den Zug in West Drayton verlassen, um nach Staines umzusteigen! Der erstaunlichste – oder unglaublichste – dieser Fälle ist der eines »reinrassigen« Collies, den sein Besitzer, der in der Nähe des kleinen schottischen Hafens Inverkeithing lebte, einem Freund in Kalkutta schickte. Kurze Zeit nach seiner Ankunft in Indien verschwand der Hund, um einige Monate später im Haus seines früheren Herrn in Inverkeithing aufzutauchen, wo er sich sichtlich freute, wieder daheim zu sein. Offenbar war er in Kalkutta als blinder Passagier an Bord eines nach Dundee fahrenden Schiffs gegangen; von dort aus mußte er mit einem entlang der Küste verkehrenden Schiff nach Inverkeithing gelangt sein. Als Erklärung wurde damals vermutet, der Collie habe das richtige Schiff in Kalkutta am schottischen Dialekt der Matrosen erkannt!

Wir besitzen nicht nur Berichte über Hunde, sondern auch über Katzen und Tauben, einen Frosch, eine Ente, einen Igel und ein Kaninchen, die heimgefunden haben. Trotz der scheinbaren Gleichgültigkeit, die Katzen ihren Besitzern gegenüber häufig zur Schau tragen, gehören sie auf der Suche nach ihnen zu den anhänglichsten und treuesten Tieren. Im Herbst 1977 ließ die 14jährige Kirsten Hicks aus Adelaide in Australien ihre hübsche weiße Angorakatze Puss bei ihrer über 1700 Kilometer entfernt an der Gold Coast von Queensland wohnenden Großmutter, während sie eine Auslandsreise machte. Bei ihrer Rückkehr erwartete sie die traurige Nachricht, daß Puss verschwunden sei. Aber im nächsten Herbst kehrte der Kater »wundgelaufen und mit verfilztem Fell« heim. Der in Sydney erscheinende *Daily Mirror* (11. Oktober 1978) berichtete, Puss habe »auf seinem erstaunlichen 12monatigen Marsch Flüsse überquert, (sei) Sattelschleppern ausgewichen und (habe) sich durch den Busch geschlagen«.

Eine noch rührendere Geschichte von Katzentreue erzählt Joseph Wylder in *Psychic Pets*. Eine im New Yorker Stadtteil Manhattan wohnende Familie hatte die Sommerferien in einem 180 Kilometer entfernten Ferienhaus verbracht und ihre trächtige Katze dorthin mitgenommen. Unmittelbar vor ihrer Rückfahrt war das Tier verschwunden, so daß die Familie ohne sie hatte heimfahren müssen. Zwei Monate später kam die Katze mit einem Katzenbaby ans Fenster ihres im ersten Stock gelegenen Apartments in Manhattan. Bevor die Familie sich von ihrer Verblüffung erholt hatte, verschwand die Katze erneut, wobei sie ihr Junges zurückließ – und tauchte zwei Wochen später mit dem nächsten Kätzchen auf. Diesmal fuhr die Familie mit ihr zu dem Ferienhaus zurück, um die restlichen Jungen abzuholen.

Wir könnten seitenlang ähnliche, mehr oder weniger gut belegte Berichte zitieren. Wie Dr. Fox betont hat, sind manche Fälle skeptisch zu beurteilen, weil es vorkommt, daß Tierbesitzer allzu schnell zu der Überzeugung gelangen, ihr verschwundener Liebling sei heimgekehrt. Trotzdem gibt es viele Fälle, die ebenso echt wie rätselhaft sind. In *Understanding your Cat* (1974) berichtet Fox von einem New Yorker Tierarzt, der seine Katze in seinem Heimatstaat zurückließ, als er 4000 Kilometer entfernt in Kalifornien eine Stellung annahm. Monate später erschien dort eine identische Katze, die er an dem durch einen Biß deformierten vierten Schwanzknochen als seine Katze aus New York erkannte.

Damit sind wir bei dem geheimnisvollsten Aspekt dieser Tierwanderungen angelangt. Bekanntlich besitzen viele Tiere ein ausgeprägtes Orientierungsvermögen – beispielsweise Brieftauben. Am faszinierendsten sind jedoch die Fälle, in denen Tiere Orte erreichen, *an denen sie noch nie gewesen sind,* um dort ihre Besitzer aufzuspüren. Dr. Fox nennt als Beispiel die Perserkatze Smoky, die ein rötliches Haarbüschel unter dem Kinn hatte. Während ihre Familie aus Oklahoma nach Tennessee umzog, sprang Smoky nach etwa 30 Kilometern Fahrt aus dem Wagen und verschwand. Sie kehrte offenbar ursprünglich nach Oklahoma zurück, denn die Nachbarn sahen sie dort mehrere Tage in der Nähe des alten Hauses. Ein Jahr später tauchte sie bei der Familie in Tennessee auf – nach einem 500 Kilometer langen Weg durch unbekanntes Gelände zu einem unbekannten Ziel. Eine noch erstaunlichere Leistung – was die zurückgelegte Entfernung betrifft – vollbrachte ein amerikanischer Kater namens Sugar. Wie Wylder in *Psychic Pets* schildert, lief Sugar aus Gage, Oklahoma, den Nachbarn weg, um nach Anderson, Kalifornien, zu seiner ehemaligen Familie Wood zu kommen. Vierzehn Monate brauchte er für die fast 2500 Kilometer lange Strecke, obwohl er vorher nie in dem neuen Haus der Woods gewesen war. Die Familie erkannte ihren Kater an einer leichten Verformung seines linken Hüftgelenks. Dieser Fall ist deshalb besonders interessant, weil Dr. J. B. Rhine, der große ESP-Forscher, ihn persönlich untersuchte, Sugar beobachtete und in Oklahoma Zeugen befragte.

Im Winter 1914 erlangte der Irish-Terrier Prince Berühmtheit, weil es ihm in der Anfangszeit des Ersten Weltkriegs irgendwie gelang, den Ärmelkanal zu überqueren und seinen Herrn an der Front aufzuspüren. Gefreiter Brown vom 1st North Staffordshire Regiment wurde im August 1914 nach Frankreich verlegt. Am 27. September schrieb seine Frau ihm, ihr Hund sei leider verschwunden. Brown antwortete: »Tut mir leid, daß Du Prince nicht wiedergefunden hast – und Du wirst ihn wohl kaum finden, solange er hier bei mir ist. Daß ich ihn bei mir habe, ist eine verrückte Sache. Ein Mann hat ihn mir aus den Schützengräben gebracht. Ich wollte meinen Augen nicht trauen, bis ich vom Pferd gestiegen bin und er mich aufgeregt begrüßt hat. Ich glaube, daß er mit irgendeinem Truppentransport herübergekommen ist.« Dieser Fall wurde vom englischen Tierschutzverein untersucht und für authentisch erklärt.

Übrigens scheinen keineswegs nur Hunde und Katzen zu solch wunderbarer Loyalität imstande zu sein. Wylder erzählt von einer Taube, die ihren Besitzer suchte und fand – ein Fall, für den sich auch Dr. Rhine interessierte. Die Taube gehörte dem jungen Hugh Perkins in West Virginia. Als Hugh erkrankte und von seinen Eltern in ein 195 Kilometer entferntes Krankenhaus eingeliefert wurde, erschien die Taube in der Nacht nach seiner Einlieferung auf dem Fensterbrett und klopfte leise mit dem Schnabel an die Scheibe. Als am nächsten Morgen das Fenster geöffnet wurde, flog sie ins Zimmer und wurde an ihrer Beringung einwandfrei erkannt.

Vage Hinweise auf übersinnlich veranlagte Tiere und unbekannte Instinkte scheinen die bisher besten Erklärungen zu sein, aber wir vermuten, daß in manchen Fällen ein durch starke Sehnsucht – der Menschen nach ihren Tieren oder der Tiere nach ihren Menschen – ausgelöster Teleportationseffekt mitwirkt. Die einschlägigen Versuche haben sich auf die Erforschung des Heimkehrvermögens von Tieren beschränkt. Beispielsweise haben Dr. Presch und Dr. Lindenbaum in Deutschland Katzen unterschiedlich weit von ihren Heimatorten in ein Labyrinth mit 24 Ausgängen gesetzt. Wie Dr. Fox berichtet, benützten alle Katzen den zu ihrer Heimat führenden Ausgang. Einen ähnlichen Versuch mit Hunden hat Dr. Bastian Schmid in seinem Buch *Interviewing Animals* (1936) beschrieben. Er ließ Hunde in geschlossenen Wagen kreuz und quer durch die Landschaft fahren und in einer ihnen unbekannten Gegend aussetzen. Die freigelassenen Tiere wirkten anfangs verwirrt, aber dann trotteten sie doch jeweils in Richtung Heimat davon. Das alles beweist lediglich das bekannte Heimkehrvermögen einiger Tierarten. Manche können laut Augenzeugenberichten auch ihre weit entfernten Besitzer aufspüren, aber hier versagen wissenschaftliche Experimente; es bleibt also dahingestellt, diese Vorkommnisse zu glauben oder nicht. »Manche Geschichten sind so phantastisch«, schreibt Dr. Maurice Burton in seinem Vorwort zu Arnolds Buch, »daß wir phantastische Theorien zu ihrer Erklärung heranziehen müssen.«

Wir haben oben von einem heimkehrenden Frosch, einer

Ente und einem Igel gesprochen. Die beiden ersten Fälle werden in Frank Edwards' *Strange World* (1964) geschildert. Über den heimkehrenden Igel berichtete der *Sunday Express* (12. August 1979) aufgrund einer sowjetischen Pressemeldung. Der Igel war von einer Ärztin aus dem Krankenhaus Donetsk auf einer Landstraße gefunden worden. Er hatte eine gebrochene Pfote, und Dr. Nadeschda Uschakowa pflegte ihn gesund. Dann gab sie ihn ihrer 77 Kilometer entfernt wohnenden Enkelin in Pflege. Da er dort vor sich hinkümmerte und nicht fressen wollte, schrieb ihre Enkelin ihr, sie habe ihn im Wald freigelassen. Als Dr. Uschakowa zwei Monate später von der Arbeit kam, sah sie diesen Igel vor ihrer Haustür sitzen! Laut Zeitungsbericht befassen sowjetische Tierärzte sich jetzt mit der Erforschung des Heimkehrvermögens von Igeln.

Ein ähnlich begabtes weißes Kaninchen mit roten Augen, Robert, wurde 1978 für die sechsjährige Maud Cecil in Cambridge gekauft. Als er zu groß und zu lebhaft fürs Haus wurde, setzte Mauds Mutter ihn in den eingezäunten Garten, aus dem Robert sofort verschwand. Sie kaufte rasch ein ähnliches Kaninchen für Maud, die sich anscheinend täuschen ließ – bis Robert einige Wochen später an der Haustür kratzte. Der Doppelgänger flog hinaus, und Robert kehrte ins Haus zurück, wo er sich bald schlimmer als je zuvor aufführte. Er knabberte Bücher an, sprang nachts auf Betten und weckte einen Gast, indem er ihm den Schnurrbart abzufressen versuchte. Deshalb wurde er aufs Land verbannt: zu Mauds Großmutter, Mrs. Margaret Hodson, in Suffolk, die einem unserer Verlagslektoren von Robert erzählt hat. Auch dort benahm er sich so schlecht, daß sie ihn in 1 Kilometer Entfernung aussetzte. Drei Tage später hörte sie ein Kratzen an der Haustür – Robert war wieder da! Dann hatte sie einen Geistesblitz: Sie brachte Robert zu Mauds Eltern zurück, wo er ins Hühnergehege gesperrt wurde. Aber wie sich bald zeigte, versuchte er dort, die Hennen zu vergewaltigen. Robert mußte unbedingt aus dem Haus und wurde unter Bewachung in die Gogmagog Hills – etwa 5 Kilometer außerhalb von Cambridge – transportiert, wo er den Laufpaß erhielt. Das geschah im Jahre 1979. Zwei Jahre später hörten Maud und ihre Mutter ein Kratzen an der Haustür ... Robert, das Kaninchen, wurde in einem besonders starken Maschendrahtkäfig im Garten von Mauds Großmutter untergebracht, wo er 1982 im Kampf gegen eine marodierende Ratte ums Leben kam.

IV. Kontroversen und Kuriositäten

Vögel als Entführer

Auf einer unzugänglichen Felsspitze in den französischen Alpen hoch über Saint-Maurice entdeckte ein Schweizer Bergführer im Jahre 1950 ein Kinderskelett. Das Kind konnte unmöglich dort hinaufgeklettert sein. Nach allgemeiner Überzeugung handelte es sich dabei um die sterblichen Überreste eines Vierjährigen, der im Jahre 1947 aus einem Bergdorf verschwunden und offenbar von einem Riesenadler dorthin verschleppt worden war.

Schon Herodot hörte ägyptische Priester von Riesenvögeln erzählen, die Menschen entführten. Solche Geschichten sind in den Sagenschatz vieler Völker eingegangen, aber die meisten Ornithologen glauben, große Greifvögel wie Adler und Kondore können nur etwas mehr als ihr eigenes Körpergewicht (5 bis 6 Kilogramm) tragen, so daß ihre »Nutzlast« auf einen Hasen, ein junges Lamm oder möglicherweise ein neugeborenes Kind beschränkt wäre. Um das Märchen zu widerlegen, Kinder würden von Adlern verschleppt, sind Versuche zur Ermittlung der Belastbarkeit verschiedener Adler angestellt worden. Einer davon ist in dem amerikanischen *Nature Magazine* (33. Jhrg., Heft 6, 1940) beschrieben worden: Wurden an die Fänge eines zahmen Fischadlers je 1,8 Kilogramm schwere Gewichte gehängt, »konnte der Vogel kaum noch fliegen!«

Von dieser scheinbaren Realität werden wir ins Reich der Zweifel und Ungewißheiten entführt, wenn wir hören, daß Bewohner von Gebieten, in denen Adler leben, durchaus fürchten, ihre Kinder könnten von diesen Vögeln entführt werden – eine Befürchtung, die durch die Aussagen zahlreicher Augenzeugen bestätigt wird.

Die für die kleine Marie Delex tödlich endende Entführung durch einen Adler im Jahre 1838 illustriert diese etwa dreißig Jahre später entstandene Abbildung.

Einen charakteristischen Bericht bringt Pouchet in *L'Universe* (1870), seiner naturwissenschaftlichen Enzyklopädie. Der letzte ihm bekannte Vorfall dieser Art, so schrieb er, habe sich im Jahre 1838 im Wallis ereignet. »Ein kleines Mädchen, die fünfjährige Marie Delex, spielte mit einer Freundin auf einem mit Moos bewachsenen Berghang, als plötzlich ein Adler auf sie herabstieß und sie trotz des Schreiens und der Gegenwart ihrer jungen Freundin davontrug. Einige Bauern hatten das Schreien gehört, liefen zusammen, aber vergebens suchten sie nach dem Kind, von dem sie nur einen Schuh am Rande eines Abgrundes fanden. Die

Kleine war nicht in den Adlerhorst verschleppt worden, in dem lediglich zwei von aufgehäuften Ziegen- und Schafknochen umgebene Jungadler zu erkennen waren. Erst zwei Monate später fand ein Schäfer die schrecklich entstellte Leiche der kleinen Marie Delex auf einem Felsen ½ Meile von der Stelle entfernt, von der sie in die Lüfte entführt worden war.«

Wie gegen viele derartige Themen verwehren sich orthodoxe Kreise gegen solche Berichte über ungewöhnliche Vögel und ihr Verhalten und die daraus resultierenden Probleme. Am Morgen des 25. Juli 1977 spielte der zehnjährige Marlon Lowe im Garten seines Elternhauses in Lawndale, Illinois, während seine Eltern und zwei ihrer Freunde in der Nähe arbeiteten. Als sie Marlons Schreckensschreie hörten, sahen sie auf und erkannten, daß der Junge von zwei riesigen Vögeln bedroht wurde. Im nächsten Augenblick stieß einer von ihnen auf Marlon herab, schlug seine Fänge in die Kleidung des Jungen und schleppte ihn in 1 Meter Höhe etwa 8 bis 10 Meter weit, dann ließ er Marlon auf die Schreie der Augenzeugen hin fallen. Sie beschrieben die dunklen Vögel als »übergroße Geier« mit gekrümmten Schnäbeln, einem weißen Halsband und etwa 2,5 Meter Spannweite.

Ruth und Jake Lowe, Marlons Eltern, dachten beide instinktiv an Kondore – ein Eindruck, der sich später beim Durchblättern eines Tierlexikons bestätigte. Aber ein Sprecher der National Audubon Society teilte den Medien mit, die einzigen in den USA bekannten Kondore lebten in einer schrumpfenden Kolonie in Kalifornien – 2500 Kilometer weiter westlich. Er vermutete, die Lowes könnten statt dessen Habichte, Uhus oder sogar Truthahngeier, die im mittleren Westen häufiger auftreten, gesehen haben. Die einheimischen Forstbeamten glaubten den Lowes nicht, die unter Druck gesetzt wurden, ihre Darstellung zu ändern. Als sie sich ehrlicherweise weigerten, wurde unverblümt suggeriert, sie hätten gelogen oder in Wirklichkeit nur gesehen, wie der weglaufende Junge von den Vögeln von hinten angegriffen worden sei. Die Augenzeugen beharrten jedoch auf ihrer

Darstellung, die sie Jerry Coleman 1977 und seinem Bruder Loren 1979 gaben (*Fortean Times,* Nr. 30, Herbst 1979). Die Brüder Coleman stellten fest, daß die Lowes wegen der Reaktion der Forstbeamten, der örtlichen Behörden und ihrer Nachbarn sehr verbittert waren. Sobald die Zeitungen den Vorfall gemeldet hatten, waren bei ihnen anonyme Anrufe und Briefe eingegangen, und sie hatten häufig tote Vögel vor ihrer Haustür gefunden. Am meisten hatte Marlon zu leiden gehabt – unter Alpträumen und dem Spott der Schulkameraden. Nach diesem schrecklichen Erlebnis wuchsen seine roten Haare wochenlang farblos grau nach. Ruth Lowe machte dafür den Schock des Vogelüberfalls verantwortlich.

Als sollten die »Experten« noch mehr in Verwirrung gestürzt werden, zeigten sich am Himmel von Illinois weitere unbekannte Riesenvögel (*Fortean Times,* Winter 1978). In Lincoln sah ein Farmer, wie einer zwei Ferkel von etwa je 10 Kilogramm fortschleppte; bei Lawndale beobachtete ein Fernfahrer einen Vogel, der vergeblich ein größeres Ferkel wegzuschleppen versuchte. Waldarbeiter, Bergsteiger und Landwirte in aller Welt haben geschildert, daß hungrige große Adler alles anfallen, was sich bewegt, und in ihrer Gier oft Beutetiere forttragen, die sie Ornithologen zufolge nicht heben können dürften. In seinem Buch *I Was a Headhunter* (1941) schreibt Lewis V. Cummings, er habe einst einen großen südamerikanischen Adler einen Junghirsch mit einem geschätzten Gewicht von mindestens 15 Kilogramm durch die Luft davontragen gesehen.

Anfang Oktober wollte der Förster Luigi Onorati am Sarca in den Apenninen beobachtet haben, wie ein Adler einen Rehbock fortschleppte, den er aus 50 Meter Höhe fallen ließ, als Onorati auf ihn schoß. Das glaubte ihm niemand. Aber ein anonymer Bericht in einer undatierten Ausgabe der Zeitschrift *Weekend* (um 1978) berichtete, dieser Adler habe eine Woche später die dreijährige Flavia Vidoli zu entführen versucht. Die Vidolis leben in einem einsamen Teil des Sarca-Tals; Giovanni Vidoli, Flavias Vater, ist Wachmann in einem

Wasserkraftwerk. Seine Frau Angela war im Haus, als sie ihre Tochter kreischen hörte, griff nach einem Rechen und lief ins Freie, wo die Kleine gespielt hatte. Zu ihrem Entsetzen sah sie Flavia in den Fängen eines bösartig wirkenden Adlers, der sie bereits ½ Meter hochgehoben hatte. Der Raubvogel mit über 2 Meter Spannweite ließ das Kind fallen und griff die schreiende Mutter an, die sich mit dem Rechen verteidigte. Der Adler ließ nicht von ihr ab, selbst als er eine gebrochene Schwinge hatte, bis er schließlich unter ihren Schlägen tot liegenblieb.

Im Gegensatz zu dieser ist die nächste Quelle aus Martins *Description of Western Isles of Scotland* (1716) um so zuverlässiger: Ein gewisser Neil von der Insel Skye »wurde als Säugling von seiner Mutter auf einem Feld unweit der Häuser am Nordufer des Loch Portrie liegengelassen, als ein Adler kam und ihn in seinen Fängen bis zum Südufer trug, wo er ihn zu Boden legte. Einige Leute, die dort Schafe hüteten, sahen ihn, hörten das Kind schreien, eilten ihm sofort zu Hilfe und fanden es durch die Gnade Gottes von dem Adler unverletzt und trugen es zu seiner Mutter heim.«

Berichte über Säuglingsentführungen sind häufiger, als es den Ornithologen lieb sein kann. In der Londoner Zeitung *Evening News* (4. November 1978) berichtet Lee Wilson von drei Fällen aus der Türkei und Syrien. Zweimal verschleppten Adler Kleinkinder – im Juni 1937 bei Amassia in Südanatolien und im Februar 1953 bei Damaskus. Der dritte Fall betraf einen Siebenjährigen in Mittelanatolien, der verschleppt wurde, als er unklugerweise einen Adlerhorst zu erforschen versuchte. Da solche Geschichten aus abgelegenen Gebirgsgegenden nur mit beträchtlicher Verspätung und auf Umwegen zu uns gelangen, ist schwer zu beurteilen, ob und in welchem Umfang sie glaubwürdig sind.

Zum Glück sind jedoch ähnliche Berichte aus zuverlässigen Quellen bekannt. Roger Caras erzählt in seinem Buch *Dangerous to Man* (1964), daß Greifvögel Menschen angegriffen hätten, doch lehnt er es logischerweise ab, diese Angriffe für möglich zu halten. In einer merkwürdigen Fußnote erwähnt er jedoch seine Korrespondenz mit dem amerikanischen Naturforscher Doug Storer, der eine Begebenheit aus den dreißiger Jahren in Norwegen einwandfrei nachweisen zu können behauptete. »Offenbar hat ein sehr großer Adler eine sehr kleine Siebenjährige angefallen und ist im richtigen Augenblick von einem starken Aufwind unterstützt worden«, merkt Caras an. »Mr. Storer hat eindrucksvolle Unterlagen darüber gesammelt, und sein Beweismaterial wäre schwer zu widerlegen.« Tatsächlich war Svanhild Hansen, das entführte Mädchen, damals erst vier Jahre alt, wie Steinar Hunnestadt in *Ørnerovet* (1960) berichtet. Am 5. Juni 1932 spielte sie im Hof des elterlichen Bauernhofs in Leka bei Trondheim, als ein riesiger Adler auf sie herabstieß. Dem Vogel gelang es nicht, sie in seinen Adlerhorst zu tragen, aber er verschleppte sie fast 2 Kilometer weit bis ans Talende und legte die Kleine auf einem Felsvorsprung ab. Ihre Retter orientierten sich an dem kreisenden Adler und fanden die Kleine schlafend vor – unverletzt, abgesehen von einigen Kratzern und ihrem tränenfleckigen Gesicht.

Für Caras und andere Naturforscher wird diese Geschichte dadurch akzeptabler, daß der Adler im »richtigen« Augenblick durch einen starken Aufwind unterstützt worden sein könnte. »Eine verblüffende Geschichte«, schreibt Caras, »aber hier scheint es sich um einen Fall zu handeln, der zumindest vorläufig akzeptiert werden muß.« Eine ähnliche Einschränkung enthält die dritte Auflage von Frank Lanes weiterhin beliebter *Nature Parade* (1947). Nachdem er die üblichen Einwände der Ornithologen zitiert hat, fügt er hinzu: »Ein Leser hat mir geschrieben, nachdem er diesen Abschnitt in der ersten Auflage gelesen hatte, und den Fall eines kleinen irischen Mädchens geschildert, das von einem Steinadler über den Fluß Kenmare getragen und am anderen Ufer fallen gelassen worden war. Als Folge dieses buchstäblich haarsträubenden Erlebnisses hinkte sie später deutlich sichtbar.«

Eine ähnlich zweideutige Einstellung in bezug auf Entführungen durch Adler läßt der Zoologe C. H. Keeling in *Meet*

The Birds (1968) erkennen. »Als Tatsache steht fest«, schreibt er, »daß kein Adler der Welt mehr als sein Eigengewicht fortschleppen kann – und nur wenige Arten wiegen mehr als sechs Pfund, was etwa dem durchschnittlichen Geburtsgewicht von Säuglingen entspricht.« Aber auch Keeling bringt anschließend einen Bericht über eine Entführung durch einen Greifvogel, den er als einzigen »halbwegs überzeugenden« charakterisiert.

»Im Jahre 1763 – genauer gesagt am 12. Juli – ließ ein Bauernpaar im Berner Oberland seine dreijährige Tochter schlafend an einem Bach zurück, während es in der Nähe Heu machte. Nach einiger Zeit wollten die Eltern essen und gingen zu ihrer Tochter Anni zurück, neben der ihr Proviant lag; zu ihrer Überraschung und ihrem Entsetzen fanden sie die Kleine jedoch nicht mehr vor und entdeckten nicht die geringste Spur von ihr, obwohl sie verzweifelt die weitere Umgebung absuchten. Etwa zur gleichen Zeit war ein Mann namens Heinrich Michel auf der anderen Seite des Hügels unterwegs, als er zu seiner Überraschung in der Nähe ein Kind weinen hörte. Als er darauf zuging, flog ein großer Lämmergeier vom Boden auf, ergriff überrascht die Flucht und ließ das Kind mit tiefen Wunden und Prellungen am linken Arm zurück. Wie sich zeigte, betrug die Entfernung von der Stelle, von wo die Kleine entführt worden war, bis zu diesem Punkt 1400 Schritte. Sie heiratete später den Schneider Peter Frutiger und zog mit ihm nach Gewalswyl, wo sie noch im Jahre 1814 lebte und allgemein als ›Lämmergeier-Anni‹ bekannt war.«

Der Übersetzer der englischen Ausgabe von Pouchets Enzyklopädie fühlte sich verpflichtet, einen ihm bekannten Fall nachzutragen, der sich 1868 – d. h. ein Jahr nach der Fertigstellung von Pouchets gewaltigem Werk – in Missouri ereignet hatte. Er wird von einem ungenannten Lehrer im Tippah County erzählt: »In letzter Zeit sind die Adler in unserer Gegend sehr lästig gewesen und haben Schweine, Lämmer usw. fortgetragen. Niemand hätte geglaubt, daß sie sich auch an Kindern vergreifen würden; aber am Donnerstag in der Pause waren die kleinen Jungen in einiger Entfernung vom Schulhaus . . ., als ihr Treiben durch einen großen Adler gestört wurde, der herabstieß und den kleinen Jemmie Kenny, acht Jahre alt, mit sich forttrug. Die Kinder schrien laut, und als ich ins Freie kam, war der Adler so hoch, daß ich den Kleinen gerade noch kreischen hörte. Nun wurde Alarm geschlagen und der Adler durch lautes Geschrei veranlaßt, seine Beute fallen zu lassen; aber seine Klauen hatten sich so tief eingegraben, und der Sturz erfolgte aus so großer Höhe, daß der Unglückliche getötet wurde.«

Nicht alle Geschichten dieser Art enden so tragisch: Aus Nordschottland zitiert Lee Wilson – allerdings ohne Quellenangabe – ein glückliches Ende. Im Jahre 1790 halfen William Anderson und seine Frau auf der nördlichsten Shetlandinsel Unst bei der Getreideernte, während ihre kleine Tochter Mary am Feldrand auf Garben lag. Die Eltern wurden durch lautes Flattern hinter sich alarmiert und stellten entsetzt fest, daß ein Adler ihr Kind mit sich forttrug. William Anderson und einige Freunde nahmen die Verfolgung auf und liefen dem mühsam fliegenden Adler quer über die Insel bis zur Südküste nach, wo sie hilflos zusehen mußten, wie er aufs Meer hinausflog. Da sie den Vogel als Seeadler erkannt hatten, glaubten sie, er fliege zu einer wohlbekannten Adlerkolonie auf der Insel Fetlar; die Männer liehen sich ein Boot und ruderten etwa 5 Kilometer weit zu der kahlen Felseninsel mit ihren Steilwänden hinaus. Mit Hilfe dortiger Kleinbauern ließen sie einen Jungen namens Robert Nicholson über die Klippen hinab; er entdeckte Mary in einem Adlerhorst unter einem Überhang, wo zwei Jungadler an ihrer Kleidung zupften. Robert brachte Mary in Sicherheit; als sie groß war, heiratete er sie, und ihre Nachkommen leben noch heute auf den Inseln.

Wenn wir diese Geschichten der Vergessenheit entreißen, nehmen wir zugleich eine weitere Dimension wahr: ihre Übereinstimmung mit anderen archetypischen Phänomenen. Die menschliche Seele wird von einer überwältigenden Kraft, die in ihrer zupackenden Direktheit etwas Über-

Den magischen Aspekt von Entführungen durch Vögel oder andere Tiere illustriert die Geschichte von Sal. Diese Miniatur zeigt Sal im Felsenhorst (16. Jahrhundert) (Abu'l Qasim Mansur Firdawsi: Shahnama; *aus der Bibliothek Arthur A. Houghton jr.).*

menschliches an sich hat, in ungeahnte Höhen gehoben – und das beflügelt Dichter und Mystiker in aller Welt. Als Transformationssymbol besitzt die Entführung durch ein totemistisches Tier in primitiven Gesellschaften große Symbolkraft. Jede Art von Levitation gilt als Beweis für latente mediale oder schamanistische Fähigkeiten, deren Weiterentwicklung bei dem Betreffenden bewußt gefördert wird.

In *The Catalpa Bow* (1975), einer Untersuchung des japanischen Schamanismus, erläutert Carmen Blacker die Überlieferung, daß Kinder von *Tengu* – magisch begabten Vogelmenschen, die in Wäldern und auf Bergen leben – entführt werden können. Die *Tengu* verwandeln sich in Steinadler, entführen die Auserwählten und ziehen sie in hohlen Bäumen auf, aus denen sie später auf mysteriöse Weise in die menschliche Gesellschaft zurückkehren.

Die von den Adlern Entführten unterscheiden sich nach alter Überlieferung von gewöhnlichen Menschen, was offenbar auch auf neuere Entführungsopfer zutrifft, wenn wir an Marlon Lowes ausgebleichtes Haar, das Hinken des irischen Mädchens und Mary Nicholsons berühmte Nachkommenschaft denken. Nach Blacker kehren die Opfer der *Tengu* im allgemeinen »als Schwachsinnige oder mit Wunderkräften Begabte« zurück.

Wir akzeptieren die Aussage der Ornithologen, daß Adler keine Kinder verschleppen können; wir glauben jedoch auch, daß es solche Entführungen gegeben haben kann. Sollte das zutreffen, wären diese Ereignisse sicher eher forteanisch als wissenschaftlich-ornithologisch zu erklären.

Der menschenfressende Baum

Dieses schreckliche Bild eines Mannes in den Fängen einer Ya-te-veo (»Ich kann dich sehen«), einer angeblich in Mittel- und Südamerika vorkommenden Pflanze, die Verwandte in Afrika und am Indischen Ozean haben soll, stammt aus dem Buch *Sea and Land* (1887). Es illustriert eine Schilderung des Autors J. W. Buel über einen ungenannten »Gentleman meiner Bekanntschaft, der lange in Mittelamerika gelebt hat«. Buel hatte sein in Amerika veröffentlichtes Buch mit der ausdrücklichen Absicht geschrieben, »meinen Lesern nur jene Dinge vorzuführen, die am besten geeignet sind, den erhabensten Gottesbegriff zu inspirieren und tiefe Bewunderung für die herrlichen Werke hervorzurufen, von denen wir umgeben sind und mit denen wir umgehen«. Ob ein menschenfressender Baum unseren Gottesbegriff beeinflussen kann, bleibt dahingestellt, doch zitieren wir hier Buels Schilderung:

*Der Ya-te-veo-Baum, wie er J. W. Buel von einem Informanten aus Mittelame-
rika beschrieben wurde. Berichte über diese gefährliche Pflanze sind selten –
vielleicht weil nur wenige Beobachter mit dem Leben davongekommen sind (J.
W. Buel: Sea and Land, Philadelphia und St. Louis 1887).*

»Reisende haben uns von einer nach ihren Angaben nicht nur in Mittelamerika, sondern auch in Südamerika wachsenden Pflanze berichtet, die sich nicht mit den unzähligen Insekten zufriedengibt, die sie fängt und verzehrt, sondern in ihrer Gefräßigkeit selbst Menschen als Beute nimmt. Diese Wunderpflanze *Minotaurus* soll einen kurzen, dicken Stamm haben, aus dem lange, dünne und flexible, aber ungewöhnlich zähe Ranken herauswachsen, die mit Stacheln besetzt sind. Diese Ranken... liegen flach und so geschickt verteilt auf dem Boden, daß der Stamm an eine behagliche Couch mit grüner Dekoration erinnert. Der unglückliche Wanderer, der nichts von dem Ungeheuer weiß, das ihm auflauert, und die merkwürdige Pflanze näher betrachten oder auf dem einladend wirkenden Stamm rasten will, nähert sich ihr, ohne zu ahnen, daß ihm sein sicheres Ende bevorsteht. Sobald er in den Kreis der schrecklichen Ranken getreten ist, schnellen sie wie gigantische Schlangen empor und umstricken ihn, bis er auf den Stamm gezogen ist, worauf sie ihm rasch ihre Dolche in den Leib stoßen und so das Massaker vollenden. Der Körper wird zusammengedrückt, bis der letzte Blutstropfen herausgequetscht und von der blutgierigen Pflanze absorbiert worden ist, woraufhin der blutleere Kadaver abgestoßen und die schreckliche Falle von neuem gestellt wird.«

Die spärliche Literatur über diese abscheuliche Pflanze ist von Willy Ley in zwei seiner Bücher – *Salamanders and other Wonders* (1955) und *Exotic Zoology* (1959) – sowie später und gründlicher von Roy Mackal in *Searching for Hidden Animals* (1980) zusammengefaßt worden. Ley siedelt den Baum lediglich auf Madagaskar an, während Mackal die Existenz des amerikanischen menschenfressenden Baumes – in der gleichen Zeit, aber etwas detaillierter – aus der Zeitschrift *Illustrated London News* (27. August 1892) zitiert, für die Dr. Andrew Wilson eine populärwissenschaftliche Kolumne schrieb. Daraus geht der Name des Mannes hervor, der den Baum in den Sümpfen Nikaraguas gesehen und beschrieben hat. In einem späteren Heft der Zeitschrift (24. September 1892) zitierte Dr. Wilson einen Bericht über einen fleischfressenden Baum am Rande der mexikanischen Sierra Madre. Er hatte schleimige, schlangenartige Zweige, mit denen er seine Opfer umschlang. Hauptsächlich ernährte er sich wohl von Vögeln, deren Überreste den Boden in seiner Nähe bedeckten, und er nahm von dem zitierten Reisenden Hühner an, deren Blut er durch seine saugnapfähnlichen Zweige zu sich nahm; selbst größere Beute, wie z. B. die Hand des Reisenden, verschmähte er nicht, denn dieser mußte sich losreißen und büßte dabei einen Hautfetzen ein.

Im Jahre 1924 veröffentlichte Chase Salmon Osborn, ehemals Gouverneur von Michigan, sein Buch *Madagascar, Land of the Man-eating Tree*. Hier werden nicht nur nüchtern Geographie, Geschichte und Folklore der Insel beschrieben, sondern schon im ersten Kapitel der menschenfressende Baum. Seine Existenz teilte bereits 1878 der deutsche Reisende Carl Liche dem Polen Dr. Fredlowski mit. Dieser Brief wurde in den folgenden Jahren in mehreren Zeitungen und Zeitschriften abgedruckt, aber von Liche und seinem Begleiter Hendrick war danach nichts mehr zu hören. Osborn veröffentlichte den Brief mit allen seinen grausigen Details; Ley und Mackal sind seinem Beispiel gefolgt, daher genügt hier eine kurze Zusammenfassung.

Liche und Hendrick hatten sich mit den Mkodos, einem zurückgezogen in Höhlen lebenden Pygmäenstamm, angefreundet und wurden von ihnen zu einer Opferfeier eingeladen. Man führte sie tief in den Urwald, wo auf einer Lichtung an einer Flußbiegung der gefürchtete Baum wuchs. Sein Stamm war etwa 2,5 Meter hoch, braun, eisenhart und ananasförmig. Oben wuchsen acht bis zu 3,5 Meter lange Blätter heraus, die schlaff herabhingen; ihre freiliegenden Innenseiten waren mit Haken – Stacheln vergleichbar – besetzt. Ein schalenförmiger Auswuchs am oberen Stammende enthielt eine klebrige berauschende Flüssigkeit, unter dieser Schale standen grüne behaarte Ranken mit gut 2 Meter Länge steif nach allen Seiten ab. Ebenfalls aus dem oberen Stammteil wuchsen sechs lange, dünne, weißliche oder durchsichtige Fühler, die sich bedrohlich schlängelnd bewegten.

Dem Baum sollte eine junge Frau geopfert werden, die von den Mkodos unter Gesang und Geschrei auf den Stamm steigen und darauf stehenbleiben mußte. Dann mußte sie von der sirupartigen Flüssigkeit aus der Schale trinken. Gleich nach dem ersten Schluck begannen die geschmeidigen, beweglichen Fühler sich um ihre Gliedmaßen und ihren Körper zu legen. Die Ranken richteten sich schnell auf, um sie noch fester zu umklammern; danach kamen die großen Blätter langsam nach oben, bedeckten die Unglückliche und preßten sie aus, so daß ihr Blut, das sich mit dem süßen Saft mischte, den Stamm hinabfloß.

Daraufhin stürzten sich die Mkodos auf den Baum, um die gräßliche Mixtur zu trinken, die sie mit Bechern, Blättern oder Händen auffingen oder gleich vom Stamm leckten. Sie wurden sofort rasend betrunken und begannen eine »groteske und unbeschreiblich scheußliche Orgie« – woraufhin Liche und Hendrick das Weite suchten.

Die beiden Männer beobachteten den Baum danach regelmäßig. Die Blätter blieben bis zum zehnten Tag nach dem Menschenopfer aufgerichtet; dann sanken sie herab, während die Fühler und Ranken ihre vorige Position einnahmen. Am Fuß des Baumes lag ein neuer weißer Totenschädel.

Osborn war von diesem Bericht sehr beeindruckt, obwohl er nicht sonderlich beweiskräftig war und vor allem nicht angab, wo auf der riesigen Insel Madagaskar der menschenfressende Baum wachsen sollte. Er bereiste die 1500 Kilometer lange Insel kreuz und quer und hörte überall von dem schrecklichen Baum, ohne ihn jemals zu Gesicht zu bekommen. Alle Stämme kannten ihn, und einige der dortigen Missionare hielten seine Existenz für wahrscheinlich – aber niemand wollte ihn Osborn zeigen. So kehrte er nach Amerika zurück, ohne aber den menschenfressenden Baum in Frage zu stellen. Von den Mkodos ist seither nicht mehr die geringste Spur zu finden gewesen.

Osborn verteidigte seine Auffassung damit, daß Madagaskar schon seit vorgeschichtlicher Zeit als Land des menschenfressenden Baums bekannt gewesen ist. Er beschrieb eine ähnliche, allerdings viel kleinere Pflanze, die er in London gesehen hatte:

Eine Darstellung der menschenfressenden Pflanzen Mittelamerikas als Illustration zu der 1899 veröffentlichten Kurzgeschichte »The Purple Terror« (Fortean Picture Library).

»In der Londoner Horticultural Hall steht eine Pflanze, die große Insekten, vor allem aber Mäuse frißt. Angelockt wird die Maus durch einen starken Duft der Blüte, die eine runde Öffnung bildet – gerade so groß, daß die Maus hineinkriechen kann. Sitzt das Tier einmal in der Falle, klappen die stacheligen Fühler zusammen, um sie festzuhalten. Das Zappeln des Tieres scheint die gorgonenhaften Dinger zu aktivieren. Bald ist die Maus tot. Dann treten Verdauungssäfte wie die eines Tiermagens aus, und die Maus wird aufgeschlossen, verflüssigt und vereinnahmt. Diese ungewöhnliche fleischfressende Pflanze stammt aus dem tropischen Indien.«

Falls es menschenfressende Pflanzen gibt, haben die Bewohner ihrer Verbreitungsgebiete möglicherweise gute Gründe, sie Außenstehenden nicht vorzuführen, und Botaniker, die sie entdeckt und zu genau untersucht haben, sind vielleicht nicht mehr imstande gewesen, über sie zu berichten. Wir glauben, daß die Sage von dieser Pflanze unabhängig davon fortdauern wird, ob ihre Existenz jemals wissenschaftlich bestätigt wird. Als Kinder haben wir die Schrecken dunkler Wälder kennengelernt, in denen klauenartige Zweige nach dem Wanderer zu greifen scheinen – auch darüber gibt es genug Illustrationen. Ebendiese Vorstellung – vielleicht der Ausfluß einer universalen Phantasie – garantiert das Überleben des menschenfressenden Baums.

Moderne Jonas

Kann ein Mensch von einem Wal verschlungen werden und drei Tage lang in seinem Bauch leben? Seit Jahrhunderten wird diese bemerkenswerte Geschichte aus dem Alten Testament üblicherweise damit erklärt, daß sie nur ein Gleichnis sei. Fundamentalisten beharren jedoch darauf, nur wer auch diese Geschichte vorbehaltlos glaube, sei wahrhaft gläubig, und argumentieren dogmatisch, die Ablehnung eines Wunders sei mit der Ablehnung der ganzen Bibel gleichzusetzen. Ähnliche Darstellungen finden sich in vielen anderen Mythologien. Im 2. Jahrhundert v. Chr. schrieb ein griechischer Dichter, Herkules sei nach einem Schiffbruch von einem großen Fisch verschlungen und nach drei Tagen an Land gespuckt worden. Ähnliches berichtet Herodot von Arion, dem reichen König von Lesbos, der von einer meuternden Besatzung über Bord geworfen wurde. Angelockt durch das Lautenspiel des Königs kam ein Delphin diesem zu Hilfe, verschlang ihn und spuckte ihn später heil und gesund wieder aus.

Die Geschichte von Jona und dem Wal sollen zwei Säulen bei Alexandretta beweisen, die seinen Landeort bezeichnen. Jona war ein jüdischer Prophet im 8. vorchristlichen Jahrhundert – also zu einer Zeit, als es noch Wale im Mittelmeer gegeben haben muß, denn Plinius und andere Autoren berichten einige Jahrhunderte später von ihnen, und bei den Phöniziern und wahrscheinlich auch bei den Arabern, aber nicht bei den Juden, gab es eine Walfangtradition. In seinem Buch *Minor Prophets* (1860) schildert Dr. Edward Pusey einschlägige Vorfälle:

»Im Jahre 1754 fiel ein Seemann im Mittelmeer über Bord und wurde von einem Hai verschlungen; aber der Kapitän schoß den Hai, und der Seemann wurde unverletzt aus seiner gefährlichen Lage befreit. Der Kapitän schenkte dem Mann den Fisch, der in ganz Europa ausgestellt wurde. Er war sechs Meter lang, hatte Flossen mit fast drei Meter Spannweite und wog 1780 Kilogramm. Blumenbach erwähnt einen weißen Hai von 4500 Kilogramm Gewicht und berichtet, daß tief im Magen dieser Ungeheuer ganze Pferde gefunden worden sind. In dem Werk *Über die Marseiller Fische* (17. Jahrhundert) wird ein 1800 Kilogramm schweres Exemplar der Gattung *Canis carcharias* erwähnt, in dessen Magen Fischer aus Nizza einen ganzen Menschen gefunden haben wollen.«

In seinem Buch *The Jonah Legend* (1899) mutmaßt William Simpson, die Aussage: »Jona war im Leibe des Fisches drei Tage und drei Nächte« sei lediglich eine überlieferte verschwommene Erinnerung an das Aufnahmeritual eines ursprünglich in Ninive praktizierten Fischgottkults. Die Vor-

stellung, daß ein Held oder Jünger von einem schrecklichen
Wesen verschlungen und erst nach gewisser Zeit verändert
wiedergeboren wird, ist in Mythen und Träumen gleicherma-
ßen weit verbreitet. Das Thema scheint jedoch auch einen
physischen Aspekt zu besitzen, der uns zu der Frage zurückführt: Kann ein Wal tatsächlich einen Menschen verschluk-
ken? Gegen die Geschichte von Jona und dem Wal ist zumindest einzuwenden, Wale hätten trotz ihrer gewaltigen Größe
nur einen winzigen Schlund. Demgegenüber hat Bischof
Jebb (nach David Gunstone im *World Christian Digest*,
Januar 1961) vermutet, Jonas Zufluchtsort sei »nicht der
Magen des Wals, sondern seine Rachenhöhle« gewesen –
oder der Prophet habe »in einem toten Wal Zuflucht
gesucht«. Der biblische »große Fisch« könnte am ehesten

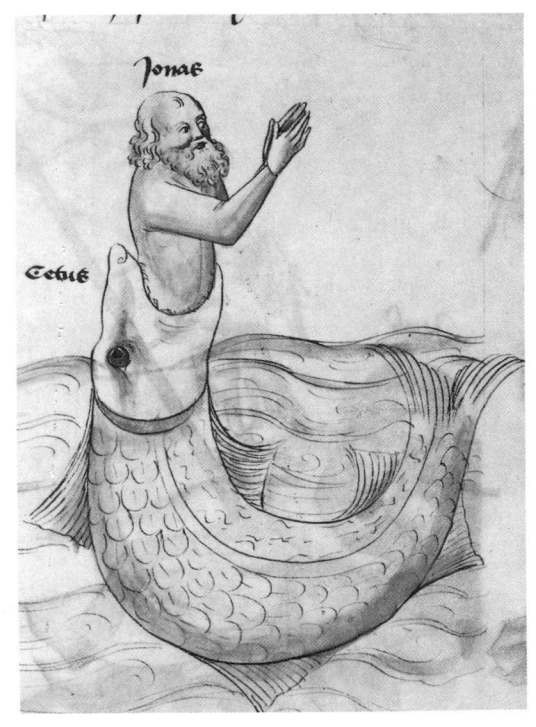

Das »Jona«-Thema aus der Sicht zweier Religionen: Die französische Buchillustration aus dem 14. Jahrhundert stellt den zurückgekehrten Jona dar; die indische Miniatur (links) zeigt den als der große Fisch Mazja wiedergegebenen Vishnu, der nach der Sintflut die Neuerschaffung der Hinduwelt beaufsichtigt. In der christlichen Kunst wurde das Tor zur Hölle häufig als Fischschlund dargestellt, der den Abstieg der Toten in die Unterwelt verkörperte (linke Seite: Pahari-Gemälde: The Fish Avatar of Vishnu, 1760, British Museum; rechte Seite: lateinische Bibel, 14. Jahrhundert, Bibliothèque Nationale, Paris).

ein Pottwal gewesen sein, der als Irrgast im Mittelmeer vorkommt und mühelos große Tintenfische und Haie verschlingen kann. Im Magen eines in der Nordsee erlegten Pottwals wurden die Überreste eines Fünfmeterhais entdeckt.

In den Annalen des Walfangs finden sich zahlreiche Fälle, in denen Wale im Todeskampf Walfangboote gerammt, zum Kentern gebracht und Harpuniere verschlungen haben. Von einem grausigen Fall berichtet Dr. Egerton Davis, ehemals Schiffsarzt einer Flotte vor Neufundland operierender Seehundjäger, in seiner *Natural History* (1947). 1893 fiel einer der Seehundjäger von einer Eisscholle und wurde von einem Wal verschlungen, wie seine Kameraden beobachteten. Ein rasch aus der Heckkanone des Schoners *Toulinguet* abgefeuerter Schuß traf den Wal, der jedoch noch wegschwamm.

Am nächsten Tag wurde der mit dem Bauch nach oben im Meer treibende Wal entdeckt. Nachdem er längsseits geholt worden war, wurde er aufgeschlitzt und sein Magen, in dem der Mann vermutet wurde, mit großer Mühe an Deck gehievt. Dr. Davis schnitt vorsichtig den Magen auf, »aus dem ein betäubender Gestank aufstieg. In seinem Inneren bot sich uns ein schrecklicher Anblick. Der junge Mann wies schwere Brustkorbverletzungen auf, die vermutlich ausgereicht hatten, um sofort seinen Tod herbeizuführen . . .; die Schleimhäute des Wals hatten seinen Körper (vor allem die unbedeckten Teile) wie den Fuß einer riesigen Schnecke umhüllt. Gesicht, Hände und ein Bein, wo die Hose hinaufgeschoben oder zerrissen war, waren von Verdauungssekreten angegriffen . . . Merkwürdigerweise schienen einige Läuse auf seinem Kopf noch zu leben.«

In *The Year of the Whale* (1969) bezweifelt Victor Scheffer Dr. Davis' Geschichte und stellt die Frage, warum dieser über ein halbes Jahrhundert mit der Veröffentlichung gewartet hat. Uns ist jedoch ein viel früherer Fall mit glücklichem Ausgang bekannt, den der Oxforder Theologe Ambrose John Wilson anläßlich seiner Studien über die Geschichte des Propheten Jona entdeckt hat. In diesem Fall aus dem Jahre 1758 fiel ein Matrose im Mittelmeer über Bord einer Fregatte und wurde von einem riesigen Hai der gefräßigen Gattung *Carcharodon carcharis* verschlungen. Der Kapitän ließ von einer Deckskanone das Feuer eröffnen, und das schwimmende Ziel wurde auch hier mit verblüffender Präzision getroffen. »Von der Kanonenkugel getroffen spuckte der Hai den Seemann lebend und nur unerheblich verletzt aus« (*Princeton Theological Review,* 1927).

Aber kann ein Mensch tagelang in einem Wal überleben? Theoretisch möglich, und es scheint auch einen Überlebenden gegeben zu haben. Im Februar 1891 führte das Walfangschiff *Star of the East* vor den Falklandinseln einen langen Kampf gegen einen Pottwal, bei dem zwei Boote zerschmettert wurden, wobei der Matrose James Bartley verschwand. Nach mehr als zwei Tagen wurde der tödlich verwundete

Wal aufgespürt und längsseits gebracht. Das Abspecken und das Öffnen des Magens wurden ohne große Eile vorgenommen, weil nicht feststand, daß Bartley von diesem Wal verschlungen worden war – oder daß er überhaupt von einem Wal geschluckt worden war. Wir zitieren aus der Zeitung *Great Yarmouth Mercury* vom Oktober 1891:

»Während die Arbeiter sich bemühten, (den Magen) herauszulösen und mit einer Kette zu umfangen, entdeckten sie zu ihrer Verblüffung etwas darin Zusammengekrümmtes, das krampfartige Lebenszeichen von sich gab. Der riesige Beutel wurde an Deck gehievt und dort aufgeschnitten; in seinem Inneren entdeckte man den verschollenen Matrosen zusammengekrümmt und bewußtlos. Er wurde an Deck hingelegt und bekam ein Meerwasserbad, das ihn bald wieder zu Bewußtsein brachte, aber sein Geist war verwirrt, und er wurde in der Kapitänskajüte untergebracht, wo er zwei Wochen lang wie ein Geisteskranker tobte. Unter gewissenhafter Pflege durch den Kapitän und die Schiffsoffiziere erholte er sich schließlich und gewann seine Geisteskräfte zurück.«

Bartley wurde wieder völlig gesund und konnte sogar seine Arbeit wiederaufnehmen, aber er litt noch lange unter Alpträumen. Am Kopf und an den Händen war seine Haut – vom Magensaft angegriffen – »zu tödlicher Weiße ausgebleicht« und sah runzlig und »angekocht« aus. Bartley konnte sich verständlicherweise nicht an sämtliche Einzelheiten seines Abenteuers erinnern.

»Er erinnert sich an das Gefühl, von der Nase des Wals in die Luft geschleudert zu werden und ins Wasser zu fallen; dann hörte er ein erschreckend lautes Rauschen, das seiner Ansicht nach dadurch entstand, daß der Schwanz des Wals das Wasser peitschte; danach war er von einer angsterregenden Dunkelheit umschlossen und spürte, daß er durch eine glatte Röhre glitt, die sich wellenförmig zu bewegen und ihn weiterzuschieben schien. Dieses Gefühl dauerte nur einen Augenblick; dann spürte er, daß er wieder mehr Platz hatte. Er tastete umher und berührte mit den Händen eine nachgie-

bige, schleimige Masse, die vor seiner Berührung zurückzuweichen schien. Endlich dämmerte ihm, daß der Wal ihn verschlungen hatte, und das Schreckliche seiner Lage überwältigte ihn fast. Er konnte mühelos atmen, aber die Hitze war entsetzlich. Sie war nicht glühendheiß oder erstickend, sondern schien die Poren seiner Haut zu öffnen und ihm alle Lebenskraft zu rauben. Er wurde sehr schwach und mußte sich erbrechen...; er muß bewußtlos geworden sein, denn als nächstes fand er sich in der Kapitänskajüte wieder.«
Diese fast unglaubliche Geschichte wurde 1914 von M. de Parville, dem Chefredakteur des *Journal des débats,* und später von Sir Francis Fox, dem bekannten Ingenieur und Tunnelbauer, genauestens untersucht. Die Schlußfolgerungen beider Wissenschaftler, daß der Fall Bartley sich tatsächlich so abgespielt habe – so daß Jonas Abenteuer möglich gewesen wäre –, sind in Sir Francis' Memoiren *Sixty-three Years of Engineering* (1924) enthalten. Wie Sir Francis betont, schlukken Wale Luft, um ihren Auftrieb zu erhöhen – und diese Luft wäre übelriechend, aber atembar. Der Magensaft kann kein lebendes Gewebe verdauen, und die Temperatur im Inneren des Wals hätte etwa 40°C betragen – für einen Menschen unbehaglich, aber keineswegs lebensbedrohend. Bartley selbst sagte, er hätte es in dem Wal aushalten können, bis er irgendwann verhungert wäre.
Spätere Ermittlungen haben gezeigt, James Bartley wurde nach seiner Rückkehr nach England in einem Londoner Krankenhaus behandelt, weil seine Haut noch immer runzlig und gelb »wie altes Pergament« war. Ripleys Behauptung, Bartley sei im Jahre 1926 »noch immer völlig ausgebleicht« gestorben (*Believe It or Not! Book of Undersea Oddities,* 1977), ist ebensowenig bestätigt worden wie Frank Edwards' Darstellung, Bartley habe den Rest seines Lebens bis zum Jahre 1909 als Pflasterer in Gloucester verbracht. Diese und Dr. Davis' Geschichte können erst aufgeklärt werden, wenn wir die Logbücher der *Toulinguet* und der *Star of the East* aufgespürt und ausgewertet haben.
Zuletzt wollen wir noch Marshal Jenkins und seinen Aus-

flug ins Innere eines Wals nach einem Bericht der Zeitung *Massachusetts Gazette & Boston Post Boy* (14. Oktober 1771) zitieren:

»Wir hören aus Edgartown, daß dort vor kurzem ein Schiff von einer Walfangreise eingetroffen ist, auf der ein gewisser Marshal Jenkins, der sich mit anderen in einem Boot befand, das von einem Wal zertrümmert wurde, von dem Wal ins Maul genommen wurde, bevor dieser tauchte; er kam jedoch wieder hoch und spuckte Jenkins in die andere Bootshälfte, aus der er ganz zerschlagen von seinen Kameraden gerettet wurde, um sich binnen 14 Tagen gänzlich zu erholen.«

Ratsversammlungen und Gerichtshöfe bei Tieren

Ältere und heutige Beobachter stimmen darin überein, daß Tiere sich durch Laute und mit subtileren Mitteln verständigen können, aber niemand kann erklären, auf welchen Impuls hin die Vögel eines Schwarms gleichzeitige Flugbewegungen ausführen. Ebensowenig ist über das seltene, aber doch immer wieder zu beobachtende Phänomen bekannt, daß Säugetiere und Vögel sich in großer Zahl versammeln, als wollten sie Gesetze beschließen, Urteile fällen oder um Tote trauern. Wir sind uns darüber im klaren, welche Fehler entstehen können, wenn man das Verhalten von Tieren nach menschlichen Begriffen interpretiert, aber es gibt so viele nüchterne Augenzeugenberichte über Tiere, die gemeinsam auf Menschenart zu handeln scheinen, daß wir es unseren Lesern überlassen möchten, aus den hier angeführten Beispielen ihre eigenen Schlüsse zu ziehen.

Das Krähenparlament oder -tribunal ist ein häufig zitierter Klassiker aus älteren naturgeschichtlichen Werken. M. Diarmid, einer dieser älteren Autoren, beschreibt den Handlungsablauf folgendermaßen:

»Wenn die Krähen in den Frühlingsmonaten damit beschäftigt sind, Nester zu bauen oder alte instand zu setzen,

Versammlungen, auf denen Tiere Recht sprechen oder zu anderen Zwecken zusammenkommen, sind ein häufiges Sagen- und Märchenthema. Diese aus dem 19. Jahrhundert stammende Darstellung einer Mäuseversammlung scheint auf Berichten über Ratten und Mäuse zu fußen, die um ihren König versammelt beobachtet worden waren (E. Griset: Little Folks, London *1882).*

vergreifen einzelne Bösewichte sich an den von ihren Nachbarn gesammelten Zweigen, um bequem an Baumaterial zu gelangen. Werden solche Untaten jedoch entdeckt, wird bei zuständiger Stelle Klage erhoben und der schuldige Vogel von seinen Artgenossen abgeurteilt und bestraft. Ein alter Vogel fungiert als Richter, und das wechselweise Krächzen der Krähen beweist, daß die Verhandlung nach einem bestimmten Schema abläuft, obwohl ich mich nicht der verblüffenden Auffassung anschließen kann, hier würden Zeugen vernommen und Geschworene gewählt.

Die auf einem Ast über allen anderen sitzende Richterkrähe krächzt zuletzt, und die Bestrafung folgt dem gesprochenen Urteil auf dem Fuße. Der Schuldige wird ergriffen und heftig mit den Schnäbeln bearbeitet, oder man stürzt sich auf das Nest mit den gestohlenen Zweigen und demoliert es gemeinsam« (zitiert aus Cassells *World of Wonders*).

In *Marvels of Instinct* (1862) schildert G. Garratt die erstaunlichen Krähentribunale des *Corvus cornix* auf den Shetland-Inseln. Dr. Edmondson hatte beobachtet, daß die Vögel zu regelmäßigen Versammlungen zusammenkamen, an denen Abgesandte von weiter entfernten Inseln teilnahmen. Manchmal müssen die zuerst Eintreffenden tagelang auf die Nachzügler warten, denn die Verhandlung beginnt erst, wenn alle versammelt sind. Bis dahin unternehmen die Gefangenen unter den Krähen keinen Fluchtversuch, sondern erwarten still ihr Urteil. Dr. Edmondson kann nicht sagen, was sie verbrochen haben sollen, aber nach der Verhandlung »fallen Richter, Anwälte, Gerichtsdiener und Zuhörer über die zwei oder drei Angeklagten her und schlagen auf sie ein, bis sie tot sind«.

Augenzeugenberichte über Vogeltribunale erscheinen gelegentlich auch in Tageszeitungen, allen voran in Leserbriefspalten im *Daily Mirror*. Am 19. Juni 1975 brachte der *Daily Mirror* eine interessante Zuschrift von Mrs. Rose Bridgett aus Arnold, Nottinghamshire, die von einem Krähengericht erzählte, das sie an einem Wintertag auf einem Feld beobachtet hatte. Die Krähen »hatten einen vollkommenen Kreis um eine in der Mitte sitzende Krähe gebildet. Ich sah keinen Angriff, aber nachdem die Krähen weggeflogen waren, ging ich hinaus und hob den Vogel auf, der in der Mitte gesessen hatte. Er war tot, ohne daß äußerliche Verletzungen zu sehen gewesen wären. Ich gab die Krähe einem uns befreundeten Tierpräparator, und sie steht jetzt in einem Museum mit einer Plakette, auf der zu lesen ist, daß sie von einem ›Krähengericht‹ getötet worden ist.«

Im *Daily Mirror* (13. April 1954) hatte der Naturforscher L. W. Hayward ein damals in Deutschland noch häufiger zu beobachtendes Storchengericht geschildert:

»Bei Oggersheim am Rhein liegt eine große Wiese, auf der sich jeden Herbst Störche sammeln. Bei einer dieser Gelegenheiten wurden etwa 50 Vögel beobachtet, die einen Kreis um einen sehr ängstlich wirkenden Storch bildeten. Einer der anderen schien sich an die Versammlung zu wenden, indem

275

er zwei bis drei Minuten lang mit den Flügeln schlug. Ihm folgten ein zweiter, dritter und vierter Storch, die sich wie der erste verhielten. Zum Schluß stimmten alle in den Chor ein, fielen gemeinsam über den Schuldigen her und töteten ihn in wenigen Sekunden.«

Wie Garratt berichtet, finden bei Spatzen ähnliche Versammlungen statt, die jedoch lärmender und ungezwungener als Krähengerichte sind. Nach kurzer, scharfer Bestrafung wird der Schuldige schon bald wieder – und zwar vorbehaltlos – in die Spatzengesellschaft aufgenommen. Über ein Spatzengericht schreibt der *Daily Mirror* (19. April 1954): Mr. Wadsworth aus London intervenierte in dem Augenblick, in dem die Spatzen, die laut tschilpend einen Artgenossen verurteilt hatten, die Strafe vollstrecken wollten. Mr. Wadsworth rettete den »Angeklagten«, der sich erhob, aber nicht wegzufliegen versuchte, nahm ihn mit nach Hause und behielt ihn als freifliegenden Hausgenossen. Eines Tages brachte der Spatz sogar eine »Freundin« mit nach Hause. Unter Wadsworth' wachsamem Auge bauten die beiden ein Nest und brüteten Junge aus; da sie unbelästigt blieben, schien die frühere Untat des Männchens bei seinen Artgenossen in Vergessenheit geraten zu sein.

Es gibt sogar Berichte über Vögel, die über artfremde Tiere zu Gericht gesessen haben. Der *Daily Mirror* (11. Juni 1975) veröffentlichte einen Leserbrief über Krähen, die über eine Dohle zu Gericht saßen. Nach der Verhandlung fielen sie über die Dohle her und töteten sie. In einer weiteren Zuschrift (22. September 1977) wurde geschildert, wie Krähen offenbar über einen Fuchs zu Gericht saßen! Mrs Ruddy aus Buckinghamshire ging an einem Sommermorgen mit ihrem Hund spazieren, als sie lautes Krächzen hörte. Hinter einer Hecke sah sie einen kleinen Fuchs mit eigenartig schuldbewußtem Ausdruck inmitten eines Krähenkreises sitzen. Mehr konnte Mrs. Ruddy nicht beobachten, denn die Versammlung löste sich fluchtartig auf, als ihr Hund bellte.

Nach E. L. Arnolds *Soul of the Beast* gibt es ähnliche Versammlungen bei einer afrikanischen Affenart, »die im Wald

Gerichtssitzungen abhalten, nach denen die Verurteilten ausgestoßen werden«. Der alte Naturforscher Margrave behauptete, er sei »häufig Augenzeuge ihrer Versammlungen und Beratungen gewesen«, und schrieb darüber:

»Die Spezies treffen sich jeden Morgen und Abend im Urwald. Wenn sich alle versammelt haben, erklimmt einer von ihnen den höchsten Platz in einem Baum und gibt den übrigen ein Zeichen mit der Hand, sich um ihn zu scharen und gut zuzuhören. Sobald er sie auf ihren Plätzen sieht, beginnt er seinen Vortrag mit so lauter Stimme und zugleich so hastig, daß man aus der Ferne glauben könnte, die gesamte Gruppe schreie gleichzeitig; zu dieser Zeit spricht jedoch nur einer, und alle übrigen bewahren tiefstes Schweigen. Danach gibt er ihnen mit der Hand ein Zeichen, daß sie antworten sollen; das tun sie im gleichen Augenblick gemeinsam, bis ein weiteres Handzeichen ihnen erneut Stillschweigen gebietet. Auch diesmal gehorchen sie sofort; zuletzt geht die Versammlung auseinander, nachdem sie eine Wiederholung dieses Vortrags gehört hat.«

In der Zeitschrift *Illustrated London News* (30. August 1952) berichtete Dr. Maurice Burton von einem »Truthahngericht«, das ihm in einem Brief geschildert worden war. Als eine Truthenne krank war, bildeten die übrigen Hennen einen Kreis um sie, während der Truthahn dicht außerhalb zu balzen begann. Der Puter lief kollernd und mit gesenktem Kopf auf die Gruppe zu, wobei die Puten ebenfalls die Köpfe senkten. Daraufhin wich der Truthahn zurück und wiederholte diesen Auftritt noch zweimal. Beim drittenmal durchbrach er den Truthennenkreis und bearbeitete das kranke Tier mit dem Schnabel. Es brach zusammen, und die Hennen pickten nacheinander auf die Kranke ein, bis sie tot war.

Burton vertritt die Auffassung, daß die »Angeklagten« vor Vogelgerichten nicht wegen irgendwelcher Missetaten verurteilt werden, sondern daß die Vögel Artgenossen töten, die altersschwach oder krank sind – wie es offenbar bei den Truthähnen der Fall war. Das erinnert uns an Samuel Butlers imaginären Staat Erewhon, in dem Verbrecher ärztlich behandelt wurden, während Menschen, die krank zu werden wagten, laut Gesetz bestraft wurden. Diese Erklärung ist in vielen Fällen plausibel, aber sie kann wohl kaum zutreffen, wenn Vögel irgendeiner Art über einen artfremden Vogel zu Gericht zu sitzen scheinen.

Totenwachen und Bestattungen

Viele der Geschichten über Totenwachen und Bestattungen bei Tieren stammen aus dem nebulösen Grenzgebiet zwischen Volkskunde und Naturgeschichte. Wie Dr. Henri Coupin in *Les animaux excentriques* berichtet, sind Totenwachen vor allem bei Krähen üblich. »Wird einer dieser Vögel geschossen, kommt der ganze Schwarm aus allen Himmelsrichtungen zusammen; die Tiere stoßen einzeln oder gemeinsam kummervolle Schreie aus, bilden große Kreise um ihren unglücklichen Artgenossen und nehmen groteske Stellungen ein, ohne darauf zu achten, daß sie sich dem gleichen Schicksal aussetzen.« Wir können diese Beobachtung nicht aus eigener Anschauung bestätigen, aber wir wissen, daß die Gewohnheit, sich um einen toten Artgenossen zu versammeln, entscheidend zur Ausrottung einer farbenprächtigen nordamerikanischen Vogelart, des Carolina-Papageis, beigetragen hat. Farmer machten Jagd auf diese Vögel, die ihre Felder verwüsteten. Sobald sie einen geschossen hatten, ließen die übrigen sich trauernd um den toten Vogel herum nieder, so daß der Farmer weiterschießen konnte, bis der ganze Schwarm und schließlich die ganze Vogelart ausgerottet war. Evolutionisten, die jeden Aspekt tierischen Verhaltens auf seinen »Überlebenswert« hin untersuchen, verblüfft diese Gewohnheit wie der scheinbare Altruismus von Delphinen und Walen (siehe »Wildtiere als Menschenfreunde, Haustiere als Lebensretter«).

Für weitere Verwirrung sorgen zeremonielle Ameisenbegräbnisse, die von vielen Fachleuten beschrieben worden sind. Einer der (teilweise wohl übertriebenen) Augenzeugenberichte stammt aus Australien. Ein kleiner Junge fiel auf einen Ameisenhaufen, wurde von den Ameisen angegriffen, aber von seiner Mutter gerettet, die etwa zwanzig der Insekten erschlug. Eine halbe Stunde später waren die toten Ameisen von Artgenossen umringt, die eine Abordnung zum Ameisenhaufen schickten, um ihren Tod bekanntzumachen. Zahlreiche Ameisen kamen heran, bildeten zwei Reihen und näherten sich den Toten, die von je zwei Trägern ergriffen und dem Trauerzug voraus zu einer Stelle mit Sandboden getragen wurden. Dort gruben die Ameisen Einzelgräber, in denen ihre Toten ehrfürchtig bestattet wurden. Einige von ihnen hatten diese Arbeit jedoch bald satt und versuchten, sich zu verdrücken. Sie wurden verfolgt, zurückgebracht und von der Versammlung zum Tod verurteilt. Das Todesurteil wurde anschließend sofort vollstreckt. Die Deserteure wurden nicht ebenso ehrenvoll bestattet wie die toten Helden, sondern in einem hastig an Ort und Stelle angelegten Massengrab verscharrt.

Nach Angaben mancher Beobachter wechselt die Zeremonie bei Ameisenbegräbnissen je nach Rang und Rasse des Verstorbenen. Die Angehörigen vornehmer Kasten erhalten Einzelgräber auf Adelsfriedhöfen, das gemeine Volk wird anderswo bestattet, und Fremde oder im Kampf gefallene Gegner bleiben unbestattet liegen. In diesen Unterscheidungen sah Dr. Coupin Parallelen zu »unseren eigenen menschlichen Schwächen«. Er zitierte Miss Treat, eine Ameisenexpertin aus Florida, die von einer noch grausigeren Parallele berichtete. Die Ameise *Formica sanguinea* hat offenbar die Gewohnheit, sich die schwarze Ameise *Formica fusca* als Sklaven zu halten. Bei Bestattungen werden die Angehörigen der Herrenrasse auf einem besonderen Friedhof in Einzelgräbern beigesetzt, während es für die toten schwarzen Sklaven ein Massengrab unweit des Eingangs zum Ameisenhaufen gibt, »als lohne es sich nicht, die Leichen dieser Parias weiter wegzutragen, was ein für die sterblichen Überreste der vornehmeren Ameisen reserviertes Privileg ist«.

Ständig fasziniert sind Naturforscher von der Frage, wie Tiere sich dem Tod gegenüber verhalten. Füchse gehören angeblich zu den sentimentaleren Tierarten. Das unheimlichste Beispiel für ihre Gewohnheit, Totenwachen zu halten, ist ihr Erscheinen vor den Mauern von Gormanston Castle in Irland, wo sie klagend heulen, wenn der jeweilige Lord Gormanston auf dem Sterbebett liegt. Diese Tatsache wird seit vielen Generationen von Einheimischen und der Familie Gormanston bezeugt, die einen schnürenden Fuchs im Wappen führt. Andere Berichte sprechen von Füchsen, die sich nachts versammeln, um den Tod eines Artgenossen zu beklagen. In *Pursuit* (Juni 1973) lesen wir die Schilderung einer von Füchsen gehaltenen Totenwache, die der Jäger Charley Shelmadine auf der Farm seines Vaters im Staat New York beobachten konnte. Einige Jahre zuvor hatte sein Vater einen Fuchs gefangen, der sich ein Bein abgebissen hatte, um aus dem Tellereisen freizukommen. Seither hatte die Familie großen Respekt vor dem dreibeinigen Fuchs und beschützte seinen Bau auf dem Hügel hinter der Farm. In einer kalten Nacht wachte Charley auf, weil er Füchse »singen« hörte, ging dem Geräusch nach und stellte fest, daß es von dem Hügel mit dem Bau des dreibeinigen Fuchses kam. Um den Bau herum waren unzählige Fuchsfährten zu sehen, als hätten sich dort zahlreiche Füchse versammelt. Und in seinem Bau lag der verendete alte Fuchs.

Nach Dr. Coupins Darstellung gehört auch das Rind zu den Tieren, die trauern zu können scheinen. Z. B. erzählt er von einer Herde französischer Ochsen, die einen toten Artgenossen respektvoll und so dicht aneinandergedrängt umstanden, daß der Bauer Mühe hatte, sich zwischen ihnen hindurchzuzwängen.

Einen noch erstaunlicheren Bericht finden wir in *Sunday People* (26. März 1978): »Niemand war auf die uneingeladenen Trauergäste bei Farmer Wendell Bells Beerdigung gefaßt. Am offenen Grab warteten sechs seiner liebsten Angus-Kühe. Sie waren fünf Kilometer weit durch tiefen Schnee aus Kerrmoor, Pennsylvanien, herübergekommen.«

Katzenringe

Totenwachen von Katzen und rätselhafte Katzenversammlungen stellen ein weiteres Phänomen dar, das gelegentlich geschildert wird. In einer Zuschrift an die *Sun* (18. Januar 1973) beschrieb eine Leserin einen Kreis aus acht Nachbarskatzen um das frische Grab ihrer Perserkatze. Unheimlicher klingt ein Leserbrief an den *Daily Mirror* (21. September 1975), in dem der Leser ein Erlebnis seines Vaters schilderte. Dieser Bergmann ging eines Nachts durch ein Wäldchen, »als er plötzlich auf einen Ring aus Katzen stieß. Nach seiner Schätzung hatten sich dort 50 bis 100 Katzen um eine in der Mitte sitzende Katze versammelt. Als ich ihn fragte, was er getan habe, antwortete er: ›Ich bin schleunigst weggelaufen!‹ Später hörte er von einem alten Mann in einem Pub, sagenhafte ›Katzenringe‹ seien etwas, das ›Menschen nur selten zu Gesicht bekommen‹.«

In seinem Buch *Animal Legends* (1955) erzählt Maurice Burton von einem Katzentrauerzug, der eines Nachts in Rom von drei Damen aus ihrem Auto heraus beobachtet wurde. Burton berichtet nach anderen Quellen über ein Dachsbegräbnis und eine 1932 in Indien beobachtete Langurenprozession, bei der die vorderen Tiere einen toten Artgenossen trugen. Aus der *Irish Times* zitiert er noch ein legendäres Ereignis, das von der Landbevölkerung gelegentlich miterlebt wird: ein Wieselbegräbnis. Es wurde von einem Akademiker beobachtet, der »zwischen Balla und Claremorris unterwegs war, als ihm etwas auffiel, das er zunächst für eine die Straße überquerende Riesenschlange hielt. Er verringerte seine Geschwindigkeit, näherte sich dem ›Objekt‹ und stellte fest, daß es ein Wieseltrauerzug war. Voraus marschierten vier Tiere mit der Leiche, dann folgten fast 100 Wiesel paarweise nebeneinander. Der Autofahrer ging den ›Trauernden‹ nach, als sie die Straße überquert, einen Zaun überklettert und das nächste Feld erreicht hatten, aber er zog sich vorsichtshalber zurück, als einige von ihnen . . . ihn anzufauchen begannen.«

Von Adlern, die um den Leichnam eines toten Artgenossen einen rituellen Tanz aufführten, hat Colonel S. W. Tyler in einem Brief an *Pursuit* (April 1973) berichtet. Im November 1963 hielt Tyler, der damals als amerikanischer Militärberater in Addis Abeba war, sich mit seiner Frau und Bekannten in Südäthiopien auf, um Wildtiere zu fotografieren. Am Awasu-See an der Grenze zu Kenia schoß ein Teilnehmer der Gruppe einen riesigen Weißkopf-Seeadler, der jedoch liegengelassen wurde, weil sein Balg für den Präparator zu beschädigt war. Am nächsten Tag brach Mrs. Tyler zu einem Ritt um den See auf, während der Colonel ihr mit einem Land Rover folgte. Als sie sich der Stelle näherten, wo der erlegte Adler lag, sahen sie etwa zwanzig Adler am Himmel kreisen und dann herabstoßen. Mrs. Tyler ritt langsam weiter, bis sie die Vögel vor sich hatte, und ihr Mann kletterte aufs Autodach, um die Szene im Fernrohr zu beobachten:

»Meine Frau war nur zwei Pferdelängen von den Adlern entfernt, die einen Kreis um den toten Vogel bildeten. Sie breiteten die Schwingen aus und machten ein, zwei Schritte nach links, worauf sie sich gemeinsam verbeugten. So ging es fast zehn Minuten lang mit Schritten und Verbeugungen weiter. Meine Frau und ich bewegten uns kaum, bis der ganze Schwarm wie auf ein Zeichen hin schreiend aufflog, die Stelle zweimal umkreiste und davonflog.«

Rattenkönige

Gelegentlich hört man von Tierprozessionen oder -versammlungen, in deren Mittelpunkt der angebliche Herrscher der jeweiligen Tierart steht. Kanalarbeiter im Londoner Untergrund erzählen von seltenen Beobachtungen des Rattenkönigs, einer riesigen, auffällig hell gefärbten Ratte, die von einer Leibwache aus weiteren großen Ratten umgeben ist. Bei seinem Erscheinen erstarren gewöhnliche Ratten lautlos zur Bewegungslosigkeit. Den frühesten Hinweis auf dieses Tier enthält die *Historia animalium* des Schweizer Zoologen Conrad Gesner aus dem Jahre 1555. »Manche sagen, die

Ratte werde im Alter gewaltig groß und von den jüngeren Ratten gefüttert; sie wird dann hierzulande als Rattenkönig bezeichnet.« Ein weiteres Detail der Sage um den Rattenkönig zitiert Willy Ley in *For Your Information* (1968): Angeblich stehlen die jüngeren Ratten rotes Tuch, um ihm daraus eine Robe anzufertigen.

Wir kennen keine neueren Berichte über Rattenkönige oder das im letzten Kapitel dieses Buchs beschriebene grausige Phänomen einer zusammengeknoteten Rattenschar, die manchmal als Rattenkönigsthron bezeichnet wird. Vielleicht ist die schwarze Ratte, die diese Erscheinungen hervorgebracht hat, seit dem 18. Jahrhundert in fast ganz Europa von der größeren braunen Ratte verdrängt worden, die offenbar keine Könige hervorbringt.

Auch ein Otterkönig – auch »Meister«-Otter genannt – ist bekannt. Er ist weit größer als ein gewöhnlicher Otter, so daß frühere Naturforscher darüber diskutiert haben, ob er nicht einer anderen Art angehöre. In allen Augenzeugenberichten heißt es jedoch, dieses interessante Tier sei von einem Hofstaat aus gewöhnlichen Ottern umgeben gewesen. So lesen wir in W. H. Maxwells *Wild Sports in the West of Ireland* (1832):

»In Dhu-hill erschien er vor etwa 60 Jahren von etwa 100 Tieren in gewöhnlicher Größe umgeben, die ihrem ›Meister‹ treu und pflichteifrig aufwarteten.«

Tierheere und Vogelschlachten

Viele legendäre Berichte schildern ein seltenes, bedrohlich wirkendes Ereignis: eine Schlacht zwischen rivalisierenden Tierheeren. Der neueste Tatsachenbericht betrifft mehrere erbitterte Schlachten zwischen zwei Ochsenfroscharten im Norden Malaysias. Zum ersten Zusammenstoß kam es im November 1970, als zwei derartige Heere mit schätzungsweise 2000 Tieren sich in einem sumpfigen Tal in der Nähe von Ipoh sechs Tage lang bekämpften. Dabei gab es zahlreiche Tote, aber der Kampf war anscheinend unentschieden geblieben, denn am 16. Januar 1971 (wie *The Sun* drei Tage später meldete) traten die Ochsenfrösche erneut zu »erbitterten Kämpfen« und »einer quakenden, reißenden Konfrontation« an, bei der Hunderte der rund 4000 Kämpfenden tot auf dem Schlachtfeld blieben.

Im 16. Jahrhundert hielt Olaus Magnus den skandinavischen Glauben fest, Kriege zwischen Ameisenheeren bedeuteten den Sturz von Königen. In seiner gewichtigen *Geschichte der nordischen Rassen* führte er als Beispiel an, solche Wunder seien 1521 bei Upsale und Holm geschehen, als der dänische König Christian II. von den Schweden aus den Königreichen der Goten und Schweden vertrieben und ins Unglück gestürzt worden sei.

Ähnliche wunderbare Ereignisse aus alten Chroniken hat Dr. Thomas Short in seiner *General Chronological History* (1749) veröffentlicht. Darin heißt es kommentarlos:

AD   571 – 24. Sept.: zwischen Wildvögeln
     1059 – zwischen Ottern bei Tournay
     1110 – zwischen Wildvögeln
     1212 – zwischen Krähen in Thrazien
     1240 – zwischen Fischen an der engl. Küste
     1299 – zwischen 3000 Hunden, nur einer mit dem Leben
             davongekommen
     1366 – zwischen Sperlingen, große Mengen getötet

Zwei Jahrzehnte nach dem letzten Eintrag – im Jahre 1388 – kam es zu einer weiteren Tierschlacht, die etwas genauer überliefert ist. Sie fand bei Richmond, Surrey, zwischen zwei Mückenschwärmen statt. In dem Bericht heißt es, sie seien so zahlreich gewesen, »daß die Luft von ihnen verdeckt und verfinstert« worden sei. Zwei Drittel der Insekten fanden im Kampf den Tod und fielen zu Boden, wo sie zusammengeschaufelt und aufgekehrt wurden, während das siegreiche Drittel davonflog und spurlos verschwand.

Über diese Mückenschlacht von Richmond berichtet eine Flugschrift von 1622 aus der British Library mit dem Titel *The Wonderful Battle of Starelings, Fought at the Citie of*

*Kämpfende Stare, die ihre großen Schlachten des Jahres 1621 nachzuspielen scheinen (*Animal and Zoo Magazine, *London, November 1940).*

Corke, in Ireland, the 12 and 14 of October, 1621. Nicholas Bourne, ihr Verfasser, hatte wegen dieser Ereignisse selbst ermittelt und viele Augenzeugenberichte zusammengetragen.

Schon einige Tage vor Ausbruch der großen Starenschlacht beobachteten die Einwohner von Cork, daß sich zwei riesige Vogelschwärme westlich und östlich ihrer Stadt versammelten. Die Vögel stießen seltsame Rufe und Schreie aus, die noch niemand von Staren gehört hatte. Auffällig war, daß die Angehörigen der beiden Heere niemals die feindlichen Linien überflogen und nur auf ihrem eigenen Gebiet auf Futtersuche gingen. Ebenfalls beobachtet wurden Gruppen von Unterhändlern, jede 20 bis 30 Vögel stark, die zwischen den beiden Heeren hin und her flogen. »Sie flogen hinüber, schwebten mit seltsamen Liedern und Tönen über der Gegenpartei und kehrten alsbald wieder zurück.«

*Aus Indien stammt diese Darstellung aus dem 16. Jahrhundert, die einen Kampf zwischen Krähen und Eulen zeigt. Er war angeblich ausgebrochen, weil die Krähen nicht damit einverstanden waren, daß eine Eule zum König der Vögel gewählt worden war (*Hümayunñame, *ottomanisch, 1589, British Library).*

Am 12. Oktober 1621 um 9 Uhr begann die in Bournes Flugschrift beschriebene Starenschlacht bei klarem, wolkenlosen Wetter:

»Auf ein seltsames Geräusch hin, das auf der einen wie auf der anderen Seite ertönte, flogen sie alle zugleich auf und stürzten sich mit solch wütender Gewalt aufeinander, daß der Aufprall die ganze Stadt erstaunte ... Nach diesem plötzlichen und wütenden Kampf fielen Massen von Staren auf die Stadt und in die Flüsse – einige mit gebrochenen Flügeln, andere mit gebrochenen Beinen und Hälsen, manche mit ausgepickten Augen und wieder andere, deren Schnäbel in den Brüsten oder Seiten ihrer Gegner steckten. Alles war so seltsam, daß es unglaublich wäre, wenn es nicht ohne jeden Zweifel durch schriftlich niedergelegte Aussagen und die Berichte von Augenzeugen verbürgt wäre.«

Der Kampf dauerte den ganzen Tag bis zum späten Abend an; danach zerstreuten die Vögel sich, so daß am nächsten Tag in Cork kein einziger Star zu sehen war. Wohin waren die Vögel verschwunden? Nicholas Bourne glaubte, die Antwort in einem Bericht über ein merkwürdiges Vorkommnis über der Themsemündung östlich von London zu finden, zu dem es am 13. Oktober, einen Tag nach der Schlacht über Cork, gekommen war.

An diesem Sonntag hörten Fahrgäste der Fähre Gravesend-Woolwich Lärm über sich, sahen nach oben und »sahen Unmassen von Staren, die mit einer Krähe oder einem Raben zwischen sich auf alle mögliche gewaltsame Weise gegeneinander kämpften. Diese Vögel bildeten auch mehrere Schwärme, die viel Lärm und Geschrei machten, und wenn sie voneinander ließen und sich zurückzogen, war stets die Krähe oder der Rabe in ihrer Mitte zu sehen. Aber welche Verluste sie einander zufügten, war nicht zu beobachten, denn der Abend war etwas düster und die Schlacht fand über entfernteren Wäldern statt.«

Selbst damit war der weiträumige Bruderkrieg der Stare nicht beendet. Am nächsten Tag, dem 14. Oktober, kämpften sie wieder über Cork gegeneinander. Weitere tote Vögel bedeckten die Straßen der Stadt, aber diesmal fanden sich unter ihnen auch ein verstümmelter Steingeier, ein Rabe und eine Krähe. In der Zeitschrift *American Naturalist* erschien 1883 ein weiterer Bericht über eine Schlacht zwischen Vogelheeren. Sie hatte sich in Deutschland zugetragen und war zuerst im *Frankfurter Journal* gemeldet worden. Der anonyme Korrespondent schrieb:

»Herr Georgius, Gärtner aus Ginsheim, erschien heute in unserer Redaktion mit einer Kiste toter Raben, den Opfern einer Schlacht in den Lüften, die von mehr als vierhundert dieser Vögel über dem oben genannten Dorfe ausgetragen wurde. Die Raben bildeten drei Abteilungen, die wie auf ein Zeichen hin gegeneinander losflogen ... Der Erdboden war bald mit den Leichen von mehr als fünfzig Vögeln bedeckt, die von Augenzeugen eingesammelt wurden. Außer an den

Köpfen waren an keinen anderen Körperteilen Verletzungen zu entdecken. Bei näherer Untersuchung zeigte sich, daß die Schnabelhiebe auf die Köpfe mit solcher Gewalt erfolgt waren, daß jeweils schon einer tödlich gewesen sein mußte. Ursache dieser Schlacht war zweifellos die unmittelbar bevorstehende Paarungszeit der Vögel. Nicht nur die Männchen, sondern auch die Weibchen beteiligten sich an dem Kampf, denn unter den Gefallenen wurden auch Leichen letzterer aufgefunden.«

Die Theorie des Verfassers, diese Luftschlacht sei durch die bevorstehende Paarungszeit ausgelöst worden, erklärt weder das Ausbleiben solcher Kämpfe in anderen Jahren noch die Beteiligung beider Geschlechter an dieser Auseinandersetzung. Es gibt nur wenige neuere Berichte über Vogelschlachten, obwohl wir einige möglicherweise damit zusammenhängende Berichte über tot vom Himmel gefallene Vögel oder ganze Vogelschwärme kennen, die von Augenzeugen als Gabe Gottes eingesammelt und verzehrt wurden. Der folgende Kurzbericht aus William Hones *Every-day Book* (1827) könnte sich auf eine Vogelschlacht oder einen unglücklichen Zusammenprall zweier Vogelschwärme beziehen:

»Am 28. August 1736 sah ein Mann, der sich soeben auf der Brücke über den Samock bei Preston, Lancashire, befand, zwei große Vogelschwärme mit solcher Geschwindigkeit aufeinanderprallen, daß hundertachtzig Vögel zu Boden fielen. Diese wurden von ihm aufgesammelt und am selben Tag in Preston auf dem Markt verkauft.«

Früher war die Überzeugung weit verbreitet, Anzeichen für Störungen in der Natur wie Vogelschlachten und dergleichen seien Auswirkungen oder Vorboten irgendwelcher Katastrophen im menschlichen Leben. Das bestätigte sich im Fall der über Cork kämpfenden Vogelschwärme, denn ein Jahr nach diesem wundersamen Ereignis gab Bourne eine weitere Flugschrift heraus, in der er eine durch die Starenschlacht angekündigte Katastrophe schilderte! Er beschrieb die am 31. Mai 1622 durch ein Gewitter ausgelöste Feuersbrunst, die ganz Cork in Schutt und Asche legte.

Vom Himmel fallende Schwärme und Vogelselbstmorde

Unser Archiv enthält zahlreiche Berichte über Vögel, die auf geheimnisvolle Weise im Flug zu Tode gekommen sind. Die Ermittlungen sind jeweils auf Einzelfälle beschränkt geblieben, und wir kennen keine umfassende Untersuchung solcher bedrohlicher Vogelregen. Zeitungsausschnitten zufolge sind solche Ereignisse häufiger, als man denken könnte. Die Zeitung *Detroit News* (26. April 1964) meldete, in zwei Gebieten des Bundesstaats Texas seien 120 große weiße Pelikane vom Himmel gefallen. Manche waren tot und verstümmelt, andere stürzten mit gebrochenen Schwingen oder unverletzt, aber benommen in den Waco-See. Da es für alles irgendeine Erklärung geben muß, wurde vermutet, daran sei ein Tornado schuld gewesen; aber in Cranfills Gap, dem zweiten Ort, war nichts von einem Tornado zu spüren gewesen.

Daß Vögel vom Himmel fallen, wird häufig mit Pestiziden oder Umweltverschmutzung erklärt; aber als neun Monate lang tote Vögel auf eine städtische Siedlung in East Shilton, Leicestershire, herabregneten, untersuchten die Gesundheitsbehörden einem Bericht im *Sunday Mirror* (22. Februar 1976) zufolge dieses Gebiet, ohne Giftspuren zu finden.

Der in Toronto erscheinende *Daily Star* (28. September 1971) berichtete, in Prince Rupert, Britisch-Kolumbien, seien an drei Tagen mindestens 500 Vögel, hauptsächlich Drosseln und Grasmücken, tot vom Himmel gefallen. Anfangs wurde vermutet, dieses Vogelsterben sei durch Schädlingsbekämpfungsmittel verursacht worden, aber der Bürgermeister stellte fest, in Prince Rupert seien seit mindestens vier Monaten keine Pestizide mehr ausgebracht worden.

Am häufigsten sind Meldungen über tote oder sterbende Enten – wie die Zeitung *Boston Globe* (11. Mai 1979) berichtete: »Tote Enten fallen in Maine vom Himmel.« Dabei handelte es sich um rund zwei Dutzend Eiderenten, die gegen

21 Uhr auf die Kleinstadt Brewer fielen. Weitere tote Enten, diesmal wilde Stockenten, wurden dicht nebeneinander auf einer Farm bei Walker, Iowa, entdeckt (*Gazette* vom 9. April 1978 in Cedar Rapids). Sie waren angeblich mit einem Flugzeug zusammengeprallt – aber dann hätten sie nach Ansicht der Einheimischen weiter verstreut sein müssen. Und wir kennen Berichte über regelrechte Entenstürme. In Grand Rapids, Michigan, meldete der *Herald* (10. Dezember 1909), Frühaufsteher in Nevada, Montana, hätten »mindestens 6000, vermutlich sogar mehr« Stockenten, Kickenten, Trauerenten und Eisenten eingefangen oder erlegt. Wie üblich waren die Tiere gesund und wohlgenährt, so daß es an diesem Abend in fast allen Häusern Nevadas Entenbraten gab.

Massenpaniken und der plötzliche Tod von Herden

Im Laufe der Jahre wurde viel über Tierherden berichtet, die auf rätselhafte Weise den Tod gefunden haben oder in tödliche Paniken geraten sind, in denen sie gelegentlich in Massen Selbstmord verübt zu haben scheinen. So heißt es im *Daily Express* (19. August 1979) in einer Meldung aus Südafrika: »Zoologen befassen sich mit einem Vorfall, bei dem sich eine Herde von 120 Bleichböckchen-Antilopen bei Ficksburg im Orange Free State von einer 43 Meter hohen Felswand in den Tod gestürzt hat. Sie sprangen, als die schwächeren Tiere abgeschossen werden sollten. ›So was habe ich noch nie erlebt‹, sagte ein Zoologe. ›Sie schienen lieber in den Tod gehen zu wollen, als einige aus ihrer Mitte abschießen zu lassen.‹« Immerhin hätte der Fachmann von den Gerasener Schweinen im Neuen Testament gehört haben können. Im Gebiet der Gerasener begegnete Jesus ein wilder Mann, der Legion hieß, weil er von einer Horde »unsauberer Geister« besessen war. Als Jesus sie zu beschwören begann, baten sie ihn, »daß er sie nicht aus der Gegend triebe«, sondern in eine in der Nähe weidende Herde Säue fahren lasse.

Niemand weiß, weshalb Herden von Walen und Delphinen sich von Zeit zu Zeit antreiben lassen. Rettungsversuche scheitern meistens; sie kehren oft zum Strand zurück, als seien sie entschlossen, Selbstmord zu verüben. Diese Massen von Walen wurden im Mai 1950 angetrieben (Popperfoto).

»Und er erlaubte es ihnen. Da fuhren die unsauberen Geister . . . in die Säue, und die Herde stürzte sich den Abhang hinunter ins Meer, ihrer waren aber bei zweitausend, und ersoffen im Meer« (Markus 5, 13). Verständlicherweise drängten die Gerasener – bestimmt unter Führung der Schweinehirten – Jesus zum Weiterziehen.

Weder ein Selbstmordtrieb noch das Gebot eines heiligen Mannes wurden hinter dem Todessprung von 61 Elchen von einem Felsen bei Telluride, Colorado, vermutet. Wie Zeitungen Anfang Juli 1977 meldeten, waren die Elche nach etwa einem Jahr aufgefunden worden. Ein Erklärungsversuch lautete, die Tiere seien durch Blitzschlag in Panik versetzt worden.

Zu den weniger bekannten Geheimnissen des Tierlebens gehört das Phänomen der Schafspaniken. Von Zeit zu Zeit werden Schafe auf unerklärliche Weise dazu getrieben, Amok zu laufen – teilweise mit tödlichem Ausgang – und dabei beachtliche Strecken zurückzulegen. Fort hat in seinem Buch *New Lands* Fälle aus dem 19. Jahrhundert zitiert, und seither sind weitere bekanntgeworden. Die bekanntesten sind:

1869: Am 15. Januar gegen 20 Uhr wurden Schafherden in mehreren benachbarten südenglischen Grafschaften von irgend etwas aufgeschreckt und brachen aus ihren Pferchen aus.

1887: Am 20. November um 8.20 Uhr wurden Schafe bei Reading durch etwas aufgeschreckt, das im ganzen Bezirk zu hören und zu spüren war. Es glich einem Erdbeben oder einer fernen Explosion. Angeblich sollte es ein Meteor gewesen sein, aber das ließ sich nicht mit Bestimmtheit feststellen.

1888: Am Abend des 3. November wurden im Themsetal bei Reading in einem 13 mal 40 Kilometer großen Gebiet Tausende von Schafen zur gleichen Zeit aufgeschreckt. Am nächsten Morgen waren sie weit verstreut; einige hielten sich in Hecken versteckt und keuchten noch immer vor Angst.

1889: Am 25. Oktober brachen in den Chiltern Hills unweit der Themse in einem 800 Hektar großen Gebiet zahlreiche Schafherden etwa zur gleichen Zeit gewaltsam aus ihren Pferchen aus.

1920: In einer Dezembernacht »spielten fast alle englischen Schafe verrückt. Sie trampelten ihre Pferche nieder und versuchten zu entkommen« (*Daily Mirror*, 7. Mai 1967).

1938: Von einer Schafspanik im Oktober waren Herden in Gloucestershire, Wiltshire und Berkshire betroffen. Ein Schäfer aus Berkshire, der die niedergetrampelten Pferche und andere Spuren der Panik besichtigte, äußerte die Vermutung, die Panik sei durch im Nebel tief fliegende Wildgänse ausgelöst worden, die auf den Herden zu landen versucht hätten, weil sie sie im Nebel mit Wasserflächen verwechselt hätten.

1969: Der *Daily Mirror* (25. Juli 1969) meldete, in der Vorwoche seien bei Bourg St. Maurice in den französischen Alpen über tausend Schafe gemeinsam in einen 150 Meter tiefen Abgrund und damit in den Tod gesprungen.

In *New Lands* hat Fort in seinen Kommentaren zu Schafspaniken und anderen unheimlichen Ereignissen das »Bermudadreieck« durch sein »Londoner Dreieck« vorweggenommen. »In England gibt es ein dreieckiges Gebiet, dessen drei Spitzen so oft in unseren Unterlagen vorkommen, daß wir es besonders gut kennen sollten . . . Die nördliche Spitze bilden Worcester und Hereford, die südliche Reading, Berkshire, und die östliche Colchester, Essex. Die Linie Colchester-Reading verläuft durch London.« Fort weist darauf hin, daß viele der bekannten Schafspaniken sich im Bereich der Spitzen dieses Londoner Dreiecks ereignet haben.

Vögel als Anhalter

Zu den ungelösten Rätseln des Vogelzugs gehört die Frage, wie kleine Vögel wie Zaunkönige, Meisen, Finken und Bachstelzen, die normalerweise nur ein paar Meter weit von einem Busch zum anderen fliegen, es zur Zugzeit schaffen, viele Hunderte von Kilometern weit übers Meer zu fliegen. Eine traditionelle Erklärung besagte, sie reisten auf dem Rücken größerer Vögel, z. B. von Störchen. Ornithologen nahmen diese Vorstellung selten ernst, bis 1881 durch eine Woge von Leserbriefen an die Zeitschrift *Nature* nachgewiesen werden konnte, daß kleine Vögel auf den Zugstraßen tatsächlich manchmal per Anhalter reisen.

Professor E. W. Claypole schickte einen Ausschnitt aus der New Yorker *Evening Post* (20. November 1880) ein, den er für »zumindest sehr ungewöhnlich« hielt. Der Verfasser des betreffenden Artikels hatte mehrere Wochen auf Kreta verbracht, wo ihm ein Geistlicher und andere Inselbewohner versichert hatten, die in Zugkeilen nach Süden über sie hinwegziehenden Kraniche trügen kleine Vögel auf dem Rücken. Die Einheimischen behaupteten, ihr Zwitschern hören zu können, wenn die Kraniche vorbeizogen, und hatten sie oft auffliegen gesehen, sobald die Kraniche zur Landung ansetzten. Der Verfasser blieb skeptisch, bis er eines Tages mit mehreren Fischern etwa 15 Seemeilen vor der Küste auf einem Boot war, über das Kraniche hinwegzogen. Die Fischer machten ihn auf das Zwitschern aufmerksam, und einer von ihnen behauptete, einen kleinen Fluggast zu erkennen. Als einer der Männer seinen Vorderlader abschoß, lösten sich drei kleine Vögel von dem Zugkeil und kehrten dann wieder zu ihm zurück.

In dem Artikel wurden mehrere »vollkommen zuverlässige Autoren« zitiert, die gehört oder selbst gesehen hatten, daß

Obwohl mehreren Vogelarten die Fähigkeit zugeschrieben wird, bei drohender Gefahr mit ihren Jungen wegzufliegen, soll dies am häufigsten bei der Waldschnepfe der Fall sein – wie auf dieser Darstellung aus einem wissenschaftlichen Journal des Jahres 1879 (The Zoologist, London 1879).

kleine Vögel auf dem Rücken von Störchen reisten. Adolf Ebeling, einer dieser Autoren, konnte sogar angeben, warum die großen Vögel diese Behinderung duldeten. Im Gespräch mit Scheich Ibrahim, seinem Beduinenfreund, hatte Ebeling eines Abends die Frage aufgeworfen, wie es den Bachstelzen und sonstigen kleinen Singvögeln in ihrer Umgebung gelungen sei, von Europa kommend das Mittelmeer zu überfliegen.

»Wußtest du nicht, edler Herr«, fragte der Scheich, »daß die kleinen Vögel von den größeren übers Meer getragen werden? ... Die großen Vögel lassen sich's bereitwillig gefallen; sie haben ihre kleinen Gäste gern, die ihnen durch ihr fröhliches Zwitschern auf der langen Reise die Zeit vertreiben.«

In *Nature* (3. März 1881) berichtete Dr. John Rae, nordamerikanische Indianer erzählten eine ganz ähnliche Geschichte von einer kleinen Finkenart, die jedes Jahr im April in Gesellschaft ziehender Graugänse an der Hudsonbai eintrifft. Die Indianer sind überzeugt, die kleinen Vögel reisten auf dem Rücken der Gänse – und sie müßten es eigentlich wissen, denn sie machen Jagd auf die landenden Gänse und sehen die Finken auffliegen. Dr. Raes Jagdgenosse, »ein intelligenter, wahrheitsliebender und gebildeter Indianer namens George Rivers«, hatte das schon häufig beobachtet.

Die Tatsache, daß kleine Zugvögel sich übers Meer tragen lassen, ist im Nahen Osten so bekannt, daß Verfasser religiöser Schriften sie als Beweis für die Vorsehung Gottes angeführt haben. In *Bible Customs in Bible Lands* (1875) schildert Henry van Lennep, wie viele kleine Vogelarten den harten Wintern Kleinasiens entgehen.

»Er, der stets auch der kleinsten seiner Geschöpfe gedenkt, hat ihnen ein Transportmittel in mildere Zonen geschaffen ... Der Kranich erfüllt diesen Zweck ... Im Herbst kommen mit den ersten kalten Winden aus Norden zahllose Kraniche, die niedrig fliegen und einen eigentümlichen Alarmschrei ausstoßen, während sie über den bebauten Ebenen kreisen. Dann ist zu beobachten, wie kleine Vögel aller Arten zu ihnen hinauffliegen, während der zwitschernde Gesang derer, die schon einen behaglichen Platz auf den Rücken der Kraniche gefunden haben, deutlich zu hören ist. Bei ihrer Rückkehr im Frühjahr fliegen die Kraniche hoch, weil sie offenbar damit rechnen, daß ihre kleinen Passagiere den Weg zur Erde hinunter ohne Mühe finden werden.« Der Leser, der dieses Zitat an *Nature* (24. März 1881) einschickte, fügte hinzu, da Dr. van Lennep den größten Teil seines Lebens im Osten verbracht habe, sei anzunehmen, daß es sich bei seiner Schilderung um einen beweiskräftigen Augenzeugenbericht handele.

Trotzdem sind die Ornithologen weiterhin skeptisch, wenn es um Berichte über trampende Vögel geht. In bezug auf die Frage, ob die Waldschnepfe tatsächlich ihre Jungen durch die Luft trägt, sind sie sich jedoch im allgemeinen darüber einig, daß das vorkommt. Scopoli behauptete in *Annus primus historiconaturalis,* der Vogel trage seine Jungen im Schnabel, was Gilbert White dazu bewog, diese Geschichte anzuzweifeln, weil der lange Schnabel der Waldschnepfe dazu einzigartig ungeeignet sei. In allen neueren Berichten heißt es jedoch, der Jungvogel werde zwischen den Oberschenkeln des Weibchens eingeklemmt oder gelegentlich – wie auf der Darstellung aus dem 19. Jahrhundert – in ihren Klauen getragen. Zahlreiche Berichte von Förstern und Jägern, die diese Beförderungsart mit eigenen Augen gesehen hatten, wurden von J. E. Harting, dem Chefredakteur des *Zoologist* (November 1879), zusammengefaßt. Im allgemeinen war nur beobachtet worden, daß von Menschen oder Hunden aufgestöberte Waldschnepfen ihre Jungen etwa 100 Meter weit in Sicherheit gebracht hatten. In *Natural History and Sport in Moray* schildert der zuverlässige alte Naturforscher Charles St. John jedoch, wie er beobachtet hatte, daß mehrere Waldschnepfenpaare ihre Jungen aus ihren Nestern in Wald und Heide zu Sumpfniederungen transportierten, wo Würmer zu finden waren. Abends beförderten sie die Jungen dann einzeln zwischen ihre Schenkel geklemmt ins Nest zurück.

J. E. Harting hat das Thema per Anhalter reisender Vögel in *Recreations of a Naturalist* (1906) aufgegriffen, und Dr. Waldo L. McAtee hat darüber in der Zeitschrift *Scientific Monthly* berichtet. Ein Großteil des von diesen beiden Autoren gesammelten Materials ist – um weitere Berichte vermehrt – in Frank Lanes *Animal Wonder World* (1957) enthalten. Zu den von Lane geschilderten Fällen, in denen Vogeleltern ihre Jungen auf dem Rücken getragen haben, gehört ein in unserem Jahrhundert zweimal von verläßlichen Zeugen beobachteter Trick, den ein Goldadlerweibchen mit seinem Jungen vorgeführt hat. Der junge Naturforscher F. E. Shuman beobachtete einen schottischen Adlerhorst:»Die Mutter flog von dem Nest in den Felszacken auf, stieß ihr Junges grob über den Rand und ließ es schätzungsweise 30 Meter tief durchfallen, bevor sie sich mit ausgebreiteten Schwingen unter das Junge setzte, so daß es auf ihrem Rücken landete. Dann flog sie mit zu den Felsen hinauf und wiederholte dieses Spiel. Einmal machte sie zwischen zwei Flügen etwa eine Viertelstunde Pause. Meiner Schätzung nach betrug die größte Fallhöhe einmal 50 Meter. Mein Vater und ich beobachteten sie wie gebannt über eine Stunde lang.«

Auch im Alten Testament finden wir einen Hinweis auf die Gewohnheit von Adlern, ihre Jungen zu tragen:»Wie ein Adler ausführt seine Jungen, über ihnen schwebt, seine Fittiche ausbreitet und sie nimmt und auf seinen Flügeln trägt ...« Weiterhin gibt es die bekannte Fabel, nach der die Vögel sich versammeln, um zu bestimmen, wer aus ihrer Mitte König sein soll. Der Adler steigt höher als alle anderen und beansprucht die Krone für sich; in diesem Augenblick ertönt etwas über ihm ein zartes Stimmchen, das ihm diesen Anspruch streitig macht. Es gehört einer Lerche, die sich von dem Adler hat in die Höhe tragen lassen und nun über ihm flattert.

Trotz der Faszination, die von Vögeln ausgeht, die ihre Jungen durch die Luft tragen, interessiert Ornithologen vor allem ein anderer Aspekt, nämlich per Anhalter reisende Zugvögel. Die meisten Fachleute sind sich darüber einig, daß

Dieses persische Gemälde aus dem 16. Jahrhundert illustriert die alte Fabel von zwei Kranichen, die sich mit einer in einem bestimmten Teich lebenden Schildkröte angefreundet hatten. Als der Teich auszutrocknen begann, mußten die Kraniche weiterziehen – und nahmen die Schildkröte auf einem Brett zwischen sich mit. Die Szene wird von jubelnden Dorfbewohnern beobachtet, die den Vorfall meldeten (Hümayunñame, ottomanisch, 1589, British Library).

298

es vorkommen kann, daß ein erschöpfter kleiner Vogel sich über dem Meer auf einem zufällig vorbeifliegenden größeren Vogel niederläßt. Die interessante und ungelöste Frage betrifft jedoch das Ausmaß dieser Reisen per Anhalter – und ob diese Methode zumindest bei einigen Zugvogelarten normal und üblich ist. Nach McAtee, der ihr Vorkommen keineswegs bezweifelt, kann sie »kein bedeutender Faktor des Vogelzugs« sein.

Diese Behauptung mag stimmen, aber angesichts der offenkundigen Schwierigkeiten, die sich einer Beweisführung durch Beobachtungen entgegenstellen, sind Zweifel vor allem dort zulässig, wo die Überzeugung, bestimmte Zugvögel ließen sich von anderen tragen, auf langjährigen Beobachtungen durch Einheimische basiert. Der Kranich gilt in Teilen Europas, Asiens und Amerikas als regelmäßiger Beförderer kleiner Vögel; an der englischen Ostküste heißt es, das Wintergoldhähnchen, der kleinste britische Vogel, mache die Reise von Skandinavien über die Nordsee nach England auf dem Rücken der Zwergohreule. Diese Überlieferung wird durch von Frank Lane zitierte moderne Beobachtungen gestützt. Tatsächlich ist kaum vorstellbar, wie ein so winziges flatterndes Wesen die von Herbststürmen aufgewühlte Nordsee, in der viele Wintergoldhähnchen den Tod finden, gänzlich ohne fremde Hilfe überwinden können sollte.

Wie eine Schwalbe einen Winter machen kann

In Salongesprächen des 19. Jahrhunderts kam oft die Frage auf, ob Schwalben gelegentlich überwintern. Orthodoxe Ornithologen, die größtenteils nach wie vor davon überzeugt sind, daß alle Schwalben und Mauersegler Ende September nach Süden ziehen und im Frühjahr zurückkommen, reagieren im allgemeinen unwirsch auf anderslautende Meinungen. Solche Autoritäten sind meistens überrascht und nicht wenig verlegen, wenn sie hören, daß die großen Begründer der modernen Naturwissenschaften – Linnaeus, Buffon und Baron Cuvier – die Überwinterungstheorie ohne weiteres akzeptiert haben. Cuvier hat in *Le règne animal* (1819) geschrieben:»Es erscheint sicher, daß Schwalben im Winter erstarren, und sogar, daß sie diese Jahreszeit auf dem Grunde des Wassers in den Sümpfen verbringen.« In traditioneller Form wurde der Glaube, Schwalben überwinterten, im Jahre 1602 von Richard Carew in seinem Werk *Survey of Cornwall* ausgedrückt.

Schleimklumpen

»In den westlichen Gebieten Cornwalls werden zur Winterszeit Schwalben in aufgelassenen Schächten von Zinnbergwerken und Höhlen in Meeresklippen sitzend angetroffen; was jedoch ihren Aufenthaltsort anbelangt, gibt Olaus Magnus einen weit seltsameren Bericht, denn er sagt, daß sie in den nördlichen Teilen der Welt gegen Sommersende Schnabel an Schnabel, Flügel an Flügel und Bein an Bein zusammenrücken und nach einem süßen Gesang so ins Schilf bestimmter großer Seen und Teiche fallen, aus dem sie im nächsten Frühjahr auferstehen; als weiteren Beweis führt er an, daß die Fischer, die Löcher ins Eis schlagen, um mit ihren Netzen Fische zu fangen, die zum Atmen dorthin kommen, gelegentlich auf solche zu Schleimklumpen zusammengebackene Schwalben stoßen, die sie mit heim an ihre Öfen nehmen, wo sie zu Leben und Flug wiedererweckt werden.«

Es ist leicht, diesen Bericht auf unzulängliche Beobachtungen tieffliegender Schwalben zurückzuführen. Aber es gibt weitere Zeugenaussagen für die Überwinterung von Schwalben, die nicht so einfach abgetan werden können. Der Mann namens Ettmüller, der in William Derhams *Physico-theology* (1714) zitiert wird, war Botanik- und Anatomieprofessor in Leipzig.»Ich entsinne mich«, schrieb Ettmüller,»mehr als einen Scheffel Schwalben gefunden zu haben, die im Schilf eines Fischteichs dicht zusammengedrängt unter dem Eis lagen und alle wie tot aussahen, obwohl ihre Herzen noch schlugen.« Diese Aussage ergänzte Derham durch einen Bericht über eine Sitzung der Royal Society, der er im Februar 1713 beiwohnte. Auf dieser Sitzung berichtete ein Dr. Colas, in Nordeuropa sei es üblich, daß Fischer Löcher ins Eis schlügen und darunter mit Netzen fischten; dabei habe er mit eigenen Augen bei zwei verschiedenen Gelegenheiten gesehen, wie einmal sechzehn und ein andermal über dreißig Schwalben unter dem Eis hervorgeholt worden seien. Dr. Colas berichtete auch, »er habe zwei soeben aus dem Wasser gekommene Schwalben gesehen, die so naß und schwach gewesen seien, daß sie mit hängenden Flügeln kaum hätten stehen können; weiterhin habe er beobachtet, daß die Schwalben nach ihrem Auftauchen oft einige Tage lang schwach gewesen seien«.

In seiner *Familiar History of Birds* (1865) hat Bischof Edward Stanley ebenfalls von überwinternden Schwalben erzählt:»Auf der Insel Arran im Loch Ransa entdeckte ein Mann, der am 2. November 1829 an einer Stelle grub, wo vor kurzem ein Teich abgelassen worden war, zwei zur Bewegungslosigkeit erstarrte Schwalben, die sich erholten, als sie ans Feuer gesetzt wurden. Eine entkam unglücklicherweise, aber die andere wurde von dem Mann behalten, um sie gelehrten Personen zeigen zu können.« Auch ein Farmer in Catsfield, Sussex, wollte im Winter Schwalben ausgegraben haben, als er Wassergräben verbreiterte – so J. B. Ellman in der Zeitschrift *Zoologist.*

An der Akademie in Uppsala, wo Linnaeus bis zu seinem Tod 1778 die botanische und medizinische Fakultät leitete, wurde die Überwinterung von Schwalben unter Wasser als Tatsache akzeptiert. Die damaligen Deutschen waren offenbar etwas skeptischer – oder wissenschaftlicher, wenn man so will. Eine berühmte Universität erbot sich, jede unter Wasser gefundene Schwalbe, die auf oben erwähnte Weise wiederbelebt werden konnte, mit Silber aufzuwiegen. Sie brauchte es nie zu tun. Auch wenn die Idee, Schwalben hielten einen Winterschlaf unter Wasser, abwegig sein mag, läßt sich die ähnliche Vorstellung, sie überwinterten in hohlen Bäumen,

Im 16. Jahrhundert hielt Olaus Magnus die damalige Ansicht fest, Schwalben überwinterten gelegentlich auf dem Boden von Teichen und Seen; auf seinem Holzschnitt sind Fischer dargestellt, die ein Netz voller Schwalben aus einem ins Eis geschlagenen Loch ziehen (O. Magnus: Historia de gentibus septentrionalibus, Rom 1555).

Felshöhlen, auf Dachböden, in Bergwerksschächten und dergleichen, erheblich besser belegen.

Einen der besten und frühesten Berichte verdanken wir Peter Collinson, der der Royal Society folgende Schilderung eines M. Achard vorlegte, dessen Glaubwürdigkeit außer Zweifel stand. Achard war zu Schiff rheinabwärts nach Rotterdam unterwegs, als er Ende März – etwa zwei Wochen vor der üblichen Rückkehr der Mauersegler – unterhalb von Basel etwas Ungewöhnliches sah. Wir zitieren aus den *Philosophical Transactions* (1763):

»Zu meiner Überraschung sah ich am oberen Rand der Felswand einige Knaben, die sich an Seilen hängend herabließen und mit irgend etwas beschäftigt waren. Das Eigentümliche dieser Knaben und ihr mit solcher Kühnheit unternommenes Geschäft bewogen uns, unsere Fahrt zu unterbrechen, um der Sache auf den Grund zu gehen. Der Wasserträger erklärte uns, sie griffen in Felsspalten und holten Schwalben oder Mauersegler hervor, die sich dorthin zurückzögen und den ganzen Winter verbrächten, bis das Wetter wieder wärmer sei, worauf sie erneut hervorkämen ...

Für geringes Geld verschaffte ich mir einige von ihnen. Als ich sie in der Hand hielt, wirkten sie steif und leblos; ich legte einen der Vögel an meine Brust unters Hemd und einen weiteren auf ein Brett, auf das die Sonne prall und warm schien; einige meiner Reisegefährten taten desgleichen. Der an meiner Brust kam nach etwa einer Viertelstunde zu sich; als ich spürte, daß er sich bewegte, nahm ich ihn heraus, um ihn zu betrachten; da ich jedoch erkannte, daß er noch nicht genug bei Sinnen war, steckte ich ihn wieder hinein; nach etwa einer weiteren Viertelstunde, als ich ihn recht lebhaft flattern spürte, nahm ich ihn heraus, um ihn zu bewundern. Da er sich unterdessen ganz erholt hatte, flog er davon, bevor ich mich versah; das Sonnensegel unseres Boots hinderte mich, seine Flugrichtung zu beobachten. Der Vogel auf dem Brett erholte sich trotz praller Sonne nicht genug, um fliegen zu können – das lag gewiß an der Kälte der Luft.«

Bischof Stanley sammelte eine Anzahl schottischer Berichte, nach denen Schwalben, Mauersegler und sogar eine Wiesenralle unter Umständen aufgefunden worden waren, die auf eine Überwinterung schließen ließen. Im November 1826 wurde eine Gruppe von fünf Rauchschwalben auf dem Firstbalken einer Scheune zusammengedrängt aufgefunden und in einem geheizten Zimmer wiederbelebt. Ein Gentleman aus Newton fand zwei Mauersegler in einer Sandbank; ein anderer rettete sechs Schwalben aus einem hohlen Baum und brachte sie »zu einem angesehenen Mann, der sie in einen Schreibschrank legte, in dem sie bis zum Frühjahr in Vergessenheit gerieten«. Als der Mann eines Morgens etwas im Schrank flattern hörte, fand er die Vögel wieder und erweckte sie zu vollem Leben. Die Wiesenralle wurde mitten im Winter auf den Orkney-Inseln entdeckt, als ein Erdwall abgetragen wurde.

Charles Dixon, einer der wenigen damaligen Naturforscher, der ernstlich an die Möglichkeit der Überwinterung von Zugvögeln glaubte, hat den oben geschilderten Fall in sein Werk *The Migration of Birds* (1892) aufgenommen. Er führt darin auch einen aus dem *Edinburgh Journal* (VIII.) an, in dem drei lebende, aber im Winterschlaf erstarrte Wiesenrallen im irischen Monaghan aus einem lange brachliegenden Misthaufen ausgegraben worden waren. Dixon behauptete,»Dutzende von Seiten« mit ähnlichen Berichten füllen zu können, und kennzeichnete die Weigerung seiner Zeitgenossen, sich damit zu befassen, als»höchst unklug und höchst unwissenschaftlich«.

Der berühmteste Verfechter der Theorie, daß manche Schwalben und Mauersegler im Lande überwintern, war Reverend Gilbert White aus Selborne, Hampshire. In den Briefen an Thomas Pennant und Daines Barrington, aus denen seine *Natural History of Selborne* (1788) besteht, kam er immer wieder auf dieses Thema zurück, Der zwingendste Beweis für die Überwinterung von Schwalben war seiner Ansicht nach die Tatsache, daß sie an schönen Frühlingstagen plötzlich in seinem Pfarrbezirk erschienen, um bei schlechtem Wetter ebenso rasch wieder zu verschwinden. Auf ähnliche Weise verschwanden sie im Herbst, aber an sonnigen Tagen zeigten sich einzelne Schwalben, die nach Whites Überzeugung für kurze Zeit aus ihrem Winterschlaf erwacht waren. Er bezog sich auf»gut belegte Berichte aus allen Teilen des Königreichs«, die von überwinternden Schwalben sprachen, und zitierte aus zwei Berichten. Ein befreundeter Geistlicher hatte ihm von zwei oder drei Mauerseglern erzählt, die er einmal im Winter im Mauerwerk seiner Kirche entdeckt hatte. Sie hatten anfangs ›wie tot gewirkt, waren jedoch am Kamin wieder zum Leben erwacht. Um sie noch besser zu erwärmen, hatte der Geistliche sie in Papiertüten ans Feuer gehängt, in denen die armen Vögel erstickt waren.

Auch Daines Barrington glaubte an den Winterschlaf von Schwalben und sammelte mehrere Berichte darüber, die in Pennants *British Zoology* (1766) aufgenommen wurden. So heißt es auf Lord Belhavens schottischem Besitztum in East Lothian seien nicht nur einmal,»sondern alljährlich« überwinternde Schwalben in alten Feldsteinwällen und Sandhügeln angetroffen worden. Vermerke über den Winterschlaf von Schwalben sind in Barringtons *Miscellanies* (1775) enthalten.

Eine Zuschrift aus Hastings über in Felsspalten überwinternde Schwalben veröffentlichte die Zeitschrift *Zoologist* (1849):

»Ein Taglöhner namens William Joyce, der gegenwärtig damit beschäftigt ist, am East Hill ein Hausfundament auszuschachten, hat mir gestern erzählt, im Dezember vor etwa 15 Jahren habe er von Mr. William Ranger den Auftrag gehabt, den ›White Rock‹ abzutragen, der zwischen hier und St. Leonard's gestanden habe. Die Arbeiter hätten damals in einer Felsspalte eine Unmenge von Schwalben entdeckt. Die Vögel hingen in dicken ›Klumpen‹ aneinander und schienen tot zu sein; sie waren jedoch nicht zusammengefroren, und obwohl das Wetter für die Jahreszeit ziemlich warm war, waren sie keineswegs verfault oder verwest. Die Männer fuhren mindestens *drei Gleiskarren* voll Vögel ab, die mit Schutt und Felsbrocken weggebracht wurden. Einige Leute aus der Stadt nahmen mehrere Vögel mit, um ›damit Versuche anzustellen‹, aber Joyce hörte niemals mehr etwas von ihnen. Er benannte vier jetzt in Hastings lebende Personen, die damals seine Arbeitskameraden gewesen waren, und sagte aus, 40 oder 50 von Mr. Rangers Arbeitern seien zugegen gewesen, als die Vögel entdeckt wurden, und könnten seine Aussagen bestätigen. In der dem Meer zugekehrten Seite der hiesigen Klippen befinden sich zahlreiche Spalten, die offenbar mehrere Meter weit in den Fels hineinreichen. Die Vögel wurden in nicht allzu großer Höhe etwa drei Meter unterhalb der meerseitigen Klippenoberkante entdeckt. *Edward Brown Fitton; Hastings, 8. September 1849.*«

Uns beeindruckt ein Detail, das immer wieder in Berichten über Schwalben im Winterschlaf enthalten ist: Die erstarrten Vögel hängen in »Klumpen« zusammen. So singt auch der im 18. Jahrhundert bekannte Waliser Barde Iolo Morgannwg in einem Gedicht: »Und schlafen die Schwalben in spaltigem Fels«, was er durch eine Anmerkung erläutert: »Etwa im Jahre 1768 hat der Verfasser gemeinsam mit zwei, drei anderen in einer Höhle der Meeresklippen bei Dunraven Castle in der Grafschaft Glamorgan eine Vielzahl erstarrter Schwalben entdeckt, die mit ihren Schnäbeln zusammenhängend große Klumpen bildeten. Sie erwachten nach einigen Stunden in einem geheizten Raum, starben jedoch nach ein, zwei Tagen, obwohl sie so gut wie irgend möglich versorgt worden waren.« Wir kennen keine näheren Einzelheiten dieses Fundes, aber in Wales scheint die Auffassung, Schwalben überwinterten, weit verbreitet gewesen zu sein, denn in dem von Edward Jones zusammengestellten Buch *The Bardic Museum* (1802) wird die Schwalbe zu den von den Druiden anerkannten »sieben Schläfern« gezählt. Die Klumpen oder Haufen überwinternder Schwalben stecken zweifellos hinter dem chinesischen Märchen, daß diese Vögel im Winter ins Wasser tauchen, sich dort aneinanderklammern und zu Muscheln werden.

Die erste moderne Zusammenstellung von Sagen und Berichten über das Überwintern von Schwalben hat Philip Gosse als ein Kapitel des zweiten Bandes seines Werks *Romance of Natural History* (1861) veröffentlicht. Obwohl Gosse dieser Erscheinung nicht gänzlich skeptisch gegenüberstand, war er unzufrieden, weil der größte Teil des Materials anekdotisch war und aus zweiter Hand stammte; außerdem fragte er sich, weshalb solche Funde »eigentümlicherweise immer seltener werden, anstatt mit der Zunahme wissenschaftlicher Forschung und Kommunikation an Häufigkeit zuzunehmen«.

W. L. McAtee, der im *Audubon Magazine* (1950) einen Artikel über das Überwintern von Vögeln geschrieben hat, war von einem Fall beeindruckt, über den Sir John McNeill und Sir Henry Rawlinson schon früher in der Zeitschrift *Nature* berichtet hatten. Die beiden hatten in Persien Hunderte von erstarrt in Erdhöhlen überwinternden Schwalben gesehen. Ihr Bericht wurde damals ignoriert, weil die Wissenschaft die Vorstellung, Vögel könnten überwintern, längst als unhaltbaren Aberglauben abgeschrieben hatte. Trotzdem ist seither der Nachweis erbracht worden, daß Vögel in Einzelfällen überwintern. Professor E. C. Jaeger entdeckte im Colorado Desert einen in einem Felsspalt überwinternden Ziegenmelker, eine Nachtschwalbe. Das war im Winter 1946, und im nächsten Winter konnte Jaeger in dem gleichen Felsspalt 85 Tage lang einen Ziegenmelker beobachten und den Nachweis führen, daß die Körperfunktionen des Vogels erheblich herabgesetzt waren – daß er sich also nachweislich im Winterschlaf befand.

In *Animal Legends* (1955) schildert Maurice Burton diese Entdeckung ausführlicher und merkt dazu an, Jaeger habe »lediglich einen tiefsitzenden Verdacht bestätigt«. Tatsächlich hatte Dr. Elliot Coues, einer der angesehensten amerikanischen Ornithologen, in *Birds of the Colorado Valley* (1878) über 250 Fälle von überwinternden Schwalben angeführt und die Überzeugung geäußert, mehrere amerikanische Vogelarten – vor allem der Mauersegler – könnten in einen Winterschlaf verfallen. Zu diesen Vogelarten sollen auch Rauchschwalben, Felsenschwalben, Nachtschwalben, Alpenschneehühner und Truthahngeier gehören.

Wir werden es möglicherweise noch erleben, daß Gilbert White und die Naturforscher der alten Schule recht behalten, weil erneut ein ganzer Klumpen überwinternder Schwalben entdeckt wird. Sorgen macht uns allerdings Gosses Feststellung, daß solche Funde immer seltener zu werden scheinen. Andererseits scheinen viele der in früheren Kapiteln beschriebenen Ungeheuer heutzutage häufiger aufzutreten – zumindest in angeblichen Augenzeugenberichten. Vielleicht wird die Wirklichkeit ebenso von Theorien beeinflußt, wie dies umgekehrt der Fall ist, und das Ausbleiben im Winterschlaf erstarrter Schwalben wäre dann die Antwort der Natur auf die Skepsis heutiger Naturforscher. Oder vielleicht ist die Ursache prosaischer: Moderne Erdbewegungsmaschinen machen es leider wahrscheinlich, daß solche Tiere nicht entdeckt, sondern zerquetscht werden.

Kuriose Eier

Im Januar 1850 veröffentlichte die Zeitschrift *Zoologist* folgende Zuschrift:

»Im vergangenen Sommer habe ich einige Tage in Norfolk verbracht und dort von einer Dame gehört, die imstande zu sein behauptet, aus jedem Ei jedes Vogels (das ihr frisch gebracht wird) ein vollständig *weißes* Küken ausschlüpfen zu lassen. Wenn ich mich recht erinnere, soll ihre Mutter ihr dieses Geheimnis auf dem Totenbett unter der Bedingung anvertraut haben, daß sie es keiner Menschenseele verrate, bis sie selbst im Sterben zu liegen glaube, worauf sie es unter der nämlichen Bedingung weitergeben dürfe. Sollten Sie nähere Auskünfte wünschen, dürften sie zweifellos in der Umgebung von Diss erhältlich sein. W. W. Cooper; Pfarrei West Rasen.«

Wir halten diese Geschichte für interessant, weil sie uns an das Thema von John Michells Buch *Simulacra* erinnert: die Frage des Einflusses menschlichen Willens und menschlicher Phantasie auf natürliche Erscheinungsformen. Diese Frage haben wir schon früher in bezug auf die Rätseltiere der Kryptozoologie sowie in *Die Welt steckt voller Wunder* bei der Beschreibung zweier merkwürdiger Eier angeschnitten.

Eines dieser Eier wurde 1680 in Rom gelegt. Ein denkwürdiges Jahr, weil ein heller Komet erschien, dessen Abbild sich auf der Eierschale wiederfand. Das zweite Ei gehörte zu einer Serie mit Blumenmustern, die 1935 von Hennen in York, Pennsylvanien, gelegt worden waren. Die Hühnerhalterin, Mrs. Gertrude Smith, behauptete, sie sei imstande, ihre Hennen durch bloße Willensanstrengung dazu zu bringen, gemusterte Eier – manchmal mit Sonnenblumen oder mit ihren Initialen – zu legen. Schließlich wurde ihr der Erfolg ihrer Experimente so unheimlich, daß sie aufgab.

In diesen Fällen waren die Markierungen nicht nur an der Oberfläche vorhanden, sondern bildeten einen Teil der Schale. Dieses Phänomen ist wohl nur dadurch zu erklären, daß Hennen ihren Haltern gefällig sein wollten.

Anfang Juli 1917 stellte Henry Brooks in einem Laden in

Oben: Das 1680 in Rom gelegte »Kometen-Ei« aus einer zeitgenössischen Quelle. Noch unglaublicher wirkt das auf einem Ei entdeckte Gorgonenhaupt, von dem Anfang des 17. Jahrhunderts der Naturforscher Aldrovandus unter Berufung auf ältere Quellen sprach (Loyal Protestant and True Domestick Intelligencer, *London, 2. 4. 1681; unten: J. Ashton:* Curious Creatures in Zoology, *London 1889).*

Greeboro, Georgia, ein seltsames Ei aus. Das von einer ganz gewöhnlichen Henne gelegte Ei war blau und zeigte auf einer Seite eine Frau mit einem Baby auf dem Arm und darunter die Buchstaben ON; auf der anderen Seite war eine winzige Karte der Vereinigten Staaten abgebildet, auf der Florida besonders herausgehoben war. Unsere Quelle, die in Niagara Falls erscheinende Zeitung *Daily Record* (3. Juli 1917), schweigt sich leider darüber aus, ob die Abbildungen fotografisch genau oder eher Zeichnungen waren. Mr. Brooks lehnte alle Angebote für seine Kuriosität ab.

Ein weiteres amerikanisches Bilder-Ei meldete die *Daily Mail* (14. Dezember 1973) aus Arkansas. Das frische Hühner-ei trug an einem Ende die Zahl 6 auf so merkwürdige Weise, daß Wissenschaftler verblüfft waren. Über das einzige uns bekannte englische Wunder-Ei berichtete der *Daily Express* (23. März 1965): Es stammte von Daisy, der besten Leghenne einer Farm bei Rushall, Staffordshire, und trug die Buchstaben WX.

Zuletzt noch eschatologische Eier, die den bevorstehenden Weltuntergang zu prophezeien schienen. Unser erstes wurde Anfang Juli 1936 auf einer Farm bei Lindsay, Ontario, unter einem Klettenblatt gefunden. Neben »nicht zu deutenden Zeichen« trug es die Aufschrift: »Jesus kommt«, und viele der Einwohner Lindsays, auch der dortige Geistliche, erblickten darin ein Omen für zukünftige schlimme Zeiten und das zweite Kommen Christi. Ein Mann, der es zu fotografieren versuchte, zerbrach es versehentlich, aber selbst die Bruchstücke zogen noch lange Wallfahrer an. Leider enthält unsere Quelle, die *Niagara Falls Evening Review* (8. Juli 1936), keinen Hinweis darauf, wo Fotos dieses Eis zu finden sein müßten.

Unser Prachtstück ist ein Ei, von dem die Einwohner des kolumbianischen Dorfs Tebaida glaubten, es kündige ihnen als Botschaft Gottes das Ende der Welt an. Es wurde Mitte März 1979 von einer Bauersfrau in ihrem Hühnerstall gefunden und zum dortigen Pfarrer gebracht. Die warnende Botschaft war kurz und knapp: »Juicio final. Arrepentios. Dios.« (»Jüngstes Gericht. Tut Buße. Gott.«)

Wie Ratten Eier stehlen

Die rechts abgebildete japanische Darstellung zeigt, wie weit verbreitet die Überzeugung ist, daß Ratten Eier stehlen, indem ein Tier das Ei auf dem Rücken liegend mit seinen Pfoten festhält, während andere Ratten es am Schwanz wegziehen. Diese Schilderung wurde im 19. Jahrhundert mit vielen Variationen in zahlreichen naturwissenschaftlichen Zeitschriften wiederholt. In den *Nature Notes* (Mai 1898) eröffnete Edmund Daubeny, der viel für solche Zeitschriften

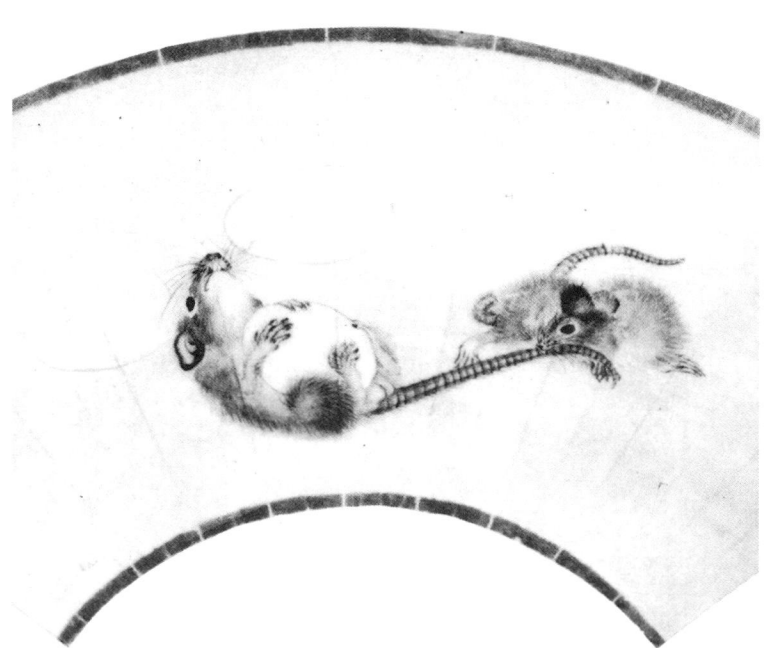

Eine im 19. Jahrhundert entstandene Fächermalerei Satake Eikais zeigt, wie Ratten große Eier fortschaffen (Ratten mit Eiern, japanische Tuschezeichnung, British Museum).

schrieb, einen ausführlichen Briefwechsel über dieses Thema. In einem Graben in der Nähe seines Hauses in Market Weston, Norfolk, hatte ein Taglöhner mehrere Hühnereier in Rattenlöchern entdeckt. Die Löcher waren bis zu ¾ Kilometer von der nächsten Farm entfernt. Wie hatten die Ratten die Eier transportiert? wollte Daubeny wissen. Da viele Eier unbeschädigt waren, konnten die Ratten sie nicht angebissen und auf diese Weise getragen haben.

Zahlreiche Leser sandten die unterschiedlichsten Antworten ein, über die Daubeny in der Septemberausgabe von *Nature Notes* zusammenfassend berichtete. Dabei kristallisierten sich vier Haupttheorien heraus: Die Ratten bilden eine Kette und reichen sich die Eier zu; sie rollen sie mit den Vorderpfoten vor sich her; sie tragen sie zwischen Unterkiefer und Vorderpfoten – oder sie transportieren sie wie vorstehend abgebildet. Daubeny verwarf alle diese Erklärungsversuche und sprach sich besonders nachdrücklich gegen die letzte Theorie aus. »Ist es wahrscheinlich, daß irgendein Tier lautlos erdulden würde, daß es in den Schwanz gezwickt und noch dazu gegen den Strich gebürstet wird? Die anderen würden es holterdiepolter über unebenen Boden ziehen und dabei das Ei in große Gefahr bringen ... Diese Theorie führt uns in endlose Schwierigkeiten und Probleme, deshalb gebe ich sie auf.«

Trotz Daubenys Einwänden wiederholten einige Korrespondenten die traditionelle Darstellung – allerdings in keinem Fall aufgrund eigener Beobachtungen. Einer schrieb, sein Nachbar in Derbyshire, ein zuverlässiger Mann, habe in seiner Jugend zweimal gesehen, daß eine auf dem Rücken liegende Ratte ein Ei umklammert hielt und von zwei anderen, die vorn und hinten anpackten, *getragen* wurde. In der *Pall Mall Gazette* berichtete eine Leserin (zitiert in E. L. Arnolds *Soul of the Beast*), daß aus dem Hühnerstall einer Freundin Eier gestohlen worden waren. Sie versteckte sich und wartete geduldig, bis sie eine große Ratte die Hühnerleiter zu den Nestern hinauflaufen sah. Das Tier nahm ein Ei zwischen die Pfoten, legte sich auf den Rücken und wurde von inzwischen erschienenen Artgenossen ziehend und schiebend die Leiter hinunterbefördert, bis es mit dem Ei in Sicherheit war. Ebenfalls zitiert wird der Rattensachverständige Rodwell, der Verfasser eines Standardwerks über diese Tierart, in dem er detailliert schildert, wie Ratten Eier über Treppen hinauf oder hinunter transportieren. Sie reichen sie sich zu – mit den Vorderpfoten, wenn das Ei treppab befördert werden soll, und mit den Hinterpfoten, wenn es treppauf zu transportieren ist.

Verwicklungen: Affenketten und Rattenkönige

»Wenn Wölfe einen Fluß durchqueren, bleiben sie genau hintereinander, wobei der zweite den Schwanz des ersten in der Schnauze hält, der dritte den des zweiten und so weiter bis zum letzten«, schreibt der Abbé Pluché (zitiert nach Cassell's *World of Wonders*). Augenzeugen können dieses Verhalten nicht bestätigen, daher vermuten wir, daß die alten Griechen, auf die diese Geschichte zurückgeht, unsere Gutgläubigkeit auf die Probe stellen wollten oder daß es sich bei den Tieren um dressierte Wölfe gehandelt hat.

In neuerer Zeit scheint niemand mehr an derartige Wolfsketten zu glauben, aber eine ähnliche Fabel, in der diese Leistung Affen zugeschrieben wird, hat sich als dauerhafter erwiesen.

Bis in unser Jahrhundert hinein herrschte die Ansicht vor, die langschwänzigen Affen der südamerikanischen Urwälder unterschieden sich bedingt durch ihren Greifschwanz in ihrem Verhalten von ihren Vettern in Afrika und Asien. Generationen von Schulkindern kannten das bezaubernde Bild, auf dem kluge Affen von Krokodilen wimmelnde Flüsse überqueren, indem sie eine lebende Brücke bilden. In Schulbüchern wurde gezeigt, wie die Affen eine von einem Ast herabhängende Kette bildeten, die wie ein Pendel hin und her schwang, bis der unterste Affe einen Ast am anderen Ufer zu fassen bekam. Damit war eine Brücke entstanden, die von den ältesten und jüngsten Tieren benützt wurde.

Dieser Beweis für kollektive Intelligenz und soziales Verhalten wurde häufig und gewissermaßen als Tatsache zitiert, obwohl er von keinem Geringeren als Alexander von Humboldt angezweifelt worden war. In seinen Reiseberichten von 1852 schrieb der große Gelehrte, seiner Überzeugung nach sei diese Geschichte von Europäern erfunden worden – vermutlich als lehrreiches Beispiel, mit dem die Geistlichen die faulen Eingeborenen anspornen konnten – und sei damit in

Charles Holders Schilderung einer Affenkette wurde in Professor George Holmes' Fourth Reader *(1897) mit dieser Abbildung illustriert (E. W. Gudger:* The Myth of the Monkey Chain, Natural History, *New York 1919).*

314

die Überlieferungen der Indianermission aufgenommen worden. Auch die Brüder H. H. und P. V. N. Myers, die 1867 bis 1868 die mittelamerikanische Landenge eingehend erforschten, haben in ihrem Werk *Life and Nature under the Tropics* (1871) festgestellt, obwohl sie Unmengen von Affen gesehen hätten, seien sie »durch eigene Beobachtungen davon überzeugt worden, daß die Geschichte von den brückenbauenden Affen nicht auf wahrheitsgemäßen Tatsachen beruht«. In der Zeitschrift *Natural History* (1919) veröffentlichte Professor E. W. Gudger einen kurzen Aufsatz über dieses Thema. Die vorhandenen »Beweise« hatte er mit drei am American Museum of Natural History tätigen Wissenschaftlern und Forschern erörtert, und gemeinsam waren sie zu der von Gudger bezeichneten Schlußfolgerung gelangt, die Affenkette sei ein Mythos, der aus unzulänglichen Beobachtungen von einzelnen Tieren entstanden sei, die bekanntlich häufig an ihren Schwänzen von Ästen herabhängen oder sich an Lianen geklammert von Baum zu Baum schwingen. Außerdem bezweifelte Gudger, daß es im dichten Urwald, der bis an die Flußufer heranreiche, genügend Platz für eine wie ein Pendel schwingende Affenkette gebe – es sei denn, die Tiere hingen an einem Ast, der schon etwas über den Fluß hinausrage.

Der Mythos der Affenkette, schloß Gudger, schreibe »Affen eine größere kollektive Intelligenz zu, als sie unseres Wissens jemals bewiesen haben«. Eine eindrucksvoll logische Schlußfolgerung, bis man erkennt, was sie in Wirklichkeit besagt: daß jeder weitere Bericht über eine Affenkette diesen Tieren eine größere kollektive Intelligenz zuschreibt, als sie jemals bewiesen haben – wodurch der Rückgriff auf möglicherweise immer häufigere Augenzeugenberichte unmöglich gemacht wird. Mit der gleichen Logik werden die kollektiven Zeugenaussagen über UFOs oder Nessie entwertet, indem einzelne Schilderungen isoliert besprochen und kritisiert werden.

Aber wie konnte die Geschichte so weite Verbreitung finden? Antonio de Ulloa nahm 1735 an einer Expedition ins

Panamagebiet teil und schrieb in seiner *Reise nach Südamerika* (1760) von »verschiedenen Affenarten, die in Horden von Baum zu Baum springen, von Ästen herabhängen und an anderen Orten zu sechst, zu acht oder in noch größerer Zahl zusammenhängen, um einen Fluß zu überqueren«. Ulloa gestand ein, daß dieses Phänomen »denen, die es nicht selbst gesehen haben, vielleicht erdichtet vorkommen wird«, ohne ausdrücklich festzustellen, daß er es mit eigenen Augen gesehen habe. Tatsächlich veranlaßte Ulloas Bericht Humboldts Gegendarstellung, in der er diese Behauptung aufgrund eigener fünfjähriger Affenbeobachtungen als »zweifelhaft« klassifizierte.

Gudger spürte jedoch einige frühere und befriedigendere Berichte auf. Beispielsweise schrieb Lionel Wafer, nachdem er an Captain Dampiers Expedition durch die Landenge von Panama teilgenommen hatte, über die dortigen Affen: »Um von einem hohen Baum zum anderen zu gelangen, deren Entfernung für einen Sprung etwas zu weit ist, bilden sie gelegentlich an den Schwänzen hängend eine Kette; sie schwingen auf diese Weise, bis der Unterste einen Zweig des anderen Baumes zu fassen bekommt und die anderen nachholt.«

Am aussagekräftigsten ist jedoch der älteste Bericht, den wir dem Jesuitenpater José de Acosta verdanken, dessen Schilderung 1589 in Spanien veröffentlicht und später als *Naturall and Morall Historie of the East and West Indies* (1604) ins Englische übersetzt wurde. Acosta schrieb darin, er habe zu seinem Erstaunen gesehen, wie Affen einen Fluß dadurch überwanden, daß sie sich aneinanderhängten und nach Art eines Pendels schwangen, bis der unterste Affe einen Ast eines Baumes vom jenseitigen Ufer zu fassen bekommen und die übrigen nachgeholt habe. Gudger war der Überzeugung, weder Wafer, Ulloa noch Humboldt hätten diesen Augenzeugenbericht gekannt, und bezeichnet ihn als Quelle des Mythos von der Affenkette; trotzdem läßt nichts an Acostas Bericht darauf schließen, daß hier etwa eine Fabel zur Erbauung der Ungebildeten erzählt werden sollte.

Wissenschaftler haben sich oft gegen diesen »Mythos« gewandt, weil das geschilderte Verhalten nicht auch von zeitgenössischen Naturforschern beobachtet worden ist – zumindest nicht plausibel genug beschrieben wurde. Ein Bericht dieser Art ist erst 1897 erschienen und wurde damals durch die hier wiedergegebene Abbildung illustriert. Sein Verfasser war angeblich Charles Frederick Holder, den Gudger als erstklassigen Naturforscher einschätzte; Professor Gudger gelang es jedoch nicht, eine Bestätigung für diese Schilderung in Holders Büchern zu finden. Seine Erzählung betrifft eine Expedition mit unbekanntem Datum, die den Amazonas hinaufführte. Der Einbruch der Dunkelheit überraschte die Reisenden auf einem Nebenfluß, auf dem sie aus Sicherheitsgründen mitten im Fluß unter von beiden Ufern über den Flußlauf hängenden Bäumen ankerten. Kurz vor Sonnenaufgang wurde Holder durch einen Schlag ins Gesicht geweckt und sah eine Affenkette von einem Ufer zum anderen schwingen. »Dieser Anblick war so neuartig und das Vorhaben so gewagt, daß ich die merkwürdigen Brückenbauer sofort genau beobachtete«, berichtete er. Dem untersten Affen gelang es nach mehreren Versuchen, sich am gegenüberliegenden Ufer in einem Baum zu verankern, und Holder sah zu, wie die Weibchen, die Jungtiere und die Alten über diese lebende Brücke hasteten, bis sie schließlich – weil die Affen über seinen unwiderstehlichen Lachanfall erschraken – »in Stücke fiel« und die Tiere in den Urwald flüchteten. Mrs. Laudon, die auch unter ihrem Mädchennamen Jane Webb schrieb, deutete in *The Entertaining Naturalist* (1867) an, auch bei den südamerikanischen Affen im Londoner Zoo seien spielerische Ansätze zu Affenketten beobachtet worden. Trotzdem hielt Gudger seinen merkwürdigen Widerspruch mit der Begründung aufrecht, daß die *Proceedings* der Zoological Society of London, die den Zoo unterhält, bis zum damaligen Zeitpunkt keinen Hinweis auf solches Verhalten gebracht hätten.

Das einzige uns bekannte Beispiel dafür, daß auch andere Tiere lebende Ketten bilden, ist in einem Leserbrief an die

Zeitschrift *Animal and Zoo* (um 1940, unser Ausschnitt ist undatiert) enthalten. Der Verfasser hatte in Afrika einen Ameisenzug von Wanderameisen des Typs beobachtet, die vor keinem Hindernis halt machen und ganze Landstriche kahlfressen. Eine ihrer Marschkolonnen überquerte einen schmalen Wassergraben, indem Hunderte von Ameisen eine von Ufer zu Ufer reichende Kette bildeten, auf der die Kolonne das Hindernis überwand.

Rattenkönige

In bezug auf Affenketten können die Wissenschaftler sich nicht über die Glaubwürdigkeit der verschiedenen Berichte einigen. Im Gegensatz dazu handelt es sich bei den Rattenkönigen um einen angeblichen Aberglauben, der jedoch verifiziert wurde – um wieder vergessen zu werden. Was Kuriositäten betrifft, scheint der Rattenkönig obskurer als die meisten zu sein: Er war selbst in seiner großen Zeit außerhalb Mitteleuropas kaum bekannt. Unter »Rattenkönig« ist im folgenden eine Gruppe von Ratten zu verstehen, deren Schwänze unlösbar miteinander verknotet sind; diese erschreckende Ansammlung wird auch als »Rattenkönigsthron« bezeichnet. Alle Berichte über Rattenkönige stimmen darin überein, daß sie lediglich aus schwarzen Ratten bestehen; daß sie in neuerer Zeit so selten geworden sind, mag damit zusammenhängen, daß die schwarzen Ratten in Mitteleuropa durch braune Ratten vom Kaspischen Meer im 18. Jahrhundert bereits verdrängt worden sind. Alfred Brehm gehörte zu den wenigen, die Berichte über Rattenkönige sammelten, aber als sein *Thierleben* (1876–1879) übersetzt als mehrbändige *Library of Natural History* erschien, hielt es Richard Lydekker, der englische Herausgeber, für angebrachter, Brehms Abhandlung über dieses Thema zu streichen.

Die weitverbreitete Überzeugung, daß es Rattenkönige gebe, basierte zweifellos auf Fabeln und dem Volksglauben, jede Tierart bilde eine eigene Gesellschaft mit einem König an der Spitze. Conrad Gesner, der Pionier der Kryptozoolo-

Darstellung eines Rattenkönigs aus Henri Coupins' Les animaux excentriques *(Fortean Picture Library).*

gie, versicherte 1555, es gebe alte, besonders große Ratten, die von anderen bedient würden, die Leckerbissen und Samtstoffe für ihren Gebieter stahlen. Zwar wurde niemals eine Riesenratte dieser Art entdeckt, aber als die ursprünglich schwarzen Ratten sich wie eine Landplage über Europa verbreiteten und die Rattenjagd gar manchen Mann samt seinem Hund ernährte, ging die Bezeichnung Rattenkönig auf die gelegentlich anzutreffenden Klumpen dieser widerwärtigen Nager über. Brehm zählt einige solcher Funde auf – darunter einen bemerkenswerten in Altenburg, der aus 27 Tieren bestand. Im allgemeinen waren weniger Tiere miteinander

319

verknotet: Der im Februar 1880 im Düsseldorfer Schlachthof entdeckte Rattenkönig bestand aus acht Tieren, und in Châteaudun wurde im November 1899 ein siebenfacher Rattenkönig aufgespürt und dem dortigen Museum übergeben. Der wohl erstaunlichste Fall ereignete sich in Döllstedt, einem Dorf bei Gotha, als Landarbeiter, die im Dezember 1822 Korn droschen, einem Quietschen unter dem Dach ihrer Scheune nachgingen. In der Oberseite des Firstbalkens entdeckten sie eine Mulde voller Ratten, die keinen Fluchtversuch machten. Die Mulde war sauber und einem Bericht nach mit Stroh gepolstert; die Ratten waren apathisch und schwach vor Hunger. Als sie aus ihrem Versteck gestoßen wurden, stellte sich heraus, daß sie in zwei quietschenden Klumpen zu 14 und 28 Tieren zu Boden fielen. Die Dorfbewohner liefen zusammen, um das Wunder zu sehen. Nachdem die Ratten erschlagen worden waren, wurden sie mühsam voneinander getrennt, und ein Förster bezeugte später, die Haut aller Rattenschwänze sei unversehrt gewesen und habe »die Abdrücke der anderen Schwänze wie lange Zeit zusammengeflochtene Lederriemen erkennen lassen«.

Das ganze Thema hätte wohl stets als ländlicher Aberglaube gegolten, wenn es nicht im Jahre 1774 zu einem Rechtsstreit wegen eines Rattenkönigs gekommen wäre. Am 12. Januar hatte der Müllerbursche Christian Kaiser in der Lindenauer Mühle bei Leipzig einen aus 16 Tieren bestehenden Rattenkönig entdeckt. Einige Tage später wurde er beim Bezirksamt in Leipzig vorstellig und führte Klage darüber, daß ein gewisser Johann Adam Faßhauer seinem Meister den Rattenkönig unter dem Vorwand entführt habe, er wolle ihn malen lassen; statt dessen habe Faßhauer ihn jedoch ausgestellt und damit gutes Geld verdient, das dem Müller zugestanden hätte. Ein Gericht hörte Zeugenaussagen und beauftragte einen Arzt mit der Untersuchung des Rattenkönigs, die er im Gasthof Posthorn in Lindenau durchführte, wobei er die Ratten voneinander zu trennen versuchte, ohne auf Faßhauers Proteste zu achten. Der Arzt berichtete, bei dem Rattenkönig handele es sich um »16 einzelne Ratten unterschiedlicher Größe und Färbung sowie (meiner Ansicht nach) unterschiedlichen Alters und Geschlechts«. Sie wirkten unterernährt, und die Schwänze von 15 Tieren »waren so zu einem großen Knoten verschlungen, daß sie bis auf ein bis zwei Zoll an der Schwanzwurzel gänzlich darin verschwanden«. Der Schwanz der letzten Ratte war über den Rücken einer anderen geschlungen.

Während die Zeugenaussage des Döllstedter Försters später den Schluß nahelegte, ein Rattenkönig könnte aus sehr jungen Ratten entstehen, zeigte das Ergebnis der in Lindenau durchgeführten ärztlichen Untersuchung, daß der Rattenkönig vermutlich erst vor nicht allzulanger Zeit aus Tieren entstanden war, die sich durch Größe, Alter und dergleichen unterschieden. Der Arzt vermutete, die Ratten hätten sich bei strengstem Frost wärmesuchend zusammengedrängt und dabei einen Kreis gebildet, um vor Überraschungsangriffen sicher zu sein. Da ihm aufgefallen war, daß ihre Schwänze schmutzig waren, vermutete er weiterhin, die Exkremente der oberen Ratten seien auf die ineinander verschlungenen Schwänze gefallen und hätten sie zusammengefroren. Brehm entwickelte eine eigene Theorie, nach der die zusammengedrängten Ratten von einer Krankheit befallen waren, die bewirkt hätte, daß aus ihren Schwänzen eine Flüssigkeit ausgetreten wäre, die sich dann verfestigt hätte; seine Theorie erscheint jedoch kaum haltbar.

Willy Ley, der in *Galaxy* (Oktober 1963) über Rattenkönige schrieb, versuchte einen modernen Fall zu finden und mußte sich mit dem zehnfachen Rattenkönig begnügen, der im Januar 1907 in dem westfälischen Dorf Capelle entdeckt worden war. Das Zoologische Institut der Universität Göttingen sicherte ihn sich rasch – zur Enttäuschung des langsameren Westfälischen Landesmuseums. Der Institutsdirektor empfing den oder die Berühmten selbst und leitete die Untersuchung persönlich. Auf Anfrage eines anderen Wissenschaftlers mußte er jedoch zugeben, sich die Entstehung eines Rattenkönigs nicht erklären zu können – und dabei ist es seither geblieben.

Danksagung

Für ihre in vielfältiger Form geleistete Unterstützung bei unseren Vorarbeiten für dieses Buch möchten wir den nachfolgend aufgeführten Personen aufrichtig danken. Zu besonderem Dank sind wir Loren Coleman und Dr. Bernard Heuvelmans verpflichtet, die uns großzügig – und oft kurzfristig – mit Material aus ihrem Archiv, ihrer Bibliothek und ihrem Erfahrungsschatz geholfen haben.

In Australien: Bill Chalker, Paul Cropper, Rex Gilroy, Phyllis Hall, Tony Healy, Baiba Irving (Mitchell Library, State Library of New South Wales), Graham Joyner, Dr. P. J. Stanbury (Macleay Museum), Ronald Strahan (Australian Museum), T. C. M. Williams (*The Mercury,* Hobart, Tasmanien).

In Europa: Janet und Colin Bord, Sid Birchby, Ivan Bunn, Dr. Maurice Burton, Jim Chambers (British Museum of Natural History), Andy Collins, Mike Crowley, Michael Davies, Paul Devereux, Alan Gardiner, Sophie Grandval, Chris Hall, J. Harrison, Tuuri Heporauta, Clinton H. Keeling, Kristian Kristiansen, Anders Liljegren, Christopher Logue, Steve Moore, S. Mowday, Nigel Pennick, David Rees, Sven Rosen, Jeff Saward, Paul Screeton, Anthony »Doc« Shiels, Paul Sieveking, Paul Thomas, Jeoff Watson, Peter Williams.

In den USA und Kanada: William Corliss (Sourcebook Project, Glen Arm, Maryland), Isobel Davis, George Eberhart, David Fideler, G. W. Green (Forest Pest Management Institute, Sault Ste. Marie, Ontario), Gary Mangiacopra, D. Scott Rogo, Dwight Whalen, Paul Willis, Joseph Zarzynski.

Eine Anmerkung zu kryptozoologischen Quellen

Zum gegenwärtigen Zeitpunkt existiert keine eigens dem gesamten Spektrum der Kryptozoologie gewidmete Zeitschrift, obwohl sich dieser Zustand noch 1983 ändern dürfte, wenn mit *Cryptozoology* die Zeitschrift der neugegründeten International Society of Cryptozoology erscheint. Verschiedene Zeitschriften behandeln Spezialthemen wie Bigfoot oder das Ungeheuer von Loch Ness, aber die Hauptlast haben bisher die forteanischen Zeitschriften wie *Fortean Times, INFO Journal* und *Pursuit* getragen. Trotz großer finanzieller und organisatorischer Schwierigkeiten bringen sie und andere in kleiner Auflage erscheinende Mitteilungsblätter oft als erste Meldungen über rätselhafte Tiere und ähnliche Phänomene, wobei die Meldungen durch Reportagen, Beschreibungen und Diskussionen ergänzt werden. Unser Dank gilt auch den vielen ungenannten Einsendern von Berichten und Zeitungsausschnitten an diese Zeitschriften, die wertvolles oder unbekanntes Material davor bewahrt haben, in Vergessenheit zu geraten. Für alle, die in bezug auf neue Forschungsergebnisse und Entdeckungen auf dem laufenden bleiben möchten, dürfte die untenstehende, notwendigerweise kurze Adressenliste nützlich sein.

Australian Strange Animals Investigation Center: Mt. York Natural History Museum, Mt. Victoria, NSW 2786, Australien

Bigfootimes: 10926 Milano Ave., Nowalk, CA 90650 USA

Fortean Times: BM-Fortean Times, London WC1N 3XX, Großbritannien

Info Journal: International Fortean Organization, 7317 Baltimore Ave., College Park, MD 20740, USA

International Society for Cryptozoology: 1220 E. Copper St.,
Tucson, AZ 85719, USA

Nessletter: Ness Information Service, Huntshieldford, St.
Johns Chapel, Bishop Auckland, Co. Durham, DL 12 IRQ,
Großbritannien

Pursuit: Society for the Investigation of the Unexplained,
Box 265, Little Silver, NJ 07739, USA

UFO Newsclipping Service: Route 1, Box 220, Plumerville,
AK 72127, USA (bringt gute Informationen über geheimnisvolle Tiere)

Eine spezielle Anmerkung zu den Themen dieses Buchs

Die Forschungsarbeit auf allen hier behandelten Gebieten –
und nicht nur auf diesen! – geht weiter. Jeder Leser, der persönliche Erfahrungen gemacht hat oder Informationen
besitzt, die er weitergeben möchte, ist freundlich eingeladen,
sie den Verfassern unter der Anschrift der *Fortean Times*
(siehe Seite 323) mitzuteilen. Alle Zuschriften werden vertraulich behandelt.

Register

335